Virtuelle Private Netzwerke

Virtuelle Private Netzwerke

Charlie Scott, Paul Wolfe
& Mike Erwin

Deutsche Übersetzung von
Katja Karsunke & Thomas Merz

O'REILLY®

Beijing · Cambridge · Köln · Paris · Sebastopol · Taipei · Tokyo

Kommentare und Fragen können Sie gerne an uns richten:
O'Reilly Verlag
Balthasarstraße 81
50670 Köln
Tel.: 0221/9731600
Fax: 0221/9731608
E-Mail: kommentar@oreilly.de

1. Auflage 1999

Die Originalausgabe erschien 1999 unter dem Titel
Virtual Private Networks, 2nd Edition im Verlag O'Reilly & Associates, Inc.

Die Deutsche Bibliothek - CIP - Einheitsaufnahme

Scott, Charlie.:
Virtuelle private Netzwerke / Charlie Scott ; Paul Wolfe ; Mike Erwin.
[Übers. und dt. Bearb. : Katja Karsunke & Thomas Merz]. - 1. Aufl. - Köln : O'Reilly, 1999
Engl. Ausg. u.d.T.: Scott, Charlie: Virtual private networks
ISBN 3-89721-123-8

Übersetzung und deutsche Bearbeitung: Katja Karsunke & Thomas Merz, München
Lektorat: Michael Gerth, Köln
Satz: Katja Karsunke & Thomas Merz, München
Umschlaggestaltung: Edie Freedman & Hanna Dyer, Boston
Produktion: TYP*isch* Müller, München
Belichtung, Druck und buchbinderische Verarbeitung: Druckerei Kösel, Kempten

ISBN 3-89721-123-8

Dieses Buch ist auf 100% chlorfrei gebleichtem Papier gedruckt.

Inhalt

Vorwort

Dieses Buch handelt von einer der neuesten Entwicklungen in der Computertechnologie, nämlich der Gewährleistung von sicherem Zugang für Mitglieder einer Organisation, die überall in der Welt verstreut sind. Sowohl die Technologie-Anbieter als auch die Benutzer tasten sich auf diesem neuen Gebiet schrittweise voran.

Wir haben uns dem Konzept virtueller privater Netze (VPN) mit einigen Vorbehalten genähert; schließlich sind wir Eigentümer eines Internet Service Providers. Sicherheitsverletzungen sind ein häufiges Phänomen, da Benutzer oft unterschätzen, wie wichtig die Integrität von Paßwörtern und ähnliche elementare Sicherheitsvorkehrungen sind. Von Einbrüchen hört man selten, von Einbruchsversuchen wird schon eher berichtet. Über die erfolgreichen Einbrüche erfährt man leider kaum etwas.

Die Kunden kamen auf uns zu mit der Bitte um Lösungen. Wie können wir die globale Reichweite des Internet nutzen, um auf all unsere nationalen und internationalen Netze zuzugreifen? Welche Sicherheitsmaßnahmen sind dafür notwendig? Ist das heute schon realisierbar? Charlie blickte den Kunden direkt in die Augen, als er zu Mikes und Pauls Entsetzen antwortete: »Klar, warum nicht?« Da wir den bedürftigen Kunden weiterhelfen und zudem Lösungen für unsere eigenen bundesweit expandierenden Netze finden mußten, wandten wir uns dem virtuellen privaten Netz zu und schrieben schließlich das vorliegende Buch.

Dieses Buch geht zwar nicht näher auf all die Tragödien und Verwicklungen ein, die mit dem Studium und Aufbau von VPNs verbunden sind, liefert Ihnen aber alle Informationen, die Sie zur Entwicklung eines eigenen VPNs benötigen. VPN-Techniken sind inzwischen weit verbreitet, spezielle Lösungen aber noch recht dünn gesät. Wir befassen uns mit den vier Lösungen, die im Moment verfügbar sind, und zwar mit Tunneling-Protokollen in Schicht 2 wie PPTP oder L2TP, dem Cisco PIX Firewall, dem AltaVista Tunnel und der Secure Shell (SSH). Außerdem beschäftigen wir uns mit der grundlegenden Arbeitsweise von VPNs, den damit verbundenen Kosten und der Frage, wann ein VPN sinnvoll ist (und wann nicht).

Leserkreis

Dieses Buch richtet sich an Netzadministratoren und -administratorinnen, die bereits über Erfahrungen in der Einrichtung lokaler Netze verfügen und grundlegende Kenntnisse über das Internet und den Fernzugriff (Wählverbindungen) besitzen. Zu VPN-Lösungen gehören gewöhnlich auch Firewalls, die in diesem Buch aber nur kurz vorgestellt werden. Weitere Informationen über die Konzepte und Techniken von Firewalls finden Sie unter anderem in dem beim O'Reilly Verlag erschienenen Buch *Einrichten von Internet-Firewalls* von D. Brent Chapman und Elizabeth D. Zwicky.

Inhalt dieses Buches

Kapitel 1, *Wozu dient ein virtuelles privates Netz?*
: Brauchen Sie überhaupt ein virtuelles privates Netz? Diese Frage ist durchaus angebracht. Lesen Sie das Kapitel und finden Sie es heraus! Nachdem wir Sie mit der Schilderung verschiedenster Sicherheitsvorfälle vielleicht etwas aus der Ruhe gebracht haben, beruhigen wir Sie mit ein paar einleuchtenden Gründen dafür, warum auch für Sie ein virtuelles privates Netz von Interesse sein könnte.

Kapitel 2, *Grundlegende Verfahren im VPN*
: Dieses Kapitel zeigt die Komponenten auf, die für die Funktionsfähigkeit und Sicherheit eines VPNs eine entscheidende Rolle spielen. Behandelt werden Firewalls, Verschlüsselung/Authentifizierung sowie elementare VPN-Protokolle und -Standards. Außerdem werden Einzelheiten zu Verschlüsselungsverfahren wie dem Data Encryption Standard (DES), dem Public-Key-Kryptosystem RSA und IPSec erläutert.

Kapitel 3, *Weitverkehrsnetze, RAS und VPNs*
: Wie teuer kommt mich das Ganze eigentlich? Um die Kosten für all die neuen Techniken zu rechtfertigen, bleibt einem nichts anderes übrig, als sich die verschiedenen Ausgaben genauer anzusehen. In diesem Kapitel werden VPNs hinsichtlich der Kosten und des damit einhergehenden Nutzens mit traditionellen Lösungen verglichen, und zwar mit dem Weitverkehrsnetz (WAN) aus Standleitungen und dem Fernzugriff. Die Kosten für die drei Lösungen werden aufgeschlüsselt hinsichtlich der benötigten Hard- und Software, der Leitungen, des Personals und – was am wichtigsten ist – des Zeitaufwands. Die Preise können je nach Situation variieren. Dazu müssen Sie sich bei Ihren Anbietern erkundigen.

Kapitel 4, *Implementierung von Verbindungen in Schicht 2*
: Welche Lösung soll ich für mein VPN wählen? Sie haben die Auswahl zwischen mehreren Möglichkeiten. Wir beginnen mit einer der preiswertesten Lösungen, die sogar kostenlos erhältlich ist: dem Point-to-Point Tunneling Protocol, das im Fachjargon einfach PPTP genannt wird. Seit kurzem gibt es eine Aktualisierung und Erweiterung von PPTP, und zwar das L2TP-Protokoll, das sich im Einsatz jedoch nicht unterscheidet.

Kapitel 5, *Konfiguration und Test von Verbindungen in Schicht 2*
Sie haben sich also entschlossen, PPTP oder L2TP einzusetzen – die Frage ist nur, wie? In diesem Kapitel erfahren Sie alles, was Sie schon immer gerne über den Einsatz dieser Protokolle gewußt hätten, wobei Windows NT, Windows 95/98 und die Remote-Access-Hardware von Ascend berücksichtigt wird. Dann zeigen wir, wie Sie Verbindungen testen und Fehler beheben.

Kapitel 6, *Implementierung des AltaVista Tunnel 98*
PPTP/L2TP reicht mir nicht – gibt es auch noch andere Möglichkeiten? Ja, die gibt es: Der AltaVista Tunnel ist der Newcomer unter den VPN-Lösungen und hat sich als stabile Lösung erwiesen. Wir beschreiben in diesem Kapitel die Arbeitsweise des AltaVista Tunnel, seine Vorteile und Grenzen sowie die Einsatzmöglichkeiten in Ihrem VPN.

Kapitel 7, *Konfiguration und Test des AltaVista Tunnel*
Wie bringe ich die Sache zum Laufen? Wir befassen uns mit der Konfiguration von Server und Client auf Windows NT und Windows 95 und berücksichtigen auch einige Unix-Varianten. Außerdem werden Test und Fehlerbehebung beschrieben.

Kapitel 8, *Aufbau eines VPN mit der Secure Shell unter Unix*
Lange bevor kommerzielle Anbieter die in diesem Buch beschriebenen schlüsselfertigen Lösungen präsentierten, sicherten Unix-Administratoren Verbindungen bereits mit der Secure Shell (SSH) ab. Obwohl bei der SSH-Implementierung eine ganze Menge Tools zusammenzubringen sind, hat sich die SSH durchaus bewährt.

Kapitel 9, *Der Cisco PIX Firewall*
Wer steht in der Rangliste ganz oben? Das Produkt mit der umfassendsten Funktionalität und der größen Bandbreite ist derzeit der Cisco PIX. Er stellt eine teure Lösung dar, aber vielleicht die einzige, die für große Standorte befriedigend ist. In diesem Kapitel beschreiben wir die Funktionalität des PIX sowie die Konfiguration des Firewall und des privaten Netzes.

Kapitel 10, *Verwaltung und Wartung Ihres VPNs*
Was kann schiefgehen? Ein Benutzer kann sich nicht einwählen, oder eine gestern noch einwandfreie Verbindung funktioniert nicht mehr. Dieses Kapitel führt Sie durch die verschiedenen Stationen im Netz (oder im Netz Ihres Internet Providers) und zeigt, wo der Zugriff möglicherweise scheitert. Außerdem werden Maßnahmen vorgeschlagen, mit denen sich die Sicherheit im VPN erhöhen läßt.

Kapitel 11, *Ein Beispiel-VPN*
Wahrscheinlich möchten Sie ein VPN vorgeführt bekommen, das auch wirklich funktioniert. Also zeigen wir Ihnen ein tatsächlich existierendes VPN, das in einem Unternehmen bereits im Einsatz ist (die Namen wurden zum Schutz der Beteiligten geändert). Dieses Kapitel beschreibt ein Beispiel-VPN in all seiner Eleganz, die genauen Anforderungen des Unternehmens und wie erfolgreich die Probleme mit dem VPN gelöst werden konnten. Neben einigen anderen Punkten wird die Netztopologie beschrieben, und eine Abbildung zeigt alle beteiligten Komponenten.

Anhang A, *Zukünftige Internet-Standards*
: Dieser Anhang beschreibt IPv6 (die neueste Version des IP-Protokolls), IPSec und Secure Wide Area Network (S/WAN).

Anhang B, *Ressourcen*
: Die Entwicklung der Technologien und Produkte für VPNs schreitet schnell voran. Dieser Anhang bietet eine Liste mit Informationsquellen, von denen Sie neueste Informationen erhalten.

Typographische Konventionen

In diesem Buch werden folgende typographische Konventionen verwendet:

kursiv
: wird für Datei-, Verzeichnis- und Programmnamen, URLs, Kommandos und neue Begriffe verwendet.

`Schreibmaschinenschrift`
: wird für Code-Beispiele und Bildschirmausgaben verwendet.

`Schreibmaschinenschrift fett`
: wird für Benutzereingaben verwendet.

Neueste Informationen

Die Techniken zu VPNs ändern sich jeden Monat. Da fortlaufend neue Produkte und Produktversionen erscheinen, unterhalten wir eine Web-Site, in der über die aktuelle Entwicklung informiert wird. Neueste Informationen, die erst nach der Drucklegung dieses Buches bekannt wurden, finden Sie unter:

http://www.vpn.outer.net

Danksagung

Die Autoren möchten sich ganz herzlich bei ihrem verständnisvollen Herausgeber Andy Oram bedanken. Ohne seine Anleitung, die freundlichen Ermahnungen und die großzügige Verschiebung des Abgabetermins wäre dieses Buch nie zustande gekommen.

Charlie widmet seinen Teil des Buches seiner Frau Mary, die die Arbeit an dem Manuskript in den letzten drei Jahren in außergewöhnlichem Maße mitgetragen hat. »Du bist mein Leben«. Sein Dank richtet sich außerdem an die Mitautoren Mike und Paul für ihre Bemühungen, dieses Buch zur Realität werden zu lassen.

Paul dankt seiner Familie (Brenda, Nikolaus, Lukas und Rayna), die zahllose Abende ohne ihn verbringen mußte. Er möchte sich außerdem bei Outernet für deren ungeheuer sicheres Netz bedanken, ohne das dieses Buch nicht möglich gewesen wäre.

Mike möchte ein ganz herzliches Dankeschön für all seine Unterstützung an Kris Thompson richten, der ihm einen Cisco PIX borgte und außerdem mit seinem Expertenwissen dazu beitrug, das Gerät zu konfigurieren und zum Laufen zu bringen.

Außerdem bedankt er sich bei seinen Freunden und seiner Familie, die damit klarkommen mußten, daß er in seinem unübersichtlichen Alltag auch noch das Schreiben unterzubringen versuchte.

Die Autoren möchten sich auch für die zahlreiche technische Unterstützung bedanken. Besonderen Dank an Scott Mullen, der die zweite Auflage durch viele hilfreiche Kommentare zu technischen und organisatorischen Belangen mitgestaltet hat. Besten Dank auch an Arlinda Sata, Tatu Ylönen und Jani Hursti von SSH Communications für ihre Hilfe beim Kapitel über die SSH. Herzlichen Dank auch an Arpad Magosanyi, mit dessen freundlicher Erlaubnis wir seine Linux-VPN-HOWTO-Dokumentation als Grundlage für das SSH-Kapitel verwenden konnten.

Dank auch an Jennifer Alexander, Gregg Lebovitz, Gordon C. Galligher, Matt Eackle, Sebastian Hassinger, Nat Makrevitch und Alex deVries für die fachlichen Korrekturen, die nützliche Klarstellungen und verständige allgemeine Anmerkungen umfaßten. Dank außerdem an William Hurley, der als Vermittler für dieses Buch fungierte.

Dank gilt zudem den Produktionsmitarbeitern bei O'Reilly & Associates. Jane Ellin war für Produktion und Lektorat verantwortlich. Ellie Maden las das Buch zur Korrektur. Sarah Jane Shangraw, Madeleine Newell und Sheryl Avruch führten die Qualitätskontrolle durch. Seth Maislin schrieb den Index. Edie Freedman entwarf die Titelseite. Mike Sierra setzte das Format in FrameMaker um. Robert Romano erstellte die Abbildungen. Betty Hugh und Jeff Liggett halfen bei der Produktion.

Abschließend bedanken wir uns bei all den Herstellern, die uns ihre Produkte und Dokumentationen zu Testzwecken überließen oder zumindest Interesse an unserem Buch zeigten, aber uns nicht rechtzeitig mit Prototypen versorgen konnten.

In diesem Kapitel:
- *Arbeitsweise von VPNs*
- *Sicherheitsrisiken im Internet*
- *VPNs gegen Sicherheitsprobleme im Internet*
- *VPN-Produkte und -Dienste*
- *Zuverlässigkeit von VPNs*
- *IP-Adressen und Domänennamen in diesem Buch*

1

Wozu dient ein virtuelles privates Netz?

Bislang wurde klar zwischen öffentlichen und privaten Netzen unterschieden. Auf der einen Seite gibt es öffentliche Netze wie das Telefonnetz oder das Internet. Sie haben zahlreiche Teilnehmer, die in keiner festen Beziehung zueinander stehen und relativ ungehindert Informationen austauschen. Personen mit Zugang zu einem öffentlichen Netz besitzen nicht unbedingt gemeinsame Merkmale und kommunizieren meist nur mit einem Bruchteil aller potentiellen Benutzer.

Ein privates Netz hingegen besteht nur aus Computern einer bestimmten Organisation, die vornehmlich untereinander kommunizieren. Die Beteiligten können sicher sein, daß das Netz ausschließlich von ihnen genutzt wird und die ausgetauschten Informationen (selbst im ungünstigsten Fall) nur den anderen Beteiligten bekannt werden. Ein Beispiel für ein privates Netz ist das firmeninterne lokale Netz (LAN) oder das firmeninterne Weitverkehrsnetz (WAN). Der Übergang zwischen privatem und öffentlichem Netz vollzieht sich seit jeher am Gateway-Router. Dort wird ein Firewall eingerichtet, der Eindringlinge aus dem öffentlichen Netz fernhält und verhindert, daß die eigenen internen Benutzer sich das öffentliche Netz genauer betrachten.

Bis vor nicht allzu langer Zeit konnte es sich ein Unternehmen erlauben, seine LANs als völlig unabhängige Einheiten zu betreiben. Jede Filiale besaß ein eigenes LAN mit individuellen Namenskonventionen, eigenem Mail-System und sogar speziellem Netzprotokoll, die mit denen anderer Filialen nicht unbedingt kompatibel waren. Mit zunehmender Umstellung der Ressourcen auf EDV wurde es jedoch immer wichtiger, die verschiedenen Filialen miteinander zu verbinden. Dazu benutzte man in der Regel Standleitungen unterschiedlicher Bandbreite, die durchgängig verfügbare und zudem vertrauliche Verbindungen gewährleisteten. Standleitungen sind aber oft eine teure Lösung. Man zahlt eine monatliche Grundgebühr für den Basisanschluß und eine entfernungsabhängige Komponente. Besitzt ein Unternehmen landesweit Filialen, sind diese Gebühren sehr hoch, und der Betrieb über Standleitungen wird unwirtschaftlich.

Bei privaten Netzen stellen auch mobile Benutzer ein Problem dar. Außendienstmitarbeiter, die ständig unterwegs sind, müssen per Modem mit dem Unternehmen kommunizieren. Wenn sie sich nicht in der Nähe eines Firmenrechners aufhalten, sind dazu Ferngespräche erforderlich, die auf Dauer immens teuer sind.

Das vorliegende Buch befaßt sich mit dem Konzept des virtuellen privaten Netzes (VPN), das die Grenze zwischen öffentlichem und privatem Netz verwischt. VPNs bieten die Möglichkeit, in einem öffentlichen Netz wie dem Internet ein sicheres, privates Netz aufzubauen. Mittels geeigneter Hardware und/oder Software lassen sich geschützte Verbindungen über ein öffentliches Netz aufbauen. Zur Sicherung werden Verschlüsselung, Authentifizierung, Paket-Tunneling und Firewalls eingesetzt. Wir gehen in diesem Kapitel noch genauer auf diese Techniken und ihre Rolle in VPNs ein und kommen im Verlauf des Buches immer wieder darauf zurück. Da VPNs das Internet als WAN nutzen und nur kurze Standleitungen zwischen jeweils einem Firmenstandort und dem nächten Einwahlknoten (*Point of Presence, PoP*) benötigen, stellen sie für große Unternehmen eine kostengünstige Alternative dar und sind durchaus auch für kleinere Firmen erschwinglich.

Wir beschäftigen uns in diesem Kapitel zudem mit Intranets, die den neuesten Trend bei Informationssystemen für Unternehmen darstellen und den Anstoß für die Entwicklung von VPNs gaben.

Arbeitsweise von VPNs

Ein virtuelles privates Netz ist ein Verfahren, in einem öffentlichen Netz wie dem Internet ein privates Netz zu simulieren. Es wird »virtuell« genannt, weil es sich auf virtuelle Verbindungen stützt – das heißt auf temporäre Verbindungen, die sich nicht durch ihr physisches Vorhandensein definieren, sondern aus Paketen bestehen, die über verschiedene Rechner im Internet ohne fest vorgegebene Route übertragen werden. Sichere virtuelle Verbindungen können zwischen zwei Rechnern, zwischen einem Rechner und einem Netz oder zwischen zwei Netzen hergestellt werden.

Die Nutzung des Internet zum Zugriff auf ferne LANs reduziert die Kosten erheblich. Sie können sich überall einwählen, wo Ihr Internet Service Provider (ISP) einen PoP anbietet. Betreibt Ihr ISP landesweit Einwahlknoten, ist Ihr LAN aller Wahrscheinlichkeit nach auch zum Ortstarif erreichbar. Manche ISPs sind international verfügbar oder kooperieren mit ISPs im Ausland. Viele der kleineren ISPs bieten sogar gebührenfreie Nummern für mobile Benutzer an. Betrachtet man die derzeit sehr günstigen Konditionen für Wählzugänge, sind geeignete ISP-Accounts in jedem Fall preiswerter als ein Modem-Pool für den Fernzugriff einschließlich der Gebühren für die Fernverbindungen mobiler Benutzer. Auch der gebührenfreie Zugriff auf einen ISP ist normalerweise billiger als eine eigene gebührenfreie Nummer, da der ISP Mengenrabatt von der Telefongesellschaft erhält.

Fernverbindungen von Netzen werden häufig mit einer Standleitung, einem Anschluß an ein Frame-Relay-Netz oder ISDN realisiert. Wir haben bereits erwähnt, daß eine

Standleitung mit hoher Bandbreite, etwa 2 Mbit/s, teuer ist. Auch mit Frame-Relay-Verbindungen erzielen Sie hohen Durchsatz, wobei die Gebühren nicht entfernungsabhängig sind. Dabei erwerben Sie einen Anschluß an eine Frame-Cloud, die über Switches die Verbindung zu Ihrem Ziel herstellt. Im Gegensatz zu einer Standleitung hängt die Gebühr nicht von der Entfernung, sondern ausschließlich von der Bandbreite (und dem Datenvolumen) ab, die Ihrer Verbindung zugeordnet ist. Frame-Relay-Verbindungen sind aber noch recht teuer. Bei ISDN gibt es wie beim klassischen Telefonsystem entfernungsabhängige Gebühren. In Deutschland werden (im Gegensatz zu den USA) auch bei Ortsgesprächen Gebühren pro Minute berechnet, was die Kosten entsprechend erhöht. Wenn sich die Netze eines Unternehmens in verschiedenen Städten befinden, ist es wesentlich kostengünstiger, jede Filiale über eine 2-Mbit-, Frame-Relay- oder ISDN-Verbindung an den lokalen Einwahlknoten eines ISPs anzuschließen, als jeweils zwei Filialen mit diesen Techniken zu verbinden. Zwischen den Routern der beiden Büros kann über das Internet dann ein VPN eingerichtet werden. Das VPN bietet außerdem den Vorteil, daß die Internet- und WAN-Verbindungen in einem einzigen Router und einer Leitung zusammengefaßt werden können. Damit verringern sich die Kosten für Telekommunikationsinfrastruktur und Geräte.

Die Entstehung der Intranets

Inzwischen haben Sie wahrscheinlich schon von Intranets und der Resonanz gehört, die sie bei vielen Unternehmen hervorgerufen haben. Firmen betreiben TCP/IP-Netze, veröffentlichen Informationen auf internen Web-Servern und installieren für alle Benutzer Web-Browser. Ein Beispiel für eine Intranet-Anwendung ist eine Kundendatenbank, die über das Web verfügbar ist. Außendienstmitarbeiter können eine solche Datenbank nutzen, um Kunden über neue Produkte zu informieren und Angebote abzugeben. Die Datenbank kann mit einem HTML-Frontend versehen werden, so daß sie über einen Web-Browser zugreifbar ist.

Die Entwicklung von Intranets ergab sich mit der Ausbreitung des Internet und den beliebten Informationsdiensten im World Wide Web. Die Unternehmen eigneten sich endlich an, was in der Internet-Gemeinschaft längst üblich war: die Verwendung einfacher, plattformunabhängiger Protokolle zur effektiveren Kommunikation. Trotz aller werbewirksamen Slogans handelt es sich beim Intranet lediglich um Internet-Techniken, die in einem privaten Netz eingesetzt werden.

Zusammenhang zwischen VPNs und Intranets

Mit virtuellen privaten Netzen läßt sich die Reichweite eines Intranet vergrößern. Da Intranets normalerweise für firmeninterne Informationen verwendet werden, sollen sie vom Internet aus nicht zugreifbar sein. In manchen Fällen ist es aber wünschenswert, Daten auch mit weit verstreuten Filialen gemeinsam zu nutzen oder fernen Benutzern über das Internet Zugang zum Intranet zu erlauben. Ein VPN ermöglicht sichere Verbindungen zum Intranet und gewährleistet, daß vertrauliche Informationen das Netz nicht ungeschützt verlassen. Diese Verbindungsart wird manchmal auch »Extranet« genannt.

Anhand unseres Beispiels der Kundendatenbank läßt sich veranschaulichen, wie sich die Funktionalität einer Intranet-Anwendung durch ein VPN erweitern ließe. Angenommen, die meisten Ihrer Außendienstmitarbeiter sind ständig unterwegs oder arbeiten von zu Hause aus. Es spricht nichts dagegen, daß sie über das Internet auf den Web-Server zugreifen, auf dem sich die Kundendatenbank befindet. Die Informationen sollten aber nicht uneingeschränkt beliebigen Benutzern zugänglich sein und nicht unverschlüsselt im Internet übertragen werden. Ein VPN kann eine sichere Verbindung zwischen dem Laptop eines Mitarbeiters und dem im Intranet angesiedelten Web-Server mit der Datenbank herstellen und die auszutauschenden Daten zudem verschlüsseln. VPNs bieten Flexibilität und ermöglichen Ihnen, praktisch jeden firmeninternen Netzdienst sicher über das Internet zu nutzen.

Sicherheitsrisiken im Internet

Fast täglich findet man in den Medien Berichte über die Risiken, die mit der Nutzung des Internet verbunden sind. Ob man Ihre Kreditkartennummer ausfindig macht, Ihre Rechtsangelegenheiten ausspioniert oder Ihre Dateien löscht, ständig gibt es neue Gefahren, wie Ihre (vermeintlich) privaten Daten im Internet in die falschen Hände geraten. (Ganz zu schweigen von dem Risiko, daß Sie mit Informationen konfrontiert werden, die Sie abstoßend finden oder Ihren Kindern nicht zumuten möchten.)

Für Unternehmen sind die Gefahren noch unmittelbarer. Gestohlene oder gelöschte Firmendaten können Einzelpersonen schaden und einem Unternehmen teuer zu stehen kommen. Für eine kleine Firma kann es den Ruin bedeuten, wenn ihre Projektdateien oder die Kundendatenbank gestohlen werden.

Da das Internet ein öffentliches Netz ist, besteht bei jedem angeschlossenen System das Risiko, daß sich jemand Zugang verschafft. Bislang mußte sich ein Eindringling erst einmal in Ihr Netz einwählen, bevor er ein System knacken konnte. Er mußte sich eine Telefonnummer für den entsprechenden Modem-Pool besorgen und riskierte ein Zurückverfolgen der Verbindung. Wenn Ihr Unternehmensnetz hingegen über das Internet verbunden ist und die Sicherheitsmaßnahmen zu lax sind, erhält der Systemknakker vielleicht schon Zugang zu Ihrem Netz, indem er den normalen Wählzugang eines beliebigen ISP verwendet. Selbst unerfahrene Benutzer können sich Tools für automatische »Sicherheitsüberprüfungen« beschaffen und damit Sicherheitslücken in einem Unternehmensnetz aufspüren. Noch gravierender ist, daß Sie davon unter Umständen gar nichts bemerken.

Bevor wir unsere vertraulichen Daten ins Internet entlassen, müssen wir sicher sein, daß sie durch ein VPN angemessen geschützt sind.

Was soll ein VPN schützen?

Wenn Sie darüber nachdenken, was es zu schützen gilt, werden Ihnen zuerst die Dateien auf Ihren vernetzten Rechnern einfallen: Dokumente mit Unternehmensstrategien, Spreadsheets mit Finanzanalysen einer vorgesehenen Produkteinführung, Datenbanken mit Informationen zu Gehältern und Steuern oder gar eine Sicherheitsanalyse Ihres Netzes, die Schwachstellen und problematische Hardware aufzeigt. Sich solchen Dateien zu widmen, ist kein schlechter Ausgangspunkt. Sie müssen aber auch an die weniger greifbaren Werte denken, die ebenfalls ans Internet angeschlossen sind. Dazu gehören die Dienste, die Sie Mitarbeitern und Kunden bereitstellen, die Rechenkapazität, die zur Verfügung steht, und nicht zuletzt Ihr guter Ruf. Eine Sicherheitslücke könnte zum Beispiel dazu führen, daß Benutzer zeitweise keine Verbindungen zu anderen Standorten herstellen können oder die E-Mail von all Ihren Verkäufern als unzustellbar zurückgesendet wird.

Am einfachsten wäre es, alle vertraulichen Daten abzusondern, zu katalogisieren und wegzusperren. Bestimmt mehr als die Hälfte der verwalteten und verbreiteten Informationen muß in irgendeiner Form abgesichert werden. Selbst scheinbar harmlose Kundendaten und Adressen können in einer gezielten Kampagne gegen Sie verwendet werden; das trifft Sie möglicherweise weit schlimmer als eine negative Kampagne, die auf einen zufälligen Ausschnitt der Bevölkerung abzielt.

In der Client-Server-Welt mit Telekommunikation, Außendienstmitarbeitern und Tele-Working ist es leider nicht ganz einfach, alle vertraulichen Daten in einem einzigen geschützten Bereich zu halten. Der Geschäftsführer muß unterwegs Finanzdaten abfragen und die Programmiererin von zu Hause aus auf Quellcode zugreifen. VPNs unterstützen Sie dabei, Dateien sicher außerhalb Ihres Netzes zu übertragen. In Kapitel 2, *Grundlegende Verfahren im VPN*, befassen wir uns damit, welchen Gefahren Ihre Daten ausgesetzt sind und welche Sicherheitsmaßnahmen in VPNs dagegen getroffen werden.

VPNs gegen Sicherheitsprobleme im Internet

In einem VPN werden verschiedene Techniken zum Schutz der Datenübertragung über das Internet eingesetzt. Dazu gehören im wesentlichen Firewalls, Authentifizierung, Verschlüsselung und Tunneling. Es folgt zunächst eine kurze Übersicht über diese Verfahren, die in Kapitel 2 ausführlicher beschrieben werden.

Firewalls

Ein Internet-Firewall hat denselben Zweck wie Brandschutzvorrichtungen in Gebäuden oder Autos, nämlich einen bestimmten Bereich vor Feuer und einer möglicherweise katastrophalen Explosion zu schützen. Damit sich ein Feuer nicht ausbreiten kann, werden Sperren errichtet, die zur Schadensbegrenzung beitragen und den Gesamtverlust sowie die betroffenen Bereiche minimal halten. Ein Internet-Firewall funktioniert genauso. Er überprüft zum Beispiel die Internet-Adressen von Paketen oder die Ports, die in eingehenden Verbindungen angefordert werden, und entscheidet daraufhin, welche Nachrichten ins Netz gelassen werden.

Obwohl die meisten VPN-Pakete selbst keine Firewall-Funktionalität enthalten, stellen Firewalls doch einen integralen Bestandteil von VPNs dar. Das Konzept besteht darin, unerwünschte Besucher durch den Firewall vom Netz fernzuhalten, VPN-Benutzer hingegen dürfen passieren. Vor dem Aufbau eines VPNs müssen Sie sich erst einmal einen Firewall besorgen, wenn Ihr Netz bislang nicht entsprechend geschützt war, womit Sie sich bereits einem nicht unbeträchtlichen Risiko ausgesetzt haben.

Der gängigste Typ Firewall arbeitet mit Paketfilterung, wodurch bestimmte IP-Dienste an bestimmten Portnummern am Passieren des Gateway-Router gehindert werden. Viele Router, die VPN-Techniken unterstützen, unterstützen auch Paketfilterung, so zum Beispiel der Cisco Private Internet Exchange (PIX) und der 3Com/U.S. Robotics Total Control. Auch Proxies werden häufig eingesetzt, um ein Netz zu schützen und nur VPN-Dienste durchzulassen. Bei einem Proxy-Server handelt es sich in der Regel um Software, die in der Anwendungsschicht auf einem Netzbetriebssystem wie Unix, Windows NT oder Novell Netware ausgeführt wird.

Authentifizierung

Die Authentifizierung stellt einen überaus wichtigen Bestandteil von VPNs dar, da sie sicherstellt, daß die Kommunikation tatsächlich zwischen den gewünschten Parteien stattfindet. Sie entspricht im wesentlichen der Anmeldung bei einem System mit Benutzername und Paßwort. In VPNs sind jedoch noch strengere Authentifizierungsmethoden zur Identitätsüberprüfung erforderlich. Die meisten VPN-Authentifizierungssysteme beruhen auf gemeinsamen Schlüsseln. Die Schlüssel durchlaufen einen Hashalgorithmus, der einen Hashwert generiert. Die zweite Partei, die dieselben Schlüssel besitzt, erzeugt ebenfalls einen Hashwert und vergleicht ihn mit dem Wert, den sie von der anderen Seite erhalten hat. Der über das Internet gesendete Hashwert ist für Lauscher nutzlos, so daß beim Abhören des Netzverkehrs kein Paßwort erschnüffelt werden kann. Das Challenge Handshake Authentication Protocol (CHAP) ist ein gutes Beispiel für ein Authentifizierungsverfahren, das mit diesem Konzept arbeitet. Eine weitere gängige Methode ist RSA.

Authentifizierung wird üblicherweise zu Beginn einer Sitzung durchgeführt und dann in zufälligen Abständen wiederholt, um sicherzustellen, daß sich kein Schwindler in die Kommunikation eingeschlichen hat. Authentifizierung kann auch zur Gewährleistung der Datenintegrität herangezogen werden. Die eigentlichen Daten durchlaufen einen Hashalgorithmus, dessen Ergebnis als Prüfsumme an die Nachricht angehängt wird. Wenn die gesendete von der am Zielort ermittelten Prüfsumme abweicht, ist klar, daß die Daten bei der Übertragung beschädigt oder abgehört und verändert wurden.

Verschlüsselung

Alle VPNs unterstützen eine Verschlüsselung, bei der die Daten in einen sicheren Umschlag verpackt werden. Verschlüsselung wird oft als ebenso wichtig wie Authentifizierung angesehen, da sie die Daten bei der Übertragung vor Paketschnüfflern schützt. In VPNs werden vornehmlich zwei Verfahren eingesetzt, nämlich Secret-Key-Verschlüsselung und Public-Key-Verschlüsselung.

Bei der Secret-Key-Verschlüsselung[1] gibt es ein gemeinsames geheimes Paßwort, das allen Parteien bekannt ist, die Zugriff auf die verschlüsselten Informationen benötigen. Mit diesem Schlüssel werden die Informationen chiffriert und dechiffriert. Ein Beispiel für ein Secret-Key-Verfahren ist der Data Encryption Standard (DES), den die Unix-Systemfunktion *crypt* zur Verschlüsselung von Paßwörtern verwendet.

Beim Einsatz von Secret-Key-Verschlüsselung für gemeinsam genutzte Daten besteht das Problem, daß alle Parteien den geheimen Schlüssel kennen müssen, um auf die verschlüsselten Daten zugreifen zu können. Dies mag sich sich zwar gut für eine kleine Arbeitsgruppe eignen, ist in einem großen Netzwerk aber kaum noch zu verwalten. Was geschieht, wenn eine Benutzerin das Unternehmen verläßt? Dann muß der alte gemeinsame Schlüssel aus dem Verkehr gezogen, ein neuer Schlüssel eingerichtet und alle Benutzer auf sicherem Wege davon in Kenntnis gesetzt werden.

Bei der Public-Key-Verschlüsselung gibt es einen öffentlichen und einen privaten Schlüssel. Den öffentlichen Schlüssel können Sie allgemein bekanntgeben, während der private Schlüssel Ihr Geheimnis bleibt. Um einem anderen Benutzer vertrauliche Daten zu übermitteln, chiffrieren Sie diese mit einer Kombination aus Ihrem privaten und dessem öffentlichen Schlüssel. Der Empfänger dechiffriert die Daten anhand Ihres öffentlichen und seines privaten Schlüssels. Abhängig von der jeweiligen Software, können öffentliche und private Schlüssel recht lang sein, so daß man sie sich nicht einprägen kann. Sie werden deshalb häufig auf dem Rechner der Person abgelegt, die das Verschlüsselungsverfahren verwendet. Die privaten Schlüssel ihrerseits werden normalerweise mittels Secret-Key-Verschlüsselung wie DES und eines einprägsamen Paßworts gespeichert. Damit wird verhindert, daß ein Eindringling in Ihr System Ihren privaten Schlüssel lesen kann. Ein bekanntes Programm zum Datenschutz, das mit Public-Key-Verschlüsselung arbeitet, ist Pretty Good Privacy (PGP). RSA ist ein weiteres Public-Key-Verfahren, das insbesondere in kommerziellen Produkten häufig anzutreffen ist. Der größte Nachteil der Public-Key-Verschlüsselung besteht darin, daß die Chiffrierung im Vergleich zur Secret-Key-Verschlüsselung meist langsamer ist.

In VPNs werden die Daten in Echtzeit verschlüsselt und nicht, wie zum Beispiel bei PGP, als Datei gespeichert. Deshalb werden Nachrichten, die in VPNs übertragen werden sollen, mit Secret-Key-Verfahren und Schlüsseln chiffriert, die nur für die Dauer der aktuellen Sitzung gültig sind. Der Sitzungsschlüssel (der in der Regel kürzer als die Daten ist) wird vor der Übertragung mit einem Public-Key-Verfahren chiffriert. Die geheimen Schlüssel werden oft unter Verwendung eines Protokolls zur Schlüsselverwaltung vereinbart.

Das nächste in VPNs eingesetzte Verfahren ist IPSec (secure IP). IPSec besteht aus einer Reihe von Vorschlägen der IETF für ein sicheres IP-Protokoll für IPv4 und IPv6. Diese Erweiterungen bieten Verschlüsselung bereits in der IP-Schicht und nicht erst in höheren Schichten, wie es bei SSL und den meisten VPN-Produkten der Fall ist.

1 Secret-Key-Verschlüsselung wird auch Private-Key-Verschlüsselung genannt.

IPSec schafft einen offenen Standard für VPNs. Im Moment werden in einigen der wichtigsten VPN-Produkte herstellerspezifische Verschlüsselungsverfahren oder offene Standards eingesetzt, an die sich nur wenige Hersteller halten. Die meisten Hersteller sehen in IPSec jedoch keine Konkurrenz, sondern eine Möglichkeit, ihre Sicherheitsmaßnahmen zu verbessern und die Tunneling- und Verschlüsselungsverfahren um eine kompatible Komponente zu erweitern.

In Kapitel 2, *Grundlegende Verfahren im VPN*, befassen wir uns ausführlich mit der Leistungsfähigkeit, dem Einsatz und rechtlichen Aspekten verschiedener Verschlüsselungsverfahren.

Tunneling

Viele VPN-Produkte setzen Tunneling zum Aufbau eines privaten Netzes ein. Dazu gehören auch die in diesem Buch beschriebenen Produkte: Altavista Tunnel, Point-to-Point Tunneling Protocol (PPTP), Layer 2 Forwarding Protocol und der Tunnelmodus von IPSec. VPNs ermöglichen Ihnen, sich über das Internet, das ein IP-Netz darstellt, mit einem fernen Netz zu verbinden. Viele firmeninterne LANs nutzen aber nicht nur IP. Netze mit Windows NT Servern verwenden zum Beispiel NetBEUI, Novell-Server arbeiten mit IPX. Tunneling gibt Ihnen die Möglichkeit, ein Paket in ein anderes Paket zu kapseln und damit inkompatible Protokolle zusammenzubringen. Das gekapselte Paket kann demselben, aber auch einem völlig anderen Protokoll angehören. Durch Tunneling können zum Beispiel IPX-Pakete über das Internet gesendet werden, so daß ein ferner Benutzer auf einen Novell-Server zugreifen kann.

Durch Tunneling läßt sich ein IP-Paket in ein anderes IP-Paket kapseln. Dies bietet die Möglichkeit, Pakete mit beliebigen Ziel- und Quelladressen im Internet zu verschicken, da diese wiederum in Paketen untergebracht sind, deren Ziel- und Quelladressen geroutet werden können. Sie können also auch den reservierten (im Internet nicht routing-fähigen) IP-Adreßbereich verwenden, der von der IANA (Internet Assigned Numbers Authority) für private Netze vorgesehen ist, und Ihre Rechner trotzdem über das Internet zugänglich machen. Die Details dazu werden wir in späteren Kapiteln ausführlich behandeln.

Weitere Standards, die in VPNs zum Einsatz kommen, sind X.509-Zertifikate, das Lightweight Directory Access Protocol (LDAP) und Radius zur Authentifizierung.

VPN-Produkte und -Dienste

Ein VPN besteht aus einer Reihe nützlicher Techniken, die man sich früher selbst zusammenstellen mußte. Inzwischen haben Vernetzungsunternehmen und ISPs die Bedeutung von VPNs erkannt und bieten Produkte an, die den Großteil der Arbeit für Sie erledigen. Außerdem gibt es im Internet frei verfügbare Software (in der Regel für Unix), die zum Aufbau eines VPNs eingesetzt werden kann. Wir werden uns in diesem Buch ausführlich mit einigen der kommerziellen und der frei verfügbaren Lösungen befassen. Welche Lösung Sie für Ihr Netz wählen, hängt letztendlich von den verfügbaren Ressourcen, den verwendeten Plattformen, der Netztopologie, der für die Software-Installation und -Konfiguration eingeplanten Zeit und dem gewünschten Support ab. Wir können hier nicht auf alle Hersteller und Produkte eingehen, da sich das Angebot fortlaufend ändert. Statt dessen geben wir allgemeine Richtlinien, die im Prinzip auf alle Netze zutreffen. Außerdem gehen wir ausführlich auf einige Produkte ein, die beim Verfassen dieses Buches ausgereift waren. Das soll aber keineswegs bedeuten, daß es nicht ebenso gute Konkurrenzprodukte gibt.

Das Spektrum der VPN-Produkte reicht von Softwarelösungen, die auf oder in Abstimmung mit einem Netzbetriebssystem ausgeführt werden (zum Beispiel AltaVista Tunnel oder CheckPoint Firewall-1 für Windows NT und Unix), über Hardware-Router/Firewalls (zum Beispiel von Cisco oder Ascend) bis zu integrierten Hardwarelösungen, die speziell für den VPN-Einsatz gedacht sind (zum Beispiel VPNet oder Bay Networks Extranet Switch). Manche VPN-Protokolle wie SSH oder SSL sind in anderer Funktion bekannt geworden, werden inzwischen aber genauso in VPNs eingesetzt.

Neben den VPN-Produkten bieten mittlerweile auch ISPs VPN-Dienste an. Das Tunneling zum Beispiel wird in der Regel auf den Geräten des ISP durchgeführt. Wenn beide Seiten einer Verbindung an denselben ISP angeschlossen sind, kann dieser in einer »Quality of Service«-Vereinbarung zu bestimmten Rahmenbedingungen in bezug auf Latenz- und Betriebszeiten verpflichtet werden.

Zuverlässigkeit von VPNs

Beim Aufbau eines VPNs über das Internet gerät die Frage der Zuverlässigkeit leicht in den Hintergrund. Wie allgemein bekannt, stellt das Internet nicht unbedingt das zuverlässigste Netz dar. Auf ihrem Weg durch das Internet durchlaufen die Pakete oft mehrere Netze mit ganz unterschiedlicher Geschwindigkeit, Zuverlässigkeit und Funktionalität – und jedes davon wird von einem anderen Unternehmen betrieben. All diese Netze stellen potentielle Problemfelder dar.

Die mangelnde Zuverlässigkeit des Internet und die Tatsache, daß es von keiner definierbaren Instanz kontrolliert wird, macht es einem Netzadministrator schwer, VPN-Probleme zu analysieren und zu beheben. Wenn sich eine Benutzerin nicht per Fernzugriff in den Server der Unternehmenszentrale einwählen kann oder die Verbindung über eine Standleitung Schwierigkeiten bereitet, weiß der Administrator, daß dafür nur eine begrenzte Anzahl von Ursachen in Frage kommt: der Rechner oder Router am anderen Ende, das Telekommunikationsunternehmen, das die Verbindung bereitstellt, oder der Rechner oder Router in der Zentrale.

Bei einem VPN über das Internet könnte das Problem bei dem Rechner am anderen Ende, beim ISP am anderen Ende, bei einem der zwischenliegenden Netze, beim ISP der Zentrale oder bei dem Rechner oder Router in der Zentrale liegen. Einige große ISPs bieten zwar gewisse Garantien für einen reibungslosen VPN-Service (sofern alle beteiligten Parteien an deren Netze angeschlossen sind), dies ist für kleinere ISPs jedoch nicht machbar. Der Netzadministrator wird also immer wieder in Situationen geraten, wo er auf seine eigenen Möglichkeiten angewiesen ist. Das vorliegende Buch unterstützt Sie bei der Eingrenzung der Probleme, wenn Ihr VPN nicht ordnungsgemäß funktioniert.

IP-Adressen und Domänennamen in diesem Buch

Ein IP-Adreßbereich wird üblicherweise in der Notation 1.0.0.0/24 geschrieben. 1.0.0.0/24 bedeutet zum Beispiel, daß die Adressen bei 1.0.0.0 beginnen, wobei die letzten 8 Bits variieren können. Die Zahl 8 berechnet sich aus der Differenz von 32 (der maximalen Länge einer IP-Adresse) und 24 (der Längenangabe nach dem Schrägstrich »/«). 1.0.0.0/24 umfaßt also alle Adressen von 1.0.0.0 bis 1.0.0.255.

Wir haben uns dazu entschlossen, im vorliegenden Buch durchgängig dieselben IP-Adreßbereiche und Domänennamen zu verwenden. Für die IP-Adreßbereiche, die im Internet geroutet werden können, verwenden wir die Blöcke 1.0.0.0 bis 1.255.255.255 (oder 1.0.0.0/8) und 2.0.0.0 bis 2.255.255.255 (2.0.0.0/8), die wir bei Bedarf in Teilnetze untergliedern. Wir haben diese Bereiche gewählt, weil sie zwar geroutet werden können, von der IANA (Internet Assigned Numbers Authority) aber reserviert und daher gegenwärtig nicht in Gebrauch sind. Um Beispiele und Abbildungen möglichst verständlich zu halten und Unbeteiligte zu schonen, haben wir bewußt keine zufälligen oder bereits im Einsatz befindlichen registrierten Adressen gewählt. Außerdem war diese Entscheidung auch für uns durchaus hilfreich, um beim Schreiben nicht den Überblick zu verlieren.

Für interne Netze verwenden wir den IP-Adreßbereich, der in RFC 1918 für den Gebrauch in privaten Netzen vorgesehen ist. Die Bereiche sind 10.0.0.0 bis 10.255.255.255 (oder 10.0.0.0/8), 172.16.0.0 bis 172.31.255.255 (oder 172.16.0.0/12) und 192.168.0.0 bis 192.168.255.255 (oder 192.168.0.0/16). Auch diese Bereiche untergliedern wir bei Bedarf in Teilnetze.

In unseren Beispielen arbeiten wir mit dem Domänennamen *ora-vpn.com*. Die Rechnernamen innerhalb dieser Domäne unterliegen keinen besonderen Regeln, sondern werden dem Kontext entsprechend ausgewählt.

In diesem Kapitel:

- *Einsatz von Firewalls*
- *Verschlüsselung und Authentifizierung*
- *Protokolle im VPN*
- *Methoden zur Kompromittierung von VPNs*
- *Patente und rechtliche Fragen*

2 Grundlegende Verfahren im VPN

Im vorliegenden Kapitel konzentrieren wir uns auf die Techniken, auf denen der Aufbau eines virtuellen privaten Netzes beruht. Wie in Kapitel 1 beschrieben, gibt es beim Thema »Zusammenschließen von Netzen« meist zwei konkurrierende Lager. Für das eine Lager ist es am wichtigsten, daß die Daten unter allen Umständen verfügbar sind, unabhängig davon, wo die Informationen und Benutzer sich gerade befinden. Für das andere Lager ist der Dateninhalt entscheidend, den es zu schützen gilt, damit nur berechtigte Personen Zugriff darauf besitzen. Diese beiden Konzepte widersprechen einander keineswegs, sondern stellen sich ergänzende Gegenpole dar. Wenn sich Ihr Informationsangebot fortlaufend vergrößert und jedem Benutzer alle benötigten Daten zur Verfügung stehen sollen, müssen Sie auch Sicherheitsvorkehrungen treffen, die verhindern, daß andere ungerechtfertigt Vorteile aus Ihren Informationen ziehen.

Da das Internet eine enorme Ansammlung von Ressourcen darstellt, bietet ein Informationsaustausch auf jeden Fall kommerzielle Vorteile. Welchem Risiko Sie sich dabei aussetzen, ist viel schwieriger einzuschätzen. Manche Unternehmen versprechen sich vom Internet einen riesigen, kaum erschlossenen Markt voller potentieller Kunden und Publicity. Sie nehmen nicht wahr, daß das Internet eine eigene »Unterwelt« birgt. Gerade davor aber müssen wir unsere Daten schützen. Da der Schutz vertraulicher Daten bei virtuellen privaten Netzen im Mittelpunkt steht, besitzen sie unserer Ansicht nach ein Potential, das bis ins 21. Jahrhundert reicht. Die beiden wichtigsten Verfahren für VPNs sind Verschlüsselung und Firewalls.

In diesem Kapitel geben wir einen Überblick über die Techniken zum Aufbau eines VPNs und erläutern, wo sie in die in diesem Buch beschriebenen Produkte und Dienste integriert sind. Wir befassen uns zunächst damit, wie ein Netz mit Firewall-Techniken an den Gateway-Routern geschützt wird. Danach erhalten Sie einen allgemeinen Einblick in das Gebiet der Verschlüsselung, ihren traditionellen Einsatz und ihre Verwendung in einem VPN. Anschließend beschäftigen wir uns mit Authentifizierungsverfahren und zeigen, wie sie in Kombination mit den Verschlüsselungsalgorithmen in

VPNs eingesetzt werden. Außerdem beschreiben wir die Protokolle, die mit dem zunehmenden Wachstum von VPN-Technologien entstanden sind. Abschließend geben wir eine kurze Übersicht über verschiedene Methoden, wie sich ein Eindringling Zugriff auf Ihre privaten Netze oder Daten verschaffen könnte.

Einsatz von Firewalls

Das erste Verfahren, das wir in diesem Buch behandeln, sind Firewalls. Dabei handelt es sich um Systeme, die zwischen Ihrem internen Netz und der Außenwelt angesiedelt sind. Firewalls werden seit vielen Jahren in großen öffentlichen Netzen eingesetzt und stellen einen idealen Ausgangspunkt für die Entwicklung von Sicherheitsstrategien dar. Sie sollten mit dem Firewall beginnen, da er zwischen Ihrem Netz und einem öffentlichen Netz wie dem Internet plaziert wird. Er stellt zwar keine Patentlösung dar, ist jedoch leicht zu konfigurieren; dazu muß lediglich ein Gateway-Router modifiziert werden. Wenn Sie ein großes WAN mit vielen Verbindungen ins Internet besitzen, müssen Sie natürlich für jeden Verbindungspunkt einen eigenen Firewall einrichten. In diesem Fall erhöht sich die Komplexität der Konfiguration drastisch.

Was ist ein Firewall?

Das US-Verteidigungsministerium, wahrscheinlich die weltweit größte Autorität für Datenschutz und Sicherheitskontrolle, beschränkte den Zugriff auf streng geheime Dokumente durch verschiedene Sicherheitsstufen. Die Einstufungskriterien, wie ein Regierungsrechner zu schützen sei, wurden im berühmten »Orange Book« festgelegt. Dort war vermerkt, daß ein Rechner mit streng vertraulichen Daten unter *keinen* Umständen an ein externes Netz angeschlossen werden darf. Dies stellt mit Sicherheit die beste Firewall-Strategie dar. Daß dieser Ansatz in der Praxis selten brauchbar ist, liegt auf der Hand. Wir möchten Ihnen nur vor Augen führen, daß der beste Firewall für *äußerst* vertrauliche Informationen darin bestehen würde, die Daten getrennt auf einem Rechner zu halten, der keinerlei Netzwerkanschluß besitzt.

Für einen Netzadministrator haben Firewalls im wesentlichen zwei Aufgaben. Die erste besteht darin zu steuern, welche internen Rechner einem Außenstehenden bekannt sind und über welche Dienste er mit diesen Rechnern kommunizieren kann. Die zweite Aufgabe ist zu kontrollieren, welche externen Internet-Rechner einem internen Benutzer bekannt sind und welche Dienste er benutzen kann. Ein Firewall hat Ähnlichkeit mit einem Verkehrspolizisten, da er bestimmt, wohin der Netzverkehr fließen darf, und manche Nachrichten völlig stoppt. Da Internet-Firewalls alle Pakete untersuchen, die den Gateway-Router durchlaufen, werden sie auch »Paketfilter«-Systeme genannt.

Zur Veranschaulichung kommen wir wieder auf unser großes Filialnetz zurück. Wir nehmen außerdem an, daß ein Router der 2500-Serie von Cisco und 40 Rechner im Netz vorhanden sind. Drei der 40 Computer sind Server: es gibt einen FTP-Server, einen Mail-Server und einen Web-Server. Wir besitzen ein volles Netz der Klasse C (2.48.29.0/24), das uns vom NIC (Network Information Center) zugeteilt wurde. Wir

ACHTUNG Achten Sie darauf, daß sich der Firewall nicht umgehen läßt. Der raffinierteste Firewall ist zwecklos, wenn Angreifer durch eine Hintertür oder einen Umweg eindringen können. Schützen Sie die Systeme zum Fernzugriff (wie PPP-, SLIP- und ARA-Server), mit denen sich Benutzer direkt in Ihr privates Netz einwählen. Da Hacker oft versuchen, auf diesem Weg in einen Standort zu gelangen, müssen Sie diese Möglichkeit ausschließen. Anderenfalls könnte sich ein Systemknacker Zugriff auf die Dienste verschaffen, indem er den Gateway-Firewall und all Ihre raffinierten Fallen einfach umgeht und sich mit einer kompromittierten Kennung einwählt. Ihr externer Gateway-Router wäre dagegen machtlos. Wie Sie sich erinnern, kann ein Firewall nicht stärker als sein schwächster Punkt sein. Kein Sicherheitsprodukt bietet eine umfassende Lösung für alle Dienste im Netz. Sie müssen Ihre Zugriffskonzepte deshalb fortlaufend überdenken, Ihren Standort regelmäßig auf Schwachstellen prüfen und diese gegebenenfalls beseitigen.

werden in diesem Abschnitt an einigen Beispielen mit unseren 40 Rechnern und dem bereits erläuterten Netz veranschaulichen, wie verschiedene Firewall-Topologien aufgebaut sind. Abbildung 2-1 zeigt, welche Rolle der Firewall für unser großes Filialnetz und unser zentrales Unternehmensnetz (in der Abbildung oben) spielt.

Welche Arten von Firewalls gibt es?

Fast allen Firewall-Techniken liegt ein ähnliches Modell zugrunde, und zwar die zentrale Kontrolle. Deshalb müssen auf oberster Ebene nur wenige Varianten untersucht werden. Da sich die Presse in letzter Zeit ausführlich damit beschäftigt hat, werden Ihnen Paketfilter-Firewalls vermutlich bereits ein Begriff sein. In diesem Abschnitt behandeln wir die Arbeitsweise und Konfiguration von vier grundlegenden Firewall-Architekturen. Es gibt zudem zahlreiche Varianten, von denen Ihnen manche vielleicht schon bekannt sind. Einige der komplexeren Architekturen werden wir hier nicht ansprechen. Wir hoffen, Ihnen trotzdem einen guten Einblick in den Aufbau, die Arbeitsweise und die Einrichtung von Firewalls und, was für dieses Buch am wichtigsten ist, ihre Einbindung in das virtuelle private Netz zu geben.

Router mit Paketfilterung

Router und Computer mit Paketfilterung entscheiden anhand eines vordefinierten Regelsatzes, welcher Nachrichtenverkehr in ein Netz übertragen wird. Der Router entscheidet nicht auf Basis des Paketinhalts, sondern anhand der Ursprungs- und Zieladresse. Er beurteilt dabei, ob das Paket bestimmte Vorgaben erfüllt und entsprechende Aktionen erforderlich sind, um die Übertragung zuzulassen (*allow*) oder abzulehnen (*deny*). Die *allow*- und *deny*-Tabellen werden gemäß den Sicherheitsmaßnahmen erstellt, die vom Netzadministrator und Sicherheitskoordinator netzweit festgelegt wurden.

Ein Blick in die Arbeitsweise eines Paketfilters zeigt, daß der Router nicht den Inhalt von IP-Paketen analysiert, sondern nur den Paket-Header. Wie aus Abbildung 2-2 hervorgeht, würde ein Router, der angewiesen ist, alle Nachrichten von Netz 1.34.21.0/24

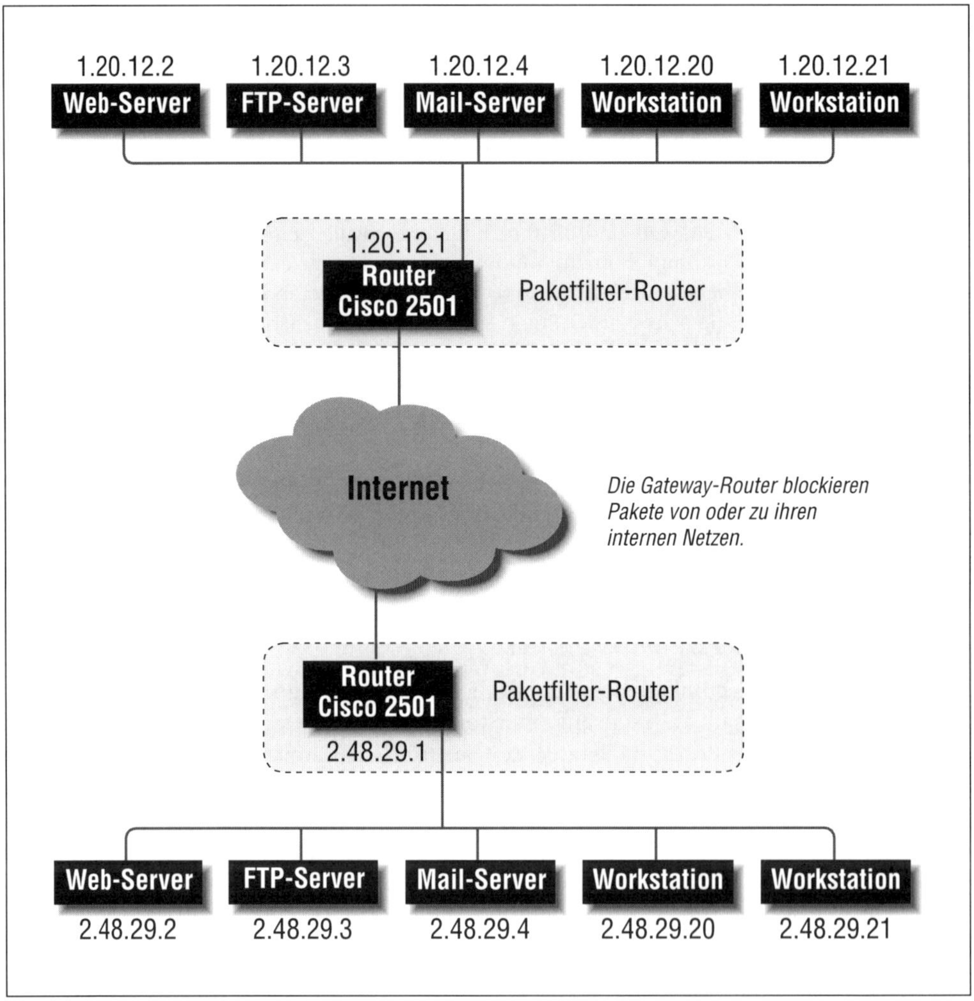

Abbildung 2-1: Ein typischer Firewall

zuzulassen, alle Pakete auf eine passende Quelladresse hin überprüfen und gegebenfalls passieren lassen. Stammt ein Paket aus einem anderen Netz, wird es vom Filter abgewiesen und verworfen. Durch diesen Mechanismus schützt der Firewall den Standort.

Die Paketfilterung kann nach zwei verschiedenen Prinzipien erfolgen. Das erste Prinzip bewirkt ein offenes Netz mit selektiver Filterung aller unerwünschten Nachrichten. Dazu muß auf dem Router für jede Angriffsart ein geeigneter Filter eingerichtet werden. Das zweite Prinzip liefert ein geschlossenes Netz mit einer selektiven Filterung aller erwünschten Nachrichten. Diese Methode bietet zwar selbst bei bislang unbekannten Angriffen größere Sicherheit, hat jedoch den Nachteil, daß der Firewall aktua-

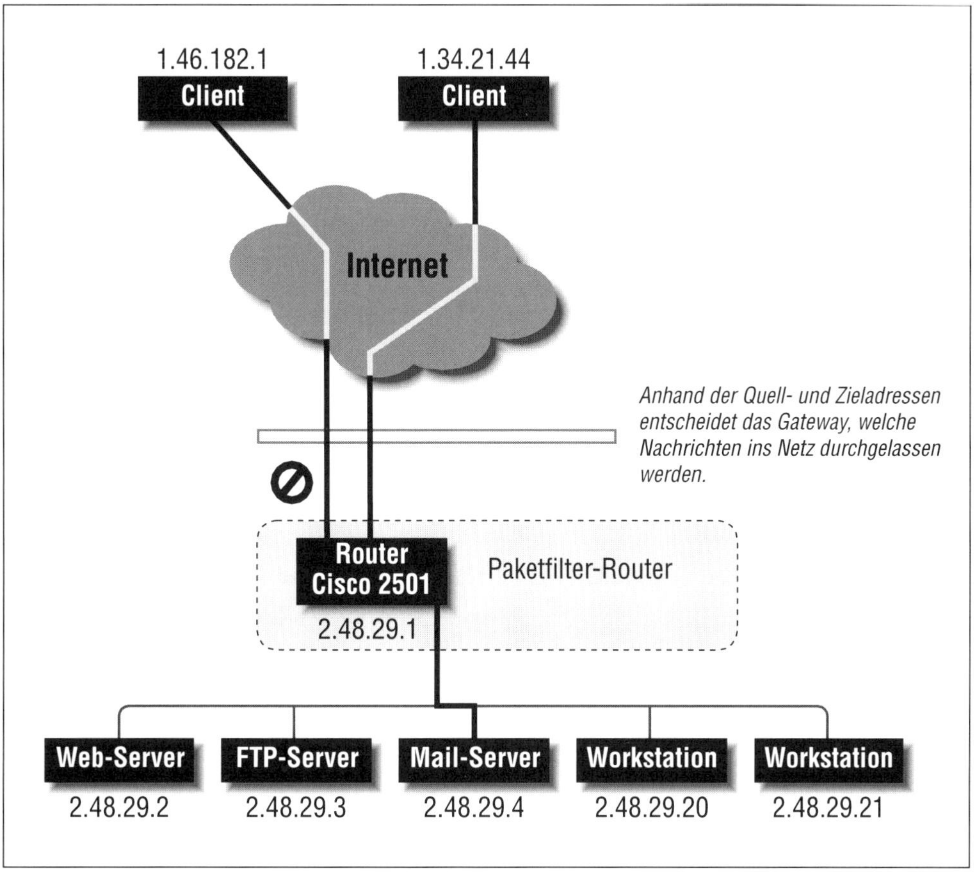

Abbildung 2-2: Ein Router mit Paketfilterung

lisiert werden muß, sobald Computer und Dienste hinzukommen oder geändert werden.

Ein reiner Paketfilter besitzt mehrere Schwachstellen. Erstens gibt es keine Möglichkeit der Benutzerauthentifizierung; eine Verbindung zwischen zwei Endpunkten wird zugelassen oder nicht. Rechner 1.34.21.44 darf Mail-Nachrichten (Ports 25 und 110) zum Beispiel zum Mail-Server in unserem großen Netz (2.48.29.4) übertragen, oder er darf es nicht. Es gibt keine Möglichkeit zu beurteilen, *wer* eine Mail senden möchte. Weshalb sollte es für unseren Mitarbeiter Bob nicht möglich sein, einen Kaffee im *Cyber Coffee Shop* (Eigentümer des Netzes 1.34.21.44) zu trinken und gleichzeitig seine Mail abzuholen?

Eigentlich können Sie froh sein, daß der Router nicht alle Pakete öffnet, da dies ziemlich zeitraubend wäre. Router sollen heutzutage, wo eine immer höhere Bandbreite angestrebt wird, wahre Wunder vollbringen. Die Aufgabe eines Routers besteht eigentlich in der Entscheidung, wohin ein Paket gesendet werden soll, und nicht im Abfangen und Verwerfen von Paketen, die ein Sicherheitsrisiko darstellen.

Wir gehen allerdings davon aus, daß sich Gateway-Netze in Zukunft signifikant ändern werden. Der Trend geht dahin, Router und Paketfilterung (und eigentlich alle Sicherheitsvorkehrungen) zu entkoppeln. Inzwischen ist das vielleicht bereits der Fall. Es gibt mittlerweile Produkte, die die dynamische Authentifizierung durch einen Paketfiter-Router direkt auf Benutzerebene unterstützen, und zwar auch über eine verschlüsselte Verbindung.

Ein anderes Hindernis ist, daß regelmäßige Änderungen des Netzes eine umfassende Umkonfiguration des Gateway-Routers und des darauf angesiedelten Paketfilter-Firewalls erforderlich machen. Dies ist nicht nur zeitaufwendig, sondern auch fehleranfällig. Beispielsweise kann das Netz durch einen versehentlichen Fehler zu großen Teilen ungeschützt offenstehen oder der Router durch eine kleine Änderung lahmgelegt werden, so daß er seine vordringliche Aufgabe als Wegweiser nicht mehr erfüllen kann.

Bastion-Host

Ein Bastion- oder Screening-Host, wie er gelegentlich genannt wird, ist ein sicherer Rechner, der Paketfilterung nutzt, die vom Router durchgeführt wird. Ein sicherer Rechner zeichnet sich dadurch aus, daß sein Betriebssystem und die wichtigsten Dienste von einem Sicherheitsexperten überprüft wurden. Die Sicherheitsmaßnahmen werden in erster Linie vom Paketfilter-Router durchgeführt, während der Informationsfluß in beide Richtungen vom sicheren Rechner dirigiert wird. Der Bastion-Host ist ein sicherheitsgeprüfter Rechner, der auf dieselbe Art wie andere Rechner ans Internet angeschlossen ist. Das Gateway läßt Nachrichten jedoch unter weniger restriktiven Bedingungen zu ihm durch. Bastion-Hosts werden normalerweise in Kombination mit Routern zur Paketfilterung eingesetzt, da einfache Paketfiltersysteme nicht auf der Protokoll- oder Anwendungsebene filtern können. (Abbildung 2-3 zeigt eine Beispielkonfiguration.)

Ein Bastion-Host ist einfacher zu konfigurieren und zu warten als verteilte Server, da der Nachrichtenverkehr größtenteils über ein einziges System gesendet wird. Weil sich der Bastion-Host im internen Netz befindet, wird er genauso behandelt wie die lokal angeschlossenen Geräte. Die Sicherheitspolitik des Standorts gibt vor, wie restriktiv der Paketfilter-Router zu konfigurieren ist. Systemadministratoren kombinieren häufig mehrere Strategien und verwenden einen Bastion-Host und daneben den Paketfilter-Router.

Eine der äußerst vorteilhaften Eigenschaften des Bastion-Host besteht darin, daß die Konfiguration des Paketfilters im wesentlichen aus einem generellen »deny everything« besteht, dem lediglich einige sehr spezielle *allow*-Anweisungen vorangehen, die ausschließlich den Bastion-Host betreffen. Bei großen und sich häufig ändernden Netzen hält sich für die Sicherheitsverantwortlichen damit der Aufwand in angemessenem Rahmen. Wenn neue Rechner hinzukommen oder Benutzer schlecht gesicherte Geräte

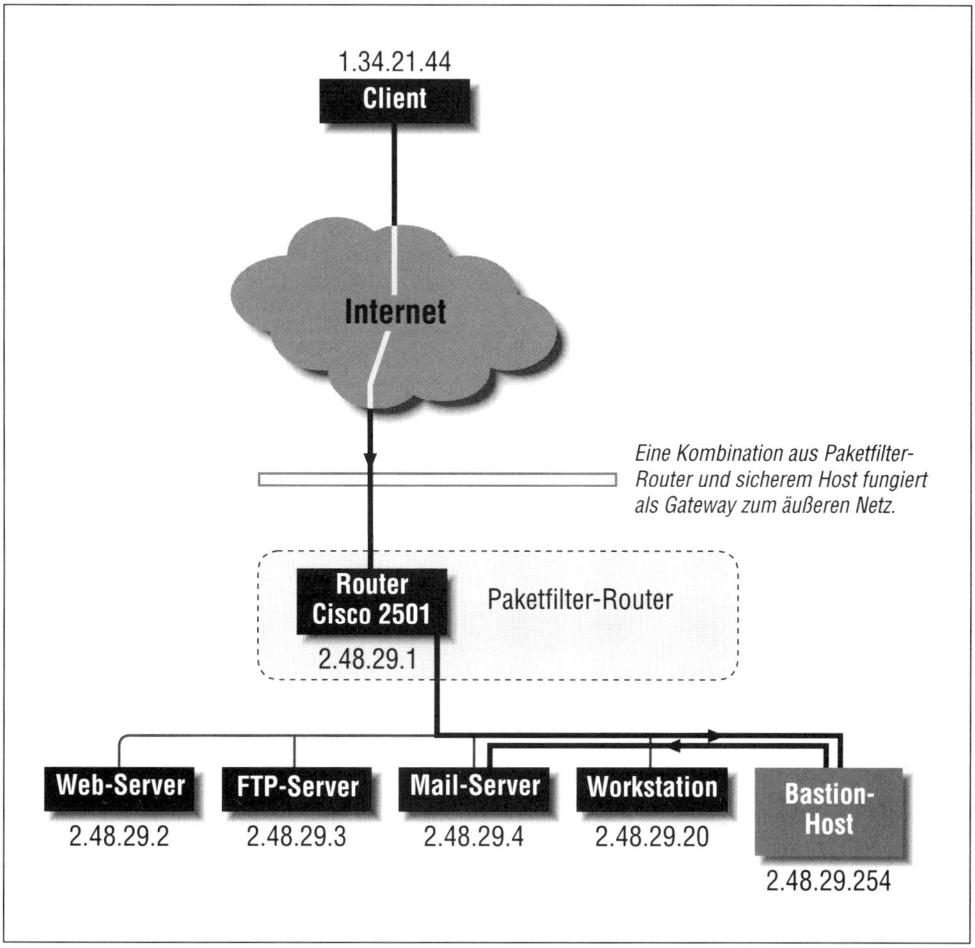

Abbildung 2-3: Ein Firewall mit Bastion-Host

einrichten, wirkt sich das nicht auf den Firewall oder den Schutz durch den Bastion-Host aus.

Sicherlich hat ein zentraler Kontrollpunkt auch Nachteile. Zum einen werden in großen, stark beanspruchten Netzen mehrere Rechner als Bastion-Hosts benötigt (was deren Administration entsprechend zeitaufwendiger macht); oder es ist ein Perimeternetz aus Bastion-Hosts erforderlich (siehe nächster Abschnitt). Jeder Rechner benötigt im Paketfilter-Firewall einen eigenen Abschnitt, was die Komplexität nicht gerade vermindert. Außerdem muß jeder Rechner mühsam auf Sicherheitslücken getestet werden. Daß mehrere Rechner zur Vermeidung von Engpässen erforderlich sind, ist nur einer der Nachteile. Die Zentralisierung der Informationen am Bastion-Host zieht die Aufmerksamkeit von Angreifern auf sich, so daß es um so wichtiger ist, ihn gut zu verriegeln und rund um die Uhr zu überwachen. Es ist unmittelbar einsichtig, daß diese Art von Firewall-Konfiguration eine wesentliche Schwäche aufweist: Sollte es einem Eindringling gelingen, sich Systemadministrator-Zugriffsrechte auf dem Bastion-Host zu beschaffen, stellt dies ein gravierendes Sicherheitsrisiko dar. Somit geht mit einem einzigen Kontrollpunkt auch ein zentraler Ausfallpunkt einher.

DMZ oder Perimeternetz

Ein beliebter Trick, um große firmeninterne Netze von der feindlichen Außenwelt abzuschirmen, besteht darin, ein »Routing-Netz« aufzubauen, das alle eintreffenden und ausgehenden Nachrichten durchlaufen müssen. Bei umfangreichen Installationen sind solche Netze normalerweise bereits eingerichtet, so daß effektiv zwischen lokalem, regionalem und weltweitem Nachrichtenverkehr unterschieden werden kann. Wie der Name besagt, besteht ein Routing-Netz ausschließlich aus Routern. Manche dieser Router sind rein interne Router, andere besitzen eine Verbindung nach außen. Ein solches Netz wird oft »Backbone« genannt. Abbildung 2-4 zeigt eine Beispielkonfiguration.

Sie werden sich vielleicht fragen, warum der Begriff »DMZ« manchmal synonym für »Perimeternetz« verwendet wird. DMZ ist die Abkürzung für »demilitarized zone« (entmilitarisierter Bereich) und hat denselben Zweck wie in konfliktreichen geographischen Gebieten; sie dient als Pufferzone zwischen zwei feindlichen Parteien, die sich in engster Nähe zueinander befinden. Durch ein Perimeternetz erzielen Sie eine ganze Reihe von Sicherheitsvorteilen. Erstens wird Ihr internes Netz durch mindestens zwei Router geschützt. Einer davon befindet sich am Gateway zum Internet und der andere am Gateway zum internen Netz. Das Netz, in dem die beiden Router liegen, sollte nur Router und sichere Hosts enthalten (die als Bastion-Hosts fungieren, worauf wir später noch ausführlich eingehen).

Zweitens schließt die DMZ-Architektur jede Sicherheitslücke am äußeren Perimeter-Router und an allen Hosts im Perimeternetz; Eindringlinge können lediglich die vorbeikommenden Pakete abhören. Um Zugriff auf das interne Netz zu erhalten, müßten sie den inneren Perimeter-Router knacken. Dieser Umstand sollte sie so weit entmutigen, daß sie aufgeben. Zudem beinhaltet eine VPN-Lösung im inneren Netz fast immer auch Paketverschlüsselung, was eine Kompromittierung weiter erschwert.

Beim Standardaufbau einer Perimeterzone werden die komplexesten Steuerungsmechanismen am internen Router, der das interne Netz sowohl vom Perimeternetz als auch vom externen Netz trennt, eingerichtet. Diese Konfiguration, die für das DMZ-Netz häufig verwendet wird, ist mit konzentrischen Kreisen vergleichbar, die nach außen immer weniger Sicherheit bieten. Um die Lokalisierung der interen Kommunikation oder Hijack-Angriffe darauf zusätzlich zu erschweren, ist es inzwischen üblich, am internen Router mit Network Address Translation (NAT) zu arbeiten. Dabei werden Adressen, die nicht geroutet werden können (etwa der Adreßbereich 192.168.0.0), dynamisch in echte Internet-Adressen umgesetzt. Ohne das NAT-System zu umgehen, ist ein Nachrichtenaustausch mit internen Rechnern dann kaum möglich.

Als strengste Sicherheitsvorkehrungen können Sie mit einem DMZ erreichen, am äußeren Router alle vom internen Netz ausgehenden und vom Internet im internen Netz

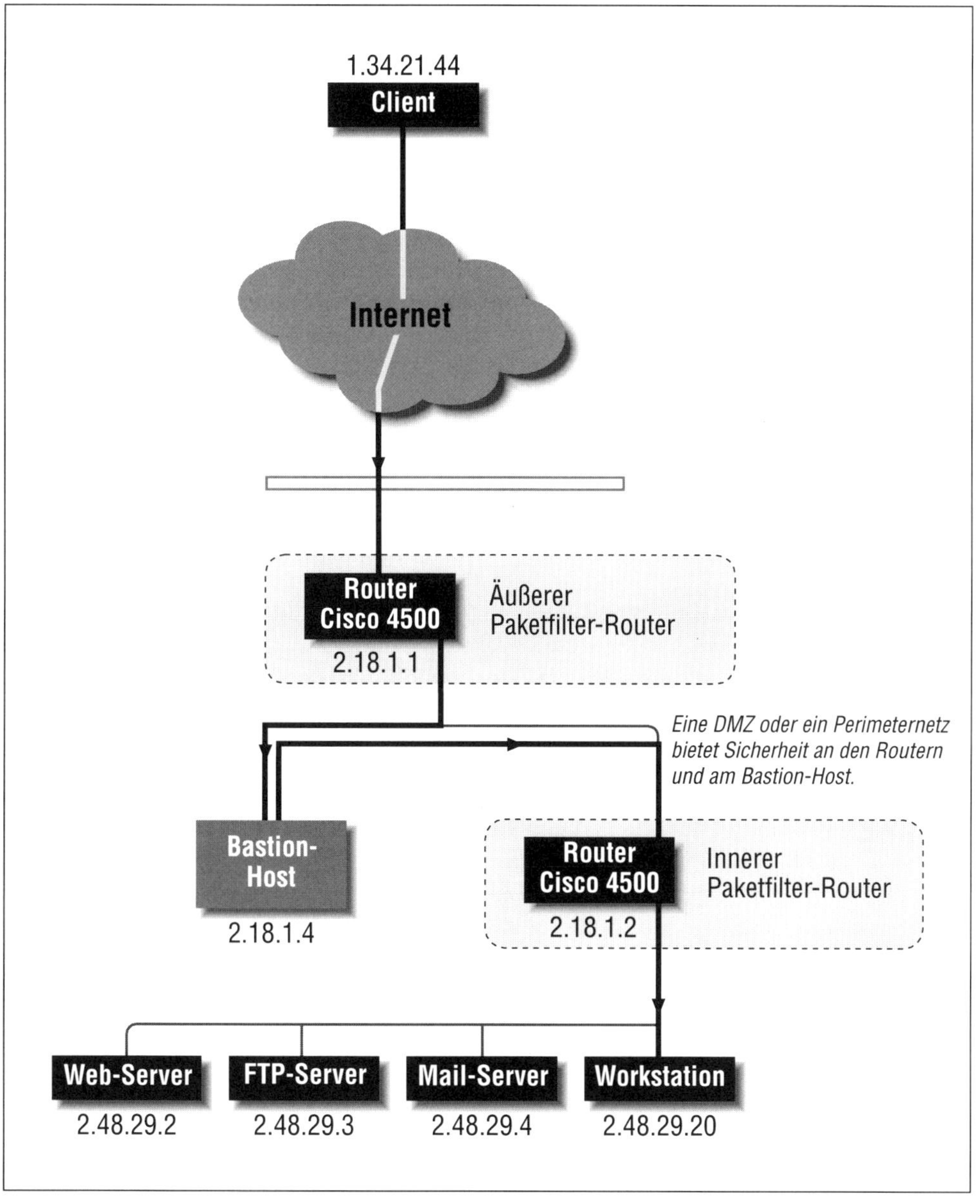

Abbildung 2-4: Beispiel für einen Perimeter-Firewall

eintreffenden Nachrichten zu unterbinden. Damit werden die Nachrichten im Grunde in zwei Schritten übertragen. Clients im Internet können nur mit Rechnern kommunizieren, die sich in Ihrem Perimeternetz befinden, und Clients, die sich tief im internen Netz befinden, können das Internet nicht direkt erreichen; sie können ebenfalls nur über einen Bastion-Host im DMZ kommunizieren. Dies macht einem Angreifer das Leben wirklich schwer. Wie bereits erwähnt, finden die meisten Angriffe nur statt, wenn sie halbwegs berechenbar sind. Wenn Sie Schnüfflern den Job so weit erschweren, daß sie nicht einmal abschätzen können, wieviel Aufwand die Sache erfordert, werden sie schnell aufgeben.

Proxy-Server

Proxies arbeiten ähnlich wie Bastion-Hosts, in manchen Firewall-Beschreibungen werden sie sogar synonym verwendet. »Bastion-Host« nennen wir einen Computer, der als Informationspodium für Daten fungiert, die sich auf dem Weg vom oder zum Internet befinden. Unter einem »Proxy-Server« verstehen wir eine Art von Bastion-Host, der sich externen Rechnern gegenüber durch entsprechende Software als interner Rechner ausgibt. Im folgenden zeigen wir die Unterschiede zwischen einem typischen Bastion-Host und einem Proxy-Server auf.

Ein anschauliches Beispiel für eine Anwendung auf dem Bastion-Host ist E-Mail. Ein Bastion-Host wird normalerweise als »Zustellpunkt« für E-Mail aus dem Internet eingerichtet. Dazu wird im DNS klassischerweise ein Mail-Exchange-Record (MX) angelegt, der die Nachrichten zur Auslieferung zum Bastion-Host leitet. Der Bastion-Host stellt die Mail entweder einem internen Mail-Host zu (der ihm aufgrund seiner Position innerhalb des Firewalls bekannt ist), oder er bewahrt die Mail auf, bis sie vom Client mit einem POP- oder IMAP-fähigen Programm abgeholt wird. Auf diese Art können unterschiedliche Firewalls aufgebaut werden.

Ein Proxy-Dienst dagegen ist eher mit einem Durchgangskontrollpunkt als mit einem Informationspodium vergleichbar. Der Proxy gibt sich als ein Ende der Verbindung aus und schützt damit den eigentlichen Sender oder Empfänger vor unerwünschten Nachrichten. Der Dienst, der einem Sicherheitsverantwortlichen die größten Schwierigkeiten bereitet, ist das File Transfer Protocol (FTP). Es ist unsicher, weil es Sitzungen zwischen zwei Endpunkten anhand von Ports mit zufällig gewählten und unter Umständen sehr großen Nummern einrichtet. Ein Dienst, der unterschiedliche Ports oder gar einen beliebigen Port größer 1023 benutzt, stellt für Sicherheitsadministratoren einen wahren Alptraum dar. Zur Abhilfe kann eine »passive« FTP-Sitzung eingerichtet werden, wobei die eigentliche Datenübertragung über die Steuer- und Datenports 20 und 21 und nicht über eine Portnummer oberhalb von 1023 abgewickelt wird. Diese Möglichkeit wird jedoch nicht von allen Clients unterstützt.

Wie Abbildung 2-5 zeigt, kann auch ein Proxy verwendet werden, um Daten per FTP durch einen Firewall zu übertragen. Dazu wird im Perimeternetz ein Host eingerichtet, der anstelle des im internen Netz angesiedelten Client agiert. Damit ist ohne große Sicherheitseinbußen eine vollständige Verbindung möglich. Der FTP-Proxy befindet sich im Perimeternetz und darf durch den äußeren Firewall FTP-Sitzungen durchführen. Auf dem Proxy muß spezielle Software installiert werden, so daß er eingehende Anforderungen von einem FTP-Client hinter dem inneren Gateway empfangen und sich gegenüber der Außenwelt als FTP-Client ausgeben kann.

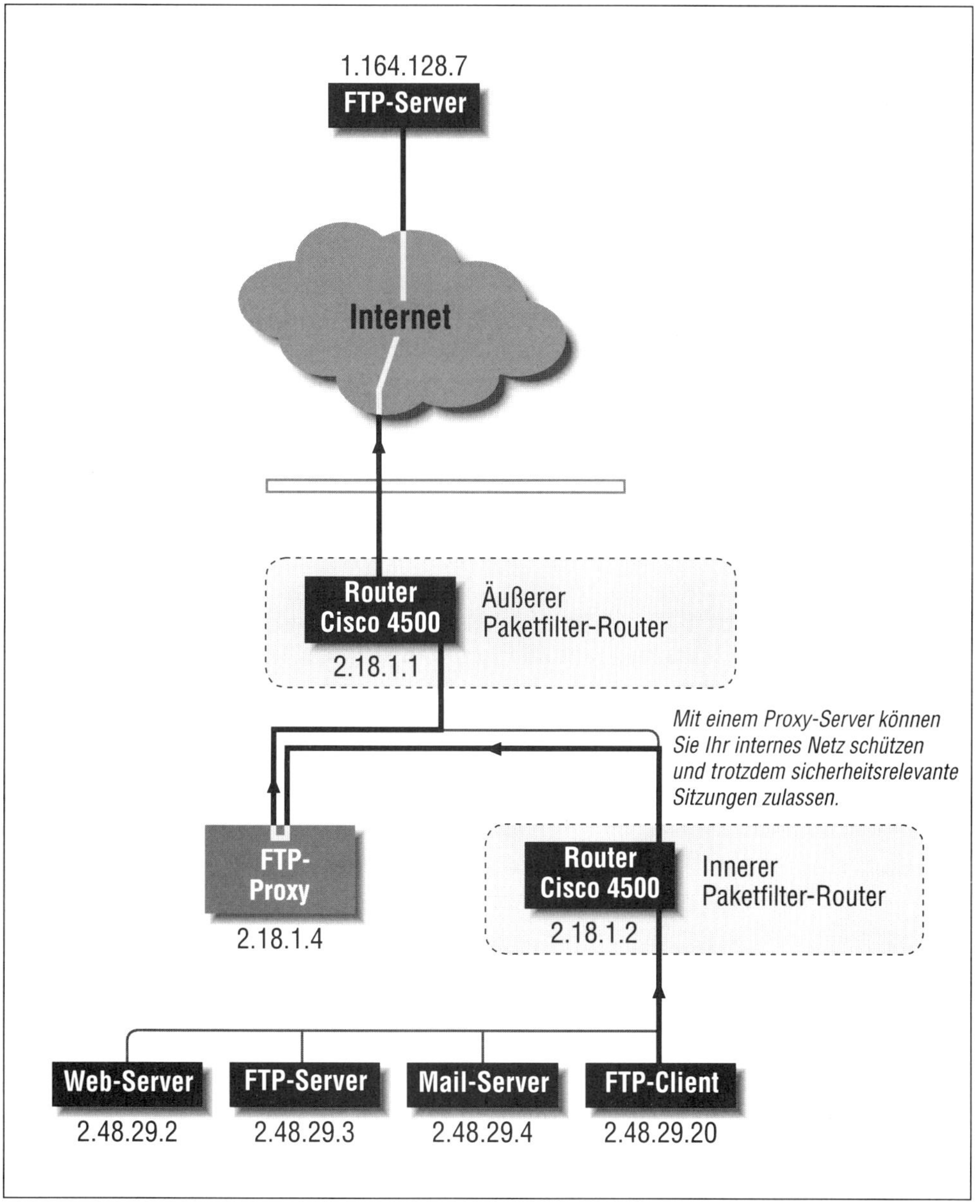

Abbildung 2-5: Ein Proxy-Server als Firewall

Dieses Sicherheitsmodell mit Proxy-Servern kann auch an dynamische Firewall-Filter-Router wie Cisco PIX oder Firewall-1 angepaßt werden. Die Funktionalität des PIX wird ausführlich in Kapitel 9, *Der Cisco PIX Firewall*, beschrieben.

Da ein Proxy-Dienst eher einem Host als einem Firewall gleicht, muß sehr sorgfältig überprüft werden, ob der Proxy-Server von den Sicherheitsmaßnahmen des Standorts ausreichend geschützt wird. Außerdem ist anzumerken, daß ein Proxy-Dienst eine ergänzende Sicherheitsvorkehrung und keine umfassende Lösung darstellt. Durch einen Firewall mit Paketfilterung ist eine klare Abgrenzung möglich. Durch eine Untergliederung des Netzes in Teilnetze können zudem Bereiche mit hohem Risiko und Bereiche mit geringem Risiko entkoppelt werden.

Einsatz von Firewalls in einem VPN

Warum Firewalls in einem virtuellen privaten Netz eine wichtige Rolle spielen, ist nicht schwer zu erklären. Ein VPN ist ein Zusammenschluß von zwei oder mehreren unabhängigen Netzen, die öffentliche Ressourcen wie das Internet zur Übertragung benutzen. Folglich müssen diese Netze sowohl in sich und auch voreinander geschützt werden. Jedes Netz bildet dabei ein unabhängiges Teilnetz mit eigenen Benutzern und Verbindungen.

Jedes dieser Teilnetze benötigt einen Schutzwall gegen Eindringlinge. In einem VPN sollen Firewalls die Netze erst einmal so absichern, als wären sie völlig voneinander isoliert. Der Systemadministrator öffnet dann bestimmte Fenster im Paketfilter-Router, durch die verschlüsselte Daten zwischen den Teilnetzen ausgetauscht werden können. Auf diese Art wird ein Kanal zur vertraulichen und sicheren Kommunikation zwischen zwei Standorten eingerichtet, die vom Typ und der Implementierung der kryptographischen Verfahren abhängt. Die VPN-Software ist für die Sicherheitsmaßnahmen und das Routing in der Anwendungsschicht zuständig, so daß die Benutzer an den beiden Endpunkten überhaupt nicht merken, daß mehrere Netze an der Kommunikation beteiligt sind.

Firewall-Techniken sind die erste Sicherheitsmaßnahme, die untersucht und getestet werden muß, bevor ein VPN wirklich vorteilhaft genutzt werden kann. Auch wenn die von Ihnen ins Auge gefaßte VPN-Software oder -Hardware über integrierte Firewall-Verfahren verfügt, die scheinbar keine Wünsche offenlassen, müssen Sie meist bestimmte Sicherheitsrichtlinien in bezug auf Ihr Netz einhalten, um auf der sicheren Seite zu sein.

Verschlüsselung und Authentifizierung

Zur Konfiguration und Anwendung eines virtuellen privaten Netzes gehört ganz offensichtlich mehr als nur ein Paketfilter-Router. Andernfalls besitzen Sie lediglich ein Fenster, das Ihre Reichtümer durch engmaschige Gardinen vor dem Rest der Welt verbirgt. Worum es in diesem Buch geht und was VPNs leisten, ist die sichere Kommunikation zwischen zwei unabhängigen Netzen über ein unsicheres öffentliches Medium, wobei beide Seiten den Eindruck haben, daß es sich um dasselbe LAN handelt. Mit unserer Behandlung von Firewall-Techniken haben wir jedoch erst die eine Hälfte abgedeckt. Firewalls erlauben oder unterbinden Nachrichten auf Basis der des Ursprungs- und

Zielorts. Nachdem die Nachrichten aber in Ihr Netz gelangt sind, kommen Authentifizierung und Verschlüsselung ins Spiel, die Ihre Kommunikation zusätzlich absichern.

Bei der Verschlüsselung werden die Daten so verändert, daß sie nur vom gewünschten Empfänger lesbar sind, da nur dieser weiß, wie sie zu entschlüsseln sind. Ein Verschlüsselungsalgorithmus erhält als Eingabe *Klartext* (dabei muß es sich nicht wirklich um Text handeln, es können auch Binärdaten sein); die Ausgabe wird *Chiffretext* genannt. Ein wesentlicher Aspekt der Verschlüsselung ist, daß ein Angreifer sehr großen Aufwand investieren muß oder sehr viel Zeit benötigt, um die verborgenen Informationen offenzulegen. Zur Chiffrierung werden mathematische Verfahren eingesetzt, die die Daten so transformieren, daß eine Umkehrung der Transformation nur sehr schwer und mit immensem Aufwand möglich ist. Wie sich auch hier zeigt, gibt es manchmal mehrere Wege, ein Problem zu lösen.

Ein weiterer wichtiger Punkt, den wir in diesem Abschnitt behandeln, ist die Authentifizierung, die eng mit Kryptographie zusammenhängt. Durch Verschlüsselung und Kryptographie werden Daten in eine für fremde Beobachter unlesbare Form gebracht, so daß sie in einer feindseligen Umgebung zu einer vertrauenswürdigen Partei gesendet werden können. Durch Authentifizierung wird die Identität dieser Partei überprüft, so daß mit großer Sicherheit gewährleistet ist, daß es sich tatsächlich um die vorgegebene Partei handelt. Die Authentifizierung stellt ein wichtiges Konzept beim Aufbau eines VPNs dar. Wie sollten Sie einer Kommunikation vertrauen, wenn Sie nicht von der Identität Ihres Kommunikationspartners überzeugt sind? Anderenfalls könnten Sie ihn auch gleich ins Büro einladen, ihm die Schlüssel zum Aktenschrank überreichen und den Weg zum Kopierer zeigen.

Eine kurze Geschichte der Kryptographie

Eine wichtige Voraussetzung für den Einsatz kryptographischer Verfahren besteht darin, daß die Transformation für den Dateneigentümer (den Chiffrierer) ausreichend schnell durchführbar ist (da sie sonst unnütz wäre), für den Gegner jedoch nur schwer umkehrbar (sofern er die Daten abgefangen hat). Daher führen die meisten Algorithmen, die zum Datenschutz verwendet werden, äußerst komplexe Berechnungen durch. In diesem Abschnitt nähern wir uns der Welt der Chiffrierungen von ganz weit oben. Wir befassen uns mit einigen tückischen mathematischen Grundlagen, auf denen die Verschlüsselung beruht, gehen auf diese aber in einer Art ein, die kein Mathematik-Diplom von Ihnen verlangt.

Die Algorithmen, die wir hier behandeln, lassen sich grundsätzlich in drei Kategorien unterteilen.

Die erste Kategorie arbeitet zur Umwandlung des Klartexts in den Chiffretext mit einer Einwegtransformation. Solche Transformationsverfahren werden *Hashalgorithmen* genannt. Sie haben den Vorteil, daß die Berechnung der Hashwerte und Message-Digests einfach ist, ihre Umkehrung aber sehr schwer. Außerdem liefert eine Einwegfunktion nur ganz selten das gleiche Ergebnis für unterschiedliche Eingabedaten. Im Gegensatz zu den nächsten beiden Verschlüsselungsverfahren sind für Hashalgorithmen in der Regel keine Schlüssel nötig.

Die zweite und dritte Kategorie von Verschlüsselungsverfahren sind *Secret-Key-Kryptographie* und *Public-Key-Kryptographie.* Für diese Arten der Verschlüsselung gibt es verschiedene Bezeichnungen, zum Beispiel *asymmetrische* und *symmetrische Algorithmen* oder *Ein-Schlüssel-* und *Zwei-Schlüssel-Systeme.* Es handelt sich dabei aber immer um dieselben Prinzipien. Die im vorigen Absatz erwähnten Hashalgorithmen werden manchmal No-Key- oder Zero-Key-Verschlüsselung genannt, da sie keinen Schlüssel benötigen.

Dies führt uns zum Thema »Zufallszahlen« und den Schwierigkeiten, echte Zufallszahlen zu erzeugen, die in der Anwendung kryptographischer Konzepte eine entscheidende Rolle spielen. Zur Übertragung verschlüsselter Daten in einem VPN ist normalerweise ein Schlüsselaustausch erforderlich. Das bedeutet, daß bei jeder unabhängigen Transaktion zwischen Client und Server neue Schlüssel generiert werden müssen. Dies erscheint auf den ersten Blick überflüssig. Würden jedoch stets dieselben Schlüssel verwendet, hätte es katastrophale Folgen, wenn es einer Angreiferin gelänge, sich die Schlüssel ohne Wissen der Kommunikationspartner zu beschaffen oder die Nachricht abzufangen, zu knacken und die Schlüssel dann selbst zu benutzen. Die erfolgreiche Schnüfflerin wäre dann in der Lage, so lange die gesamte Kommunikation zu entschlüsseln, bis die Schlüsseldateien geändert werden, was wohl nur bei einer Entdekkung des Angriffs geschähe.

Zur dynamischen Erzeugung kryptographisch »starker« Schlüssel muß ein Rechner Zugriff auf einen Pool guter Zufallszahlen haben. Dabei darf man keinesfalls auf scheinbar zufällige Daten wie die aktuelle Zeit, die Anzahl der Sekunden ab einem bestimmten Datum oder andere einfach beziehbare Systeminformationen zurückgreifen. Wenn die Angreiferin weiß, daß die Tageszeit zur Schlüsselgenerierung verwendet wird, kann sie das Problemfeld aller Wahrscheinlichkeit nach mit einem einfachen Brute-Force-Angriff so weit eingrenzen, daß eine Berechnung möglich wird.

Wenden wir uns nun der Netzsicherheit und dem Einsatz der Verschlüsselung bei Netzprotokollen zur Absicherung der Datenübertragung zu. Wie bereits erwähnt, stellen Firewalls keine hundertprozentige Lösung dar. Angreifer können sich immer noch per »Social Engineering« wie dem Erraten von Paßwörtern Zugang verschaffen, die Router durch direktes Einwählen völlig umgehen oder einfach stur und systematisch alle denkbaren Zugangswege durchprobieren. Sie sollten deshalb eine weitere Schutzschicht einrichten: Verschlüsseln Sie die Datenübertragung so, daß ein Schnüffler selbst beim Abhören der Leitung nur Unsinn erhält.

Der Einsatz der Kryptographie zum Verbergen von Daten hat den gravierenden Nachteil, daß es sich nur um eine vorübergehende Maßnahme handelt. Sie sollten deshalb eine angemessene Schlüssellänge und einen Verschlüsselungsalgorithmus verwenden, die mit dem technischen Fortschritt Schritt halten können. Außerdem muß die Lebensdauer der Daten berücksichtigt werden. Für Daten, die nach 24 Stunden wertlos sind,

sind kurze Schlüssel und schwache (aber schnelle) Verschlüsselungsverfahren durchaus geeignet, da ein Angreifer in jedem Fall mehr Zeit zum Knacken dieser Daten braucht.

Kryptographie: Wie man ein Geheimnis hütet

Ein guter historischer Ausgangspunkt ist das Chiffriersystem, das Julius Cäsar zugeschrieben wird. Cäsar vertauschte jeden Buchstaben des Alphabets mit einem anderen Buchstaben, der einige Positionen entfernt steht. Dadurch werden allen Buchstaben des Alphabets Chiffrebuchstaben zugeordnet, die für verschlüsselte Nachrichten verwendet werden können. Der Buchstabe »I« könnte beispielsweise »A« bedeuten, »J« für »B« stehen und »K« für »C«. Auf diese Art wird das gesamte Alphabet transponiert, wobei nach »Z« wieder bei »A« begonnen wird. Jeder Buchstabe wird hier durch den 8 Positionen weiter hinten stehenden Buchstaben ersetzt. Sie kennen also bereits die gesamte Transposition, wenn Sie die Ersetzung eines einzigen Buchstabens herausfinden.

Diese Chiffrierung kann zwar auf verschiedene Art komplexer gestaltet werden, ist damit aber nicht schwieriger zu knacken. Wenn die Zuordnung der Chiffrebuchstaben zufällig erfolgt, wobei jeder Buchstabe einen anderen Chiffrebuchstaben erhält, reicht die Kenntnis des Ersetzungsabstands (wie im vorigen Beispiel) nicht aus, sondern man benötigt zur Dechiffrierung der Nachricht die gesamte Translationstabelle. Äußerst wertvoll ist hier die Kenntnis der Sprache, in der der Klartext abgefaßt ist. Auf Basis einer entsprechenden Buchstabenhäufigkeitstabelle kann der Chiffretext dann problemlos geknackt werden.

Ein Algorithmus bietet stärkeren Schutz, wenn er nicht umkehrbar ist. Wesentlich für diese Eigenschaft sind Varianten der Modulo-Operation. Der Modul zweier Zahlen ergibt sich aus dem Rest, der bei Division der ersten durch die zweite Zahl bleibt. 17 mod 3 ergibt zum Beispiel 2, denn 17 geteilt durch 3 ist 5 Rest 2. Der Modul kann auch 0 sein; dies ist zum Beispiel bei 15 mod 5 der Fall.

Die mod-Operation hat die interessante Eigenschaft, daß der Modul einer sehr großen mit einer kleineren Zahl erstere enorm schrumpfen läßt. Ein nicht unbedingt offensichtliches Merkmal der mod-Operation ist, daß das Ergebnis nie größer als der zweite Operand minus 1 wird. Bei unserem ersten Beispiel (17 mod 3) können wir also, auch ohne den exakten Wert zu kennen, sicher sein, daß das Ergebnis nicht größer als 2 ist. Angenommen, Sie erhielten eine Zahl größer 3, zum Beispiel 5, dann wäre diese noch einmal durch 3 teilbar, mit dem Rest 2. Damit sind selbst bei der Operation 923897958729349872356 mod 3 nur die Werte 0, 1 und 2 als Ergebnis möglich.

Eine weitere Eigenschaft der mod-Operation besteht darin, daß es selbst dann unmöglich ist, den zweiten Operanden abzuleiten, wenn der erste Operand und das Ergebnis bekannt sind. Angenommen, eine Zahl mod 3 hat 2 zum Ergebnis. Wie sollten Sie die Zahl berechnen, wenn 5 mod 3 = 2, 8 mod 3 = 2 und 11 mod 3 = 2 ist? Das Schema ist leicht zu erkennen. Einfach ausgedrückt ist diese Eigenschaft ein Grund, warum sich eine mod-Operation nicht eindeutig umkehren läßt und damit einen nicht unwesentlichen Sicherheitsfaktor einer Chiffrierung darstellt.

Kryptographie in der Netzkommunikation

Beim Thema Netzkommunikation stellt sich fast unmittelbar die Frage nach ihrem Schutz. Denn Daten, die in einem unbekannten öffentlichen Netz übertragen werden sollen, müssen entsprechend geschützt werden. Zur Lösung dieses Problems, das üblicherweise »Übertragung durch einen unsicheren Kanal« genannt wird, gibt es hauptsächlich zwei Möglichkeiten.

Die einfachste Lösung wäre natürlich, den Kanal einfach durch ausschließliche Eigennutzung des Mediums zu sichern (z.B. durch Standleitungen). Wenn keine dritte Partei physischen Zugang zur Leitung besitzt, kann sie praktisch nicht abgehört werden, und die Verbindung ist verläßlich. Dies ist aus verschiedenen Gründen nicht unbedingt das beste Konzept. Erstens ist es ausgesprochen teuer, ein ganzes Übertragungssystem aufzubauen oder zu mieten. Auch lassen sich Systemänderungen dann unter Umständen nur schwer oder überhaupt nicht durchführen. Außerdem ist es manchmal gar nicht möglich, ein Übertragungssystem wirklich angemessen zu schützen.

Aus eben diesem Grund werden virtuelle private Netze in den kommenden Jahren verstärkt in großem Rahmen eingesetzt werden. Da die Lösung nicht darin besteht, ein vorhandenes Übertragungssystem zu privatisieren, gilt es, die Daten selbst in einem unsicheren Kanal zu schützen. Anders ausgedrückt sind die Daten zwar allgemein zugänglich, werden jedoch (mittels Kryptographie) auf eine Art transformiert, die nur vom entsprechenden Kommunikationspartner rückgängig gemacht werden kann.

Kryptographische Algorithmen

Im folgenden Abschnitt befassen wir uns mit den drei grundlegenden Arten von Verschlüsselungsverfahren, die zur Datensicherheit verwendet werden können. Einige davon kommen für VPNs kaum in Frage oder sind zu kompliziert zu verwalten, während sich andere ideal zum Schutz der Netzkommunikation eignen.

Hashalgorithmen

Hashalgorithmen, die auch *Message Digests* oder *Einweg-Hashfunktionen* genannt werden, erhalten eine beliebige Zeichenfolge als Eingabe und konvertieren sie mathematisch in einen Einweg-Hashwert fester Länge (üblich sind 128 oder 160 Bit). Hashwerte werden normalerweise verwendet, um die Gültigkeit einer Nachricht oder eines Paßworts zu überprüfen, und stellen somit eine Art Prüfsumme dar. Ein typisches Einsatzgebiet ist zum Beispiel, wenn ein bestimmter Benutzer vom System authentifiziert werden muß, das Paßwort aber nicht unverschlüsselt auf der Festplatte gespeichert sein soll, da damit die Sicherheit aller Benutzer des Systems gefährdet wäre. Wenn lediglich die Hashwerte der Paßwörter abgelegt werden, kann ein Angreifer mit der Paßwortdatei noch nicht viel anfangen. Er müßte dann gleichzeitig auf alle Benutzerkennungen Brute-Force-Angriffe starten, was für den Systemadministrator Grund genug sein sollte, die Paßwortdatei mit den Hashwerten möglichst sicher aufzubewahren.

Der Hashalgorithmus muß schnell und zuverlässig sein und ein Ergebnis liefern, das von Natur aus schwer in den ursprünglichen Wert zurückführbar ist. Da bei der Erzeugung des Hashwerts Informationen verlorengehen (z.B. bei der Transformation eines möglicherweise großen Werts in einen kleinen Wert fester Länge), bleibt einem Kryptanalytiker nur ein Brute-Force-Angriff, Social Engineering oder ein algorithmenspezifischer Angriff. Mehrere Eingabewerte können denselben Hashwert ergeben. Bei einem guten Algorithmus ist es von der Berechnung her fast unmöglich, zwei solche Werte problemlos zu finden.

Nehmen wir zum Beispiel einen Hashalgorithmus, der als Eingabe ein Paßwort erhält, dieses mit π (3,1415) multipliziert, durch e (2,71828) teilt, mod 7654321 berechnet und vom Ergebnis nur die mittleren 8 Byte verwendet. Es wäre ganz sicher unangenehm, diesen Prozeß ohne jede Zusatzinformation umzukehren.

Das NIST (National Institute of Standards and Technology) hat die Einweg-Hashfunktion SHA (Secure Hash Algorithm) entwickelt, und von Ron Rivest (Namensgeber des »R« in RSA) stammen die Hashalgorithmen MD2 bis MD5 (Message Digest 2 bis 5).

Secret-Key-Systeme

Secret-Key-Systeme erhalten als Eingabe eine Nachricht variabler Länge und einen geheimen Schlüssel, anhand dessen die Nachricht in Chiffretext transformiert wird. Oberflächlich betrachtet ähnelt diese Transformation den Hashalgorithmen. Ein wesentlicher Unterschied besteht aber darin, daß auch eine unabhängige benutzerspezifische Variable übergeben wird, die bei der Datenverschlüsselung mitverwendet wird. Während der Hashalgorithmus aus einer Eingabe variabler Länge ein Ergebnis fester Länge liefert, bearbeitet das Secret-Key-System die Eingabe als aufeinanderfolgende Blöcke fester Länge und verwendet einen Schlüssel fester Länge, um ein Ergebnis variabler Länge zu erzeugen. Hashalgorithmen werden nur in einer Richtung verwendet. Secret-Key-Systeme dagegen bewahren den vollständigen Klartext, so daß der Originaltext bei Bedarf wiederhergestellt werden kann.

Da der geheime Schlüssel eine feste Länge hat, beeinträchtigt ein zu kurzer Schlüssel die Gesamtsicherheit des Systems. Angenommen, der Schlüssel ist nur ein Byte (8 Bit) lang; ein Kryptanalytiker bräuchte dann nicht lange, um die 256 möglichen Schlüssel durchzuprobieren und den Schlüssel zu finden, mit dem die Daten zu entschlüsseln sind. Da bei der Verschlüsselung einer Nachricht Blöcke fester Länge als Eingabe dienen, wäre auch eine Blocklänge von einem Byte unsicher. Der Kryptanalytiker müßte dann nur eine Tabelle mit Klartext/Chiffretext-Paaren zusammenstellen. Dazu braucht er allerdings die Möglichkeit, eigene Daten durch den Verschlüsselungsalgorithmus zu senden.

Wie Hashalgorithmen sind Secret-Key-Systeme so konzipiert, daß sie einen Klartext variabler Länge als Eingabe erhalten und eine scheinbar zufällige Ausgabe gleicher Länge erzeugen. Außerdem sollte die Änderung nur eines Bits der Eingabe auch eine andere Ausgabe bewirken, so daß keine Möglichkeit besteht, eine Transformation bitweise zu verfolgen. Da die chiffrierte Nachricht zufällig ist, sollte grundsätzlich zu jedem Zeitpunkt etwa die Hälfte aller Bits der Ergebnisfolge den Wert 1 und der Rest den Wert 0 haben.

Bei der Secret-Key-Kryptographie werden Algorithmen verwendet, die die Bits gleichmäßig über die Ausgabe verteilen und mehrere Runden durchlaufen, womit verhindert wird, daß ein bestimmtes Bit verfolgt und nachvollzogen werden kann, was mit ihm im einzelnen geschieht. Die Verschlüsselung beinhaltet normalerweise verschiedene Operationen wie die Substitution von Eingabebits durch andere Eingabebits oder die Vertauschung verschiedener Bitpositionen.

Der Data Encryption Standard (DES) wurde 1977 vom NBS (National Bureau of Standards) für vertrauliche Informationen der US-Regierung und kommerzielle Anwendungen veröffentlicht. Der Standard beruht auf einem Algorithmus mit der Bezeichnung »Lucifer«, der in den frühen siebziger Jahren von IBM entwickelt worden war. DES arbeitet mit einem 64 Bit langen Schlüssel, jedes achte Bit dient jedoch einer Paritätsprüfung und wird ignoriert, so daß die eigentliche Schlüssellänge nur 56 Bit beträgt. DES war ursprünglich nur zur Implementierung in Hardware vorgesehen. Da die Fortschritte in der Halbleitertechnologie jedoch gerade in den letzten Jahren zu einer enormen Geschwindigkeitssteigerung geführt haben, kann DES fast genauso effektiv in Software ausgeführt werden. Das lag offensichtlich nicht im Sinne seiner Erfinder, die damit andere Pläne hatten.

Der International Data Encryption Standard (IDEA) wurde urspünglich von Xuejia Lai und James Massey an der ETH Zürich entwickelt. Im Gegensatz zu DES war IDEA so konzipiert, daß er als Software-Implementierung wesentlich effizienter ist. IDEA bearbeitet die Nachricht nicht in 64 Bit langen Blöcken und einem 64-Bit-Schlüssel, sondern verwendet einen 128 Bit langen Schlüssel, um einen 64-Bit-Block in ein 64-Bit-Ergebnis zu transformieren. Obwohl der Algorithmus im Vergleich zu DES und auch anderen Secret-Key-Systemen relativ neu ist, hat er sich als sehr sicher erwiesen und ist langfristig gesehen unter Umständen besser als DES. Sowohl IDEA als auch DES bearbeiten die Daten blockweise, wobei sie mathematische Operationen anwenden, die auf Substitution und Permutation beruhen.

Public-Key-Systeme

Public-Key-Systeme dagegen sind Chiffrierungen, die ganz unterschiedliche Aufgaben ausführen. Manche dienen für digitale Signaturen, andere zum Schlüsselaustausch oder nur zur Authentifizierung ohne Verschlüsselung, einige leisten alles auf einmal. Allen Verfahren liegt jedoch ein gemeinsames Konzept zugrunde: Es gibt immer zwei Komponenten, die zur Bearbeitung der Eingabedaten verwendet werden, und zwar eine *private* und eine *öffentliche* Komponente. Eine interessante Eigenschaft ist, daß die beiden Komponenten mathematisch gesehen austauschbar sind, da es sich um Umkehroperationen handelt. Was die beiden Bestandteile tatsächlich unterscheidet, ist, daß die private Komponente geheim gehalten und die öffentliche Komponente allgemein verbreitet wird. Die Veröffentlichung beider Komponenten käme einer Bekanntgabe des geheimen Schlüssels mit jedem Bit der verschlüsselten Daten gleich.

Diffie-Hellman

Der Diffie-Hellman-Algorithmus, der allgemein als das älteste Public-Key-System gilt, beruht auf dem Problem, wie zwei Parteien ein Geheimnis vereinbaren können, wenn sie nur öffentliche Kanäle verwenden. Dieser Algorithmus war die Grundlage für RSA, den wir als nächstes behandeln, er bietet aber lediglich die Möglichkeit zum Schlüsselaustausch. Diffie-Hellman unterstützt weder Verschlüsselung noch digitale Signaturen. Sie werden sich vielleicht fragen, wozu er dann überhaupt gut ist.

Normalerweise wird Diffie-Hellman zum schnellen Schlüsselaustausch eingesetzt. Wenn die Software so programmiert ist, daß die Schlüssel in regelmäßigen Abständen oder für jede Transaktion geändert werden, muß jedesmal möglichst schnell ein geheimer Schlüssel generiert werden, der den beiden Parteien unter Umständen nur über einen öffentlichen Kanal bekannt gemacht werden kann. Für genau diese Aufgabe ist Diffie-Hellman bestens geeignet. Stellen Sie sich zwei berühmte Persönlichkeiten vor, die sich an den entgegengesetzten Enden eines Restaurants befinden und einander Briefchen hinüberreichen, die jeder mitlesen kann. Darin sind alle Informationen enthalten, die zur Vereinbarung eines geheimen Schlüssels erforderlich sind. Diese sind jedoch so abgefaßt, daß niemand, der sich die Zettel ansieht, das Geheimnis daraus ablesen kann. Raffiniert, nicht wahr? Diffie-Hellman beruht auf einem Prinzip, das das Konzept starker Primzahlen nutzt.

Dieser Algorithmus weist jedoch eine Schwäche auf. Zwei Parteien können zwar in aller Öffentlichkeit einen geheimen Schlüssel vereinbaren, es ist jedoch nicht auszuschließen, daß völlig unbemerkt ein Man-in-the-Middle-Angriff erfolgt. Wenn sich der Angreifer zwischen die beiden Parteien in den Übertragungsweg stellt und die richtigen Nachrichten abfängt, braucht er die Geheiminformationen gar nicht zu entziffern, sondern kann die Nachrichten einfach umleiten und sich als die jeweils andere Partei ausgeben. Angenommen, der Eindringling (nennen wir ihn »M«) kann die erste Nachricht von A an B abfangen, mit seinem eigenen Code antworten und sich dabei als B ausgeben. M könnte die Nachricht genausogut kopieren, den Code von A durch seinen Code ersetzen und die Nachricht an B weiterleiten, um so eine gefälschte Kommunikation zu führen. Auf diese Art hätte M erfolgreich zwei Geheimnisse ausgetauscht (jeweils eines mit A und B), ohne diese überhaupt zu kennen. A und B gehen davon aus, daß sie direkt miteinander kommunizieren, tatsächlich aber sitzt M dazwischen.

RSA

Dieses Public-Key-System wurde nach seinen Erfindern Rivest, Shamir und Adleman benannt. Es unterstützt Ver- und Entschlüsselung mit einem Schlüssel variabler Länge. Längere Schlüssel bedeuten größere Sicherheit, ein kürzerer Schlüssel beschleunigt die Berechnungen bei der Chiffrierung und Dechiffrierung, ist aber auch weniger sicher. Der RSA-Algorithmus wird normalerweise mit einem 512 Bit langen Schlüssel implementiert, die längsten verwendeten Schlüssel sind 4096 Bit lang. Längere Schlüssel sind bei der derzeit verfügbaren Rechenleistung kaum effektiv. Es ist beruhigend, daß eine Steigerung der Rechenleistung sowohl dem Cracker als auch dem Chiffrierer zugute kommt, solange die dem Algorithmus zugrundeliegenden Prinzipien sicher sind, d.h. das fundamentale mathematische Problem der schnellen Faktorisierung ungelöst bleibt.

Im Unterschied zu Secret-Key-Systemen ist die Blocklänge (d.h. die Länge der Blöcke, in der eine Nachricht bearbeitet wird) ebenfalls variabel. Im Gegensatz zu DES oder IDEA können die Blöcke bei RSA fast beliebig lang sein. Sie dürfen jedoch nicht größer als der Schlüssel sein, da sonst ein einfacher Brute-Force-Angriff auf das Chiffrieralphabet möglich wäre. Unabhängig von der Länge der Nachricht entspricht die Blocklänge des Chiffretexts immer der Schlüssellänge, d.h., die Nachricht wird in n Blöcke der Schlüssellänge zerteilt, die jeweils einzeln chiffriert und dann wieder zusammengesetzt werden. Dazu muß der letzte Block der Nachricht eventuell aufgefüllt werden.

Da RSA mit sehr großen Primzahlen, Potenzierung und Modulo-Operationen arbeitet, ist er wesentlich langsamer als die gebräuchlichen Secret-Key-Systeme (einschließlich DES und IDEA) – und zwar etwa um den Faktor 1000!

Bei RSA wird ein sogenanntes Schlüsselpaar erzeugt. Dazu wählt man zunächst zwei große Primzahlen p und q, die in der Regel zwischen 50 und 100 Stellen lang sind. Jetzt berechnet man das Produkt n. Mit mathematischen Verfahren wählt man anschließend eine Zahl e so, daß e und die Eulersche Funktion ϕ von n relativ prim zueinander sind.[1] Wir wollen Sie nicht damit langweilen, wie man dazu im einzelnen vorgeht. Es reicht völlig aus zu wissen, daß dabei ein Zahlenpaar e und d erzeugt wird, mit der merkwürdigen Eigenschaft, daß die eine Zahl gleich dem multiplikativen Inversen der anderen Zahl mod n ist. Die Zahlen d und n bilden den privaten Schlüssel und die Zahlen e und n den öffentlichen Schlüssel. Da die eine Zahl das Inverse der anderen Zahl darstellt (hinsichtlich der Gleichung $de = 1 \bmod \phi(n)$), spielt es eigentlich keine Rolle, welches der öffentliche und welches der private Schlüssel ist. Der private Schlüssel ist ganz einfach derjenige, den Sie geheimhalten.

Der RSA-Algorithmus unterscheidet sich bei der Ver- und Entschlüsselung vom Prinzip her nicht. Da e und d invers sind, durchläuft bei der Verschlüsselung die Nachricht den Algorithmus mit dem öffentlichen Schlüssel, wobei zur Entschlüsselung der Algorithmus in derselben Richtung durchlaufen wird, jetzt aber mit dem privaten Schlüssel. Genau genommen wird bei der Verschlüsselung der Klartext mit e potenziert und mod n berechnet. Bei der Entschlüsselung wird der Chiffretext mit d potenziert und mod n berechnet.

Wie sicher ist Kryptographie wirklich?

Aufgrund der enormen Steigerungsraten in der Rechengeschwindigkeit nimmt die Sicherheit von Daten, die in verschlüsselter Form vorliegen, ständig ab. Wie bereits erwähnt, hängt die Lebendauer von verschlüsselten Daten und selbst Verschlüsselungsalgorithmen rein von der Verarbeitungsleistung ab, die man ihnen entgegensetzen kann. Mit steigenden MIPS-Werten steigt auch das Risiko, daß die Daten einem einfachen Brute-Force-Angriff zum Opfer fallen.

---

1 Bei positivem n ist die Eulersche Funktion definiert als die Anzahl der positiven Zahlen, die nicht größer als n und relativ prim zu n sind.

Insbesondere bei DES wird viel spekuliert, wie weit seine Sicherheit ins 21. Jahrhundert reichen wird. Einer der Gründe für dessen abnehmende Sicherheit ist, daß er nur 56 der 64 Schlüsselbits verwendet. Es ist bereits abzusehen, daß es irgendwann eine einfache und allgemein verfügbare Software gibt, die DES mit Brute-Force knackt. Im Juli 1998 zeigte die Electronic Frontier Foundation ein einfaches Gerät zum Knacken von DES, das aus Standardkomponenten aufgebaut war. Eine Möglichkeit, dieser Gefahr zu begegnen, besteht darin, die Eingabe mehrfach zu verschlüsseln. Der Standard Triple-DES arbeitet auf diese Art. Wenn man die Anzahl der möglichen Schlüssel damit in schwindelnde Höhen treiben kann, ist die Gefahr erst einmal gebannt.

Die Stärke von RSA baut ausschließlich darauf, daß es nicht möglich ist, eine sehr große Zahl schnell zu faktorisieren. Wie wir bei der Behandlung von RSA bereits erwähnt haben, arbeitet man mit riesigen Zahlen, die von großen Rechnern nicht mehr intern gespeichert werden können. Überlegen Sie einmal, wie viele Ziffern Sie in Ihren Taschenrechner eintippen können. Selbst wenn man die Zahlen so darstellen könnte, daß sie von einem Rechner bearbeitbar sind, ist die Faktorisierung immer noch ein langwieriger und mühseliger Prozeß, der sich nicht abkürzen oder in kleine, unkomplizierte Schritte zerlegen läßt. Sie können sich gut und gerne Milliarden von Zahlen ansehen und werden doch keinen Faktor von n finden. Um RSA wirklich zu knacken, müßte man die ursprüngliche Eingabe wiederherstellen, anhand derer d und e berechnet wurden. Dabei kommt man um eine Faktorisierung von n nicht herum.

Kryptosysteme und Authentifizierung im VPN

Es gibt drei grundlegende Funktionen, über die alle Systeme zur sicheren Kommunikation verfügen. Erstens werden die Daten bei der Übertragung geschützt, so daß eine dazwischenliegende dritte Partei nicht in der Lage ist, die Daten abzufangen und zu lesen (dies ist das Konzept der *Verschlüsselung*). In VPNs werden dazu üblicherweise DES, Triple-DES, RC2 und RC4 verwendet.

Zweitens müssen beide Parteien die Gewißheit haben, daß es sich beim jeweils anderen auch um den richtigen Kommunikationspartner handelt. Anders ausgedrückt, müssen Alice und Bob sicher sein, daß sie mit dem jeweils anderen kommunizieren, selbst wenn sie einander nicht zu Gesicht bekommen (dies ist das Konzept der *Authentifizierung*).

Drittens müssen Alice und Bob in der Lage sein zu merken, wenn sich jemand an ihren Nachrichten zu schaffen macht, sei es in destruktiver Absicht (wie beim Einfügen zahlreicher Nachrichten, um zu verhindern, daß Alice Bob erreichen kann) oder auch weniger böswillig (wie das gelegentliche Einfügen von Unsinn zum Testen einer Hypothese). Dies ist das Konzept der *Nachrichtenintegrität*, das manchmal auch Message Digest (zum Beispiel MD5 oder SHA) genannt wird.

Wie diese Konzepte kombiniert werden, zeigt folgendes Beispiel. Wenn Bob eine Nachricht an Alice senden möchte, schickt er den Klartext zunächst durch einen Message-Digest-Algorithmus, der einen Hashwert oder Message Authentication Code (MAC) erzeugt. Dieser wird mit Bobs privatem Schlüssel chiffriert, der eigentlichen

Nachricht angefügt, und das ganze Paket wird mit dem öffentlichen Schlüssel der Empfängerin chiffriert. Beim Empfang am anderen Ende wird das Paket mit dem privaten Schlüssel von Alice dechiffriert, ebenfalls der MAC für den Klartext berechnet und Bobs MAC mit dessen öffentlichem Schlüssel dechiffriert. Dann wird der lokal erzeugte mit dem übersendeten MAC verglichen. Stimmen sie nicht überein, ist klar, daß die Nachricht manipuliert wurde.

Eine recht verbreitete Implementierung von Verschlüsselung und Authentifizierung stellt das SKIP-Protokoll von Sun dar, das mit dem in diesem Kapitel weiter hinten beschriebenen IPSec-Standard vergleichbar ist. SKIP wird von verschiedenen Herstellern für zahlreiche Unix-Derivate und für Windows angeboten. Jeder mit SKIP ausgestattete Rechner besitzt eine spezielle Liste zur Zugangssteuerung, in der festgelegt ist, von welchen Rechnern er Nachrichten akzeptiert und welche Art der Verschlüsselung dabei jeweils angewendet wird. Vor dem Absenden eines IP-Pakets verschlüsselt der Rechner das Paket mit dem SKIP-Protokoll und verpackt es in einem weiteren IP-Paket, damit es über das Internet zu einem anderen SKIP-Rechner transportiert werden kann.

Bei allen Lösungen für vertraulichen Datenaustausch oder sichere Datenspeicherung kommt es darauf an, daß unerwünschte Personen ausgegrenzt und die Daten angemessen gesichert werden. Ein VPN könnte zwar ohne Firewalls auskommen, jedoch nicht bei vergleichbarer Sicherheit. Ohne Verschlüsselung dagegen ist ein VPN kaum denkbar. Denn die Verschlüsselung löst das ganz grundsätzliche Problem der sicheren Kommunikation über einen unsicheren Kanal in einer feindlichen Umgebung.

Im folgenden beschreiben wir verschiedene Protokolle zur Verschlüsselung, Authentifizierung und Nachrichtenintegrität, die beim Aufbau von VPNs eingesetzt werden. Danach befassen wir uns kurz mit einigen Angriffsarten, denen diese Sicherungsverfahren begegnen müssen.

Protokolle im VPN

In den letzten Jahren sind einige Sicherheitsprotokolle entstanden, die aus verschiedenen Richtungen kommen und unterschiedliche Produkte und Dienste unterstützen. Wir beginnen mit einem Protokoll, das erst kürzlich fertiggestellt wurde, in Zukunft vermutlich aber fast überall eingesetzt werden wird – der IPSec-Standard.

IPSec

Nachdem sich Unternehmen jahrelang erfolglos damit geplagt hatten, ein sicheres Protokoll für IP-Pakete zu entwickeln, kam die Idee auf, einfach TCP/IP um Authentifizierung und Verschlüsselung zu erweitern. Auf diese Weise wäre das Netz selbst sicher und damit auch alle darauf aufbauenden Komponenten. IPSec stellt die Verwirklichung dieser Idee dar.

Das Internet Security Protocol (IPSec) bietet ein Grundgerüst, das von einer Arbeitsgruppe der Internet Engineering Task Force (IETF) entwickelt und verwaltet wird und verschiedene Sicherheitsdienste für das Internet Protocol (IP), sowohl für IPv4 (den aktuellen Standard) als auch für IPv6 (den zukünftigen Standard), bereitstellen soll. IPSec definiert keine speziellen Verschlüsselungsalgorithmen oder Schlüsselaustauschverfahren, sondern liefert den Rahmen für eine modulare Sicherheitsstruktur.

Da IPSec zur Absicherung des zugrundeliegenden Netzes dient, können Anwendungen unverändert ausgeführt werden. Aufgrund der allgemeinen Verfügbarkeit von TCP/IP war es naheliegend, parallel dazu ein sicheres Netzsystem zu entwickeln. Eine Aktualisierung auf IPSec-Produkte und -Dienste bietet den Vorteil erhöhter Sicherheit, ohne dabei bestehende Netzanwendungen zur Datenübertragung zu beeinflussen.

Die von der IETF herausgegebenen Dokumente zu IPSec befassen sich vorwiegend mit drei grundlegenden Aspekten zur Absicherung von IP: Verschlüsselungsalgorithmen, Authentifizierungsalgorithmen und Schlüsselverwaltung. Diese Komponenten bilden die Basis für die Gesamtarchitektur eines Sicherheitssystems, das IPSec von der Struktur her von den stets neuen Authentifizierungs- und Verschlüsselungalgorithmen unbeeinflußt läßt. In der Spezifikation ist bereits vorgesehen, daß auch andere Algorithmen eingesetzt werden können, da davon ausgegangen wird, daß mit stets wachsender Rechenleistung auch neue Algorithmen entstehen. IPSec ist so konzipiert, daß neue Verfahren ohne große Mühe und Nebeneffekte hinzugefügt werden können.

Eine IPSec-Kompatibilität hat die beiden wesentlichen Vorteile zusätzlicher Sicherheitsfunktionen und allgemeiner Interaktivität zwischen IPSec-Produkten und -Diensten. Erweiterte Sicherheit bedeutet, daß für Authentifizierung, Schlüsselaustausch und Verschlüsselung nur die besten und stabilsten Algorithmen, die auch in der Realität bestehen können, eingesetzt werden. Interaktivität spielt heutzutage ebenfalls eine wichtige Rolle, da zur sicheren Kommunikation verschiedenste Produkte verwendet werden.

IPSec unterlag auch 1998 noch gewissen Änderungen, das Grundgerüst stand jedoch so weit, daß Hersteller ihre VPN-Produkte fertigstellen, testen und vertreiben konnten. Der endgültige IPSec-Standard wurde schließlich im November 1998 verabschiedet.

Bei IPSec gibt es zwei Verschlüsselungsmodi. Im *Transportmodus* wird nur der Nachrichtentext, im *Tunnelmodus* dagegen sowohl der Nachrichtentext als auch der Header des Pakets geschützt. Der Tunnelmodus ist demnach sicherer, da er neben der Identität von Sender und Empfänger auch andere IP-Felder verbirgt, die einem Mithörer wertvolle Informationen liefern könnten.

Damit IPSec ordnungsgemäß funktioniert, müssen alle beteiligten Geräte über einen gemeinsamen Schlüssel verfügen. Die zur Datenverschlüsselung verwendeten Protokolle stellen für die Gesamtsicherheit des Systems zwar einen entscheidenden Faktor dar, großer Aufwand wurde aber auch in die Authentifizierung und den Schlüsselaustausch zwischen Absender und Empfänger gelegt. Natürlich fanden diese Anstrengungen nicht im luftleeren Raum statt; sie basieren auf Arbeiten zur Generierung und zum Austausch von Schlüsseln für öffentliche digitale Zertifikate. Dies wird vom ISAKMP/ Oakley-Protokoll (inzwischen IKE-Protokoll, Internet Key Exchange) und dem X.509-System für digitale Zertifikate geleistet.

Sicherheitsaspekte von IPSec

Zum Aufbau eines Tunnels zwischen zwei Netzen mit IPSec (oder einem entsprechenden Protokoll), wobei beide Netze über einen Firewall zum Internet verfügen, müssen beide Gateways ähnliche Sicherheitsstrategien verfolgen. Bei unterschiedlichen Architekturen besteht die Gefahr, daß eines der Netze weniger sicher ist und das dort angesiedelte System angegriffen wird. Eine solche Schwachstelle böte einem Angreifer die Chance, sich durch raffiniertes IP-Masquerading Zugang zu dem anderen sichereren Netz zu verschaffen.

Wird IPSec in Kombination mit einem Bastion-Host eingesetzt, wirkt sich dies unter Umständen nachteilig auf die Leistung des Netzes aus. Bastion-Hosts haben den Nachteil, daß alle Nachrichten eine Engstelle passieren müssen. Kommen rechenintensive Verfahren wie Zufallszahlenerzeugung, Schlüsselaustausch und starke Datenverschlüsselung hinzu, ist ein Bastion-Host bis an die Grenzen belastet. Außerdem werden diese Algorithmen auf dem Bastion-Host meist in Software mit einem üblichen Mikroprozessor ausgeführt, wohingegen dedizierte Lösungen am Gateway einer Organisation mit spezieller Hardware arbeiten.

Bei anderen Systemen zur Netzsicherheit, zum Beispiel PPTP, sind die Schutzvorkehrungen aber vorwiegend in höheren Schichten angesiedelt. Diese Verfahren sind zwar durchaus erfolgreich, aber doch eher Speziallösungen, die weitreichende Kenntnisse in der Konfiguration und Wartung voraussetzen. Da sich die durch TCP/IP gegebene Flexibilität und Schlagkraft auf IPSec ausdehnen läßt, stellt dieses Sicherheitsprotokoll langfristig gesehen eine stabile Lösung zur Netzsicherheit dar.

IPSec-Organisationen

Die IPSec-Satzung kann in der jeweils aktuellen Fassung auf der Web-Site der Internet Engineering Task Force unter *http://www.ietf.org/html.charters/ipsec-charter.html* abgerufen werden.

Bei der Entstehung des IPSec-Standards maßgeblich beteiligt waren die im Automotive Network Exchange (ANX), einem Konsortium von Automobilherstellern, zusammengeschlossenen Firmen. Das Konsortium zählt mehr als dreißig Mitglieder, durch deren Förderung von IPSec hinsichtlich Hardware- und Softwaretests, Interaktivität und funktioneller Anforderungen große Fortschritte erzielt wurden. Die Forschungsarbeiten, die im Rahmen des ANX-Projekts durchgeführt wurden, trugen in nicht unerheblichem Maße zu dem inzwischen ziemlich stabilen IPSec-Standard bei, der seit Sommer 1998 vorliegt. Weitere Informationen finden Sie unter *http://www.aiag.org*.

Ein anderes wichtiges Konsortium ist die Internet Computer Security Association (ICSA), eine unabhängige Organisation, die die Zertifizierung von Produkten, Diensten, Systemen und Organen im Sicherheitsbereich überwacht. Sie setzt sich aus verschiedenen Mitgliedern zusammen, die darum bemüht sind, das öffentliche Vertrauen in die erhöhte Sicherheit globaler Computersysteme zu fördern. Zu den Mitgliedern der ICSA zählen Entwickler, Produzenten, Sicherheits- und Kryptographie-Experten sowie Benutzer. Die ICSA ist aktiv an der Zertifizierung von neuesten IPSec-Produkten beteiligt. Weitere Informationen über die ICSA, ihre Aktivitäten und ihre Satzung finden Sie unter *http://www.icsa.net.*

ESP (Encapsulating Security Payload)

Die elementare Übertragungseinheit im Internet ist das IP-Paket (Internet Protocol), auf dem fast jede WAN- und sogar LAN-Kommunikation beruht. Bei IPSec findet die Verschlüsselung auf IP-Datagrammebene mit einem neuen Protokoll, dem Encapsulating Security Payload (ESP), statt. ESP unterstützt fast alle Arten symmetrischer Verschlüsselung wie DES oder Triple-DES. Gegenwärtig muß mindestens 56-Bit-DES vorhanden sein. Außerdem wird Authentifizierung unterstützt, die teilweise in Kombination mit dem im folgenden Abschnitt beschriebenen IPSec-Protokoll, dem Authentication Header (AH), durchgeführt wird. ESP kann innerhalb eines anderen IP-Pakets verwendet werden, so daß es sich im Rahmen üblicher IP-Kommunikation übertragen läßt. Statt der normalen TCP- und UDP-Paketbezeichnung zeigt der Header ESP als Paketinhalt an. Durch diese Art der Kapselung kann ESP in bestehenden Netzen übertragen werden und ist damit automatisch auch zur Routing-Hardware kompatibel.

AH (Authentication Header)

Im Gegensatz zu ESP, das Datenschutz durch Verschlüsselung leistet, ist das AH-Protokoll von IPSec nur für die Authentifizierung und nicht die Vertraulichkeit zuständig. Das AH-Protokoll kann in Kombination mit ESP im Tunnelmodus oder allein zur Authentifizierung eingesetzt werden. Es sichert die Informationen im IP-Header, während ESP die eigentlichen Daten schützt. Gemäß IPSec müssen AH-Implementierungen in der Grundfunktionalität über HMAC-SHA und HMAC-MD5 verfügen (HMAC ist ein symmetrisches Authentifizierungssystem, das von diesen beiden Hashalgorithmen unterstützt wird).

Internet Key Exchange, ISAKMP/Oakley

Im Jargon der IPSec-Dokumente der IETF steht eine »Sicherheitsassoziation« für eine geschützte Konversation zwischen zwei (möglicherweise feindseligen) Parteien. ESP und AH sind nicht die einzigen Komponenten des IPSec-Systems. Zur sicheren Kommunikation müssen die beteiligten Parteien die Schlüssel vereinbaren, die während der Kommunikation verwendet werden. Außerdem müssen sie entscheiden, welche Algorithmen zur Verschlüsselung und Authentifizierung benutzt werden sollen. Das IKE-Protokoll (Internet Key Exchange, früher ISAKMP/Oakley) bietet Authentifizierung aller Parteien, verwaltet die möglichen Sicherheitsmaßnahmen und steuert den Schlüsselaustausch.

Schlüsselerzeugung und Schlüsselaustausch spielen eine entscheidende Rolle. Je länger ein Schlüssel gültig ist, desto mehr Daten können angegriffen und desto mehr Chiffretext kann zur Analyse abgehört werden. Dieser Gefahr begegnet man mit dem Konzept der *perfect forward secrecy*. Dabei werden die Schlüssel sehr häufig gewechselt, damit Schnüffler nie genug Daten erhalten, um einen Schlüssel zu knacken. Außerdem dürfen die dynamisch erzeugten Schlüssel keinerlei Gemeinsamkeiten aufweisen und deshalb auch nicht aus Systemvariablen (zum Beispiel Tageszeit oder Serverlast) abgeleitet werden, die leicht zu ermitteln sind. IKE arbeitet mit dem Schlüsselaustauschprotokoll Diffie-Hellman und bietet angemessenen Schutz.

ISO X.509 v.3 (Digitale Zertifikate)

Das System X.509 ist zwar kein Sicherheitsprotokoll in der Art von ESP oder AH, aber ebenso wichtig, da es einen Baustein für die Zugriffssteuerung mit einem weiteren Einsatzbereich darstellt. Da X.509-Zertifikatsysteme in Kombination mit anderer PKI-Hardware und -Software eingesetzt werden, benutzen IPSec-Hersteller sie in ihren Produkten zur Authentifizierung. Die Zertifikatverwaltung durch eine vertrauenswürdige dritte Partei wird in der IPSec-Suite eine wichtige Rolle einnehmen. Hersteller haben bereits einiges geleistet, damit ihre Produkte mit den öffentlichen Zertifizierungsstellen (Certificate Authority, CA) zur Authentifizierung kommunizieren können.

LDAP (Lightweight Directory Access Protocol)

Eng verwandt mit dem X.509-System ist das Lightweight Directory Access Protocol (LDAP). LDAP ist ein kleinerer und einfacher zu implementierender X.500-Dienst, der zur Authentifizierung und Zertifikatverwaltung von verschiedenen VPN-Lösungen unterstützt wird. LDAP wird in Hardware-Produkten wie dem Bay Networks Extranet Switch und auch in weit verbreiteten Software-Produkten wie Windows NT und Novell eingesetzt. Authentifizierungssysteme mit Hilfe eines vertrauenswürdigen Dritten durch LDAP oder X.500 finden für den Fernzugriff auf ein Firmennetz oder VPN immer weitere Verbreitung.

Radius

Während LDAP und das X.500-System Authentifizierung und Zertifikatverwaltung Benutzern weltweit bereitstellen, handelt es sich bei Radius um ein Authentifizierungssystem, das eher innerhalb einer Organisation zur Anwendung kommt. Radius wurde als offener Standard von Livingstone Enterprises entwickelt. Es liegt der IETF zur Beurteilung vor, ist aber noch nicht genehmigt. Radius wird momentan in mehr VPN-Lösungen zur Authentifizierung verwendet als die anderen bereits erwähnten öffentlichen Zertifikatsysteme; das X.500-System findet jedoch zunehmende Unterstützung.

PPTP (Point-to-Point Tunneling Protocol)

Das Point-to-Point Tunneling Protocol (PPTP) stellt eine Erweiterung des Point-to-Point Protocol (PPP) dar. Die Tunneling-Dienste von PPTP sind über der IP-Schicht angesiedelt, während das traditionelle PPP unter IP liegt. PPP war ideal zur Anpassung geeignet, da es genau das im VPN benötigte Verhalten aufweist, nämlich einen Punkt-zu-Punkt-Tunnel simuliert. Das einzige, was noch fehlte, war die Sicherheit. Bei PPTP handelt es sich weniger um einen LAN-orientierten, sondern eher um einen rechnerorientierten sicheren Kommunikationskanal. Es ist zwar auch möglich, Nachrichten durch einen PPTP-Tunnel zu routen, IPSec-Lösungen sind für diese Art von Anwendung aber besser geeignet.

Methoden zur Kompromittierung von VPNs

In diesem Abschnitt befassen wir uns mit Leuten, die versuchen, Daten bei der Übertragung abzufangen, zu lesen und zu manipulieren. Derlei Machenschaften möchten wir vereiteln.

Grundsätzliche Aspekte beim Einsatz von Firewalls

Zu den Diensten, die im Internet am meisten genutzt werden, gehören E-Mail (mit den Protokollen POP, SMTP und IMAP), das World Wide Web (die Protokolle HTTP und HTTPS) und zahlreiche andere Dienste wie DNS, FTP, Video- und Audio-Streaming sowie Zeitdienste. Die Betrachtung der Dienste führt uns unmittelbar auf das Thema zurück, das wir im ersten Abschnitt behandelt haben, nämlich Firewalls, die eine der ersten und leistungsfähigsten Methoden zur sicheren Datenübertragung darstellen.

Die Dienste, die Sie den Kunden anbieten möchten, sind zwar nicht so direkt faßbar wie vertrauliche Kundendaten, beeinflussen aber die Art des Firewalls und der zugreifbaren Daten ganz wesentlich. Vor der Konzeption des Firewalls müssen Sie also erst einmal eine umfassende Datenstrategie ausarbeiten. Dies betrifft folgende Fragen: Worauf dürfen Kunden zugreifen? Wozu haben normale Angestellte Zugang? Welche darüber hinausgehenden Möglichkeiten besitzen Sicherheitsverantwortliche? Wenn das Netz in seiner Rohfassung steht, können Sie mit der Planung der Zugangsmöglichkeiten für die Kunden beginnen.

Einige der verbreiteten Dienste sind mit erheblichen Gefahren verbunden und besitzen seit jeher Sicherheitsmängel, die kaum behebbar erscheinen. Unter Sicherheitsverantwortlichen hat zum Beispiel der *sendmail*-Server einen denkbar schlechten Ruf. Die Gründe sind einfach: Der Quellcode für die verbreitetste Implementierung von *sendmail* (Berkeley Version 8) ist problemlos erhältlich, und der laufende Dämon ist in einem Netz leicht aufzuspüren. Sie müssen die *sendmail*-Server, die der Außenwelt zugänglich sind, deshalb besonders sorgfältig konfigurieren.

Wir müssen unser System mit solchen Sicherheitsschranken versehen, daß Angriffe zu zeitaufwendig und kompliziert sind, und dürfen keinerlei Angriffspunkte bieten. Sind außerdem kaum Daten zu erwarten, ist es den Aufwand nicht wert. Wenn Sie sich als langweiliges Ziel präsentieren, werden Angreifer Sie in Ruhe lassen und sich lieber anderweitig umsehen. Computerkriminalität ist vergleichbar mit der Alltagskriminalität im »wirklichen Leben«. Es sind Gelegenheitsverbrechen, die sich durch minimale Abschreckungsmaßnahmen verhindern lassen.

Kryptographische Angriffe

Es ist relativ unwahrscheinlich, daß ein Kryptanalytiker allzu großen Aufwand in das Knacken von vertraulichen VPN-Nachrichten zwischen zwei Standorten investiert. Angriffe auf kryptographische Verfahren sind oft kompliziert und zeitaufwendig. Die im folgenden beschriebenen Angriffsmethoden veranschaulichen deshalb die Werkzeuge, die bei der Analyse zum Einsatz kommen. Sicherlich werden Anwendungen zur Durchführung solcher Angriffe von interessierten Kreisen entwickelt. Man kann deshalb davon ausgehen, daß entsprechende Werkzeuge in absehbarer Zukunft allgemein verfügbar sind.

Ciphertext-only-Angriff

Der Kryptanalytiker hat möglichst viel Chiffretext abgefangen und versucht, daraus den Klartext wiederherzustellen oder, falls möglich, die verwendeten Schlüssel abzuleiten. Dieser Angriff zielt darauf ab, anhand der ermittelten Schlüssel auch alle weiteren Nachrichten zu dechiffrieren, ohne daß Sender und Empfänger merken, daß ihre Nachrichten abgehört und gelesen werden. Wenn Sie ein schnelles System für Schlüsselgenerierung und -austausch und ständig wechselnde Schlüssel einsetzen, können Sie dem Kryptoanalytiker das Leben erheblich erschweren.

Known-plaintext-Angriff

Der Kryptanalytiker besitzt nicht nur Zugang zum Chiffretext diverser Nachrichten, sondern auch zum dazugehörenden Klartext. Sein Ziel besteht in der Ableitung der Schlüssel, mit denen die Daten chiffriert wurden, oder in der Entwicklung eines Algorithmus, mit dem weitere mit denselben Schlüsseln chiffrierte Nachrichten dechiffriert werden können.

Chosen-plaintext-Angriff

Der Kryptanalytiker verfügt nicht nur über den Chiffre- und Klartext verschiedener Nachrichten, sondern kann darüber hinaus selbst gewählten Klartext verschlüsseln lassen, um den resultierenden Chiffretext auszuwerten. Mit dieser Art von Angriff wäre man auch in der Lage, korrekt chiffrierten Unsinn in die Kommunikation einfließen zu lassen. Da dies aber keinen besonderen Vorteil bringt, besteht das Ziel des Kryptanalytikers auch hier in der Ableitung der Schlüssel, um die Kommunikation abzuhören oder sich mit einem Man-in-the-Middle-Angriff dazwischenzuschalten.

Chosen-ciphertext-Angriff

Wie beim *chosen-plaintext*-Angriff besitzt der Kryptanalytiker Zugriff auf eine Blackbox, die selbst gewählten Chiffretext entschlüsselt. *Chosen-ciphertext*-Angriffe können gegen Public-Key-Systeme wie RSA geführt werden. Detaillierte Informationen über die Schwächen von RSA-Implementierungen (d.h. nicht unbedingt des Algorithmus selbst) finden Sie im Standardwerk *Angewandte Kryptographie* von Bruce Schneier.

Brute-Force-Angriffe

Zum Knacken einer Chiffrierung gibt es ein Standardverfahren, den sogenannten »Brute-Force-Angriff« auf den Algorithmus. Angenommen, der Angreifer hat eine verschlüsselte Nachricht abgefangen. Außerdem kennt er den Algorithmus, der zur Erstellung der Nachricht verwendet wurde, den Schlüssel selbst besitzt er aber nicht. Wenn er genug Zeit investiert, um mit dem Brecheisen vorzugehen, und mit einem Schlüssel aus lauter Nullen beginnt, sollte er den Schlüssel letztendlich ermitteln können, indem er die Nachricht nacheinander mit allen möglichen Schlüsselwerten (jeweils um 1 erhöht) zu dechiffrieren versucht und sich die jeweiligen Ausgaben ansieht. Dabei ist allerdings Voraussetzung, daß der Angreifer die Ausgabe überhaupt als den geknackten Chiffretext erkennt. Ist der Klartext in Englisch abgefaßt, sollte das kein Problem darstellen. Was aber geschieht, wenn die Eingabedaten eine weitere verschlüsselte Nachricht enthalten? Damit würde jede Ausgabe selbst bei erfolgreichem Knacken wie kompletter Unsinn aussehen. Voraussetzung ist außerdem, daß genug Zeit für das Durchlaufen sämtlicher Schlüssel vorhanden ist. Bei einem langsamen Verschlüsselungsalgorithmus dauert es vielleicht eine Sekunde, um die Chiffrierung einmal zu berechnen; gibt es für den Schlüssel mehrere Milliarden Kombinationen, wären zum Knacken der Chiffrierung 50 bis 100 Jahre erforderlich. Wir sind nicht so geduldig und nehmen einmal an, daß es anderen ebenso geht.

Erraten von Paßwörtern und Wörterbuchangriffe

Wenn Ihnen *Crack*, das gebräuchlichste Tool für selbsternannte Einbruchskünstler, nicht geläufig ist, sollten Sie diesen Absatz durchlesen und eine Möglichkeit zur Überprüfung Ihrer eigenen Paßwörter einrichten. Zur Behandlung des Paßwortknackens befassen wir uns erst einmal kurz mit dem Verschlüsselungsalgorithmus DES (er wird in diesem Kapitel noch ausführlich besprochen). *Crack* ist unter *www.l0pht.com* erhältlich.

Die meisten Computer arbeiten mit dem DES-Algorithmus, um die Paßwörter des Authentifizierungssystems zu schützen. Auf Unix-Systemen, die im Internet weit verbreitet sind, ist die DES-Authentifizierung am häufigsten implementiert.

Einfach ausgedrückt, erhält DES ein Benutzerpaßwort im Klartext, zum Beispiel »MucH007«, und konvertiert es in eine 13 Zeichen lange scheinbar unsinnige Zeichenfolge wie »HnX2a4gLaMv3k«. Es ist mathematisch äußerst schwierig, das urspüngliche Paßwort mittels Brute-Force aus dem verschlüsselten Paßwort abzuleiten. Programme zum Erraten von Paßwörtern probieren deshalb nicht alle möglichen Zeichenfolgen durch, sondern beschränken die Suche auf die von Benutzern bevorzugt verwendeten Paßwörter. Das Programm *Crack* arbeitet beispielsweise mit einem Wörterbuch gängiger Wörter (in mehreren Sprachen), einschließlich zahlreicher Eigennamen für Personen und Orte, die es als Paßwörter durchprobiert. Ihr Systemadministrator wird Sie deshalb immer davon zu überzeugen versuchen, eine absolut unübliche Zeichenfolge zu verwenden. Ein einfaches Paßwort ist genauso gut wie überhaupt keines!

Social Engineering

Nicht alle Gefahren kommen von der Online-Front. Eine der ältesten Methoden besteht darin, eine Person einfach anzurufen und ihr Fragen zu stellen; oder einen Fragebogen mit persönlichen Fragen zu versenden, mitsamt einem Zwanzigmarkschein »für Ihre Bemühungen«. Es ist erstaunlich, was die Leute so alles preisgeben. Auf diese Art sammeln Systemangreifer Material, das ihnen bei der Zusammenstellung von Paßwortangriffen behilflich ist. Wir bereits erwähnt, kann ein Brute-Force-Angriff auf ein Paßwort (selbst auf einem leistungsfähigen Rechner) Monate in Anspruch nehmen. Durch Reduzierung aller möglichen Kombinationen auf »echte« Wörter aus einem Wörterbuch vermindert sich die Zeit zum Knacken des Benutzerpaßworts auf 10 bis 15 Minuten. Damit können oft selbst komplexe Paßwörter anhand persönlicher Daten in kurzer Zeit ermittelt werden. Halböffentliche Daten wie Telefonnummern, Geburtstage, Autokennzeichen, Partner oder Vorlieben (Filme, Musik, Läden usw.) liefern unter Umständen wertvolle Informationen zum Knacken von Paßwörtern. Social Engineering ist auf viele Arten möglich und gilt gemeinhin als der leichteste und erfolgreichste Angriff. Selbst Ihr 1024 Bit langer privater RSA-Schlüssel wird durch eine Paßphrase oder ein Paßwort geschützt, das leicht per Social Engineering herauszubekommen wäre.

Angriffe und Kompromittierung im Netz

Warum sollte jemand an einer Schädigung Ihres Standorts interessiert sein? Nun, durch öffentliche Präsenz ziehen Sie unter Umständen nicht nur die Aufmerksamkeit der erwünschten Klientel auf sich. Die Konkurrenz könnte versucht sein, Informationen über neue Produkte zu ergattern, oder vielleicht möchten Ihnen verärgerte Angestellte eins auswischen.

Verweigerung von Diensten (Denial-of-Service-Angriff)

Das Motiv für diese Art von Angriff ist normalerweise Haß oder Rache. Angreifer haben kein anderes Ziel, als Ihren Rechner »lahmzulegen«, d.h. zu verhindern, daß Sie selbst (oder Dritte) Ihre Computer benutzen können. Dafür gibt es unter anderem folgende Strategien: die Netzschnittstelle mit Nachrichten überfluten, das gesamte Netz unbrauchbar machen oder bestimmte »ungültige« Pakete an einen Rechner senden, die ihn wiederholt abstürzen lassen. Dieser Angriff läßt sich am Beispiel einer Person veranschaulichen, die permanent bei Ihnen anruft und sofort wieder auflegt, so daß Sie den ganzen Nachmittag sinnlos beschäftigt sind. Sie können in diesem Fall kaum etwas tun. Ist ein Angriff aber eingegrenzt, kann der Systemadministrator eingehende Nachrichten, die den Rechner oder das Netz normalerweise lahmlegen, mit einem Firewall blockieren. Leider gibt es bislang nur experimentelle Arbeiten, solche Angriffe nach entsprechender Überprüfung mit einem »Scanning«-Prozeß oder Router dynamisch zu blockieren.

Vortäuschen einer falschen IP-Adresse (Address Spoofing)

Aufgrund seiner weitverbreiteten und umfassenden Nutzung sowie seiner fortlaufenden internationalen Weiterentwicklung ist und bleibt TCP/IP die Verkehrssprache im Internet. Durch Erweiterungen in den niedrigeren Protokollschichten (wie IPSec) wird der sichere Einsatz von IP zur Datenübermittlung in internationalem Rahmen unterstützt. Die Stärke der gegenwärtigen IP-Implementierung ist aber leider auch die Ursache für seine mangelnde Sicherheit. Die Art des Paket-Routing und der Aufbau der Header-Informationen machen es äußerst schwierig nachzuweisen, welchen Weg ein Paket von Punkt A zu Punkt B durchläuft. Außerdem ist kaum gewährleistet, daß ein Paket von Punkt A tatsächlich auch von dort stammt. Angreifer haben deshalb die Möglichkeit, den Routern und Systemen ihres Angriffsziels einen anderen Ursprungsort vorzutäuschen. Diese Art von Angriff kann jede Menge Schaden verursachen.

Übernahme einer Sitzung (Session Hijacking)

Durch die im vorigen Abschnitt erwähnte Vortäuschung einer falschen IP-Ursprungsadresse kann ein Angreifer die gesamte Sitzung zwischen Punkt A und Punkt B übernehmen. Dabei handelt es sich nicht unbedingt um zwei Benutzer, die Nachrichten miteinander austauschen. Angriffsziel ist eher eine Client/Server-Kommunikation, bei der der Angreifer sich als Server ausgibt. Wenn es einem Angreifer gelingt, in den Mail- oder File-Server einer Organisation einzudringen, erhält er jede Menge vertraulicher Daten, die er in Ruhe analysieren kann.

Man-in-the-Middle-Angriff

Durch Vortäuschen falscher IP-Adressen kann ein Angreifer nicht nur eine Sitzung übernehmen, sondern sich auch als A ausgeben und die Anfragen an B manipulieren. Angenommen, M kann A gegenüber vortäuschen, daß er B ist, und B davon überzeugen, daß er A ist. Dazu werden die von A zu B gesendeten Nachrichten von M abgefangen, analysiert, geändert, gespeichert oder auch bloß zur Kenntnis genommen und dann zu B gesendet, ohne daß eine der beiden Parteien etwas davon bemerkt. Mit Nachrichten von B zurück zu A wird gleichermaßen verfahren. Um dem Man-in-the-Middle-Angriff zu begegnen, verwenden die in diesem Buch behandelten VPNs ausgefeilte Verfahren, die paketorientiert, mit zeitabhängiger Authentifizierung oder schnellem Schlüsselwechsel arbeiten.

Replay-Angriff

Bei einem Replay-Angriff zeichnet ein Angreifer eine Nachricht von A nach B auf und sendet sie zu einem späteren Zeitpunkt erneut. Dazu braucht er den Nachrichteninhalt nicht unbedingt zu kennen. Solche Angriffe wirken in Kombination mit dem Vortäuschen falscher IP-Adressen oder dem Man-in-the-Middle-Angriff. In VPNs wird dieser Gefahr durch Serialisierung der Pakete, Kapselung des IP-Headers und des Datagramms oder durch synchronisierte Zeitstempel begegnet. Diese Methoden können auch kombiniert eingesetzt werden.

Aufdeckung und Bereinigung von Einbrüchen

Computereinbrüche sind schwierig durchzuführen, noch schwerer zu verfolgen und auf Anhieb nur äußerst schwer zu erkennen. Laut dem Computer Emergency Response Team (CERT) laufen 35% aller hochkarätigen Einbrüche komplett hinter dem Rücken des für die kompromittierten Systeme zuständigen Systemadministrators ab; 85% aller Sicherheitsvorfälle werden gar nicht gemeldet.

Manchmal stolpert ein Administrator nur durch Zufall über verdächtige Symptome, die für einen Einbruch sprechen. Indizien sind merkwürdige Einträge in temporären Verzeichnissen, seltsame Prozesse, Anwendungen, die nicht mit dem Betriebssystem ausgeliefert wurden, oder Benutzer, die über Schwierigkeiten beim Einloggen berichten oder ihr Paßwort »vergessen« haben. Wenn Angreifer ihre Spuren sorgfältig beseitigen, stehen die Chancen einer Entlarvung schlecht. Sind sie unachtsam oder agieren nur zum Spaß, ist eine Aufdeckung einfacher und eine Bereinigung leichter. Ausgesprochen unangenehm ist es, wenn der Angreifer scheinbar nichts angerührt hat. Wenn auch nur der geringste Hinweis auf einen erfolgreichen Angriff besteht, sollten Sie alles sanieren – und zwar schnell.

Eine gute Quelle für Dokumente zu Sicherheitsfragen sowie aktuelle Ratschläge finden Sie direkt beim CERT unter *http://www.cert.org* bzw. *http://www.cert.de.*

Abschließend bleibt anzumerken, daß Sie auf jede Bedrohung und jeden offensichtlichen Einbruch sofort reagieren sollten, sobald Sie davon Kenntnis erhalten oder entsprechende Hinweise vorliegen. Je schneller Sie sich der Sache annehmen, desto geringer sind die Gesamtfolgen. Selbst wenn Sie nur über begrenzte Mittel und unzureichende Ressourcen für Ihre Sicherheitsbemühungen verfügen, sollten Sie alle vertretbaren Maßnahmen ergreifen, um Angreifer zu verfolgen. Wenn der Eindruck entsteht, daß Sie zu beschäftigt oder unachtsam sind, werden die Angreifer wiederkommen – mit besseren Tricks und unangenehmeren Konsequenzen.

Verfolgen Sie aufmerksam, worauf der Angriff abgezielt hat und was tatsächlich erreicht wurde. Wenn genug Anhaltspunkte vorliegen, können Sie den Angreifern vielleicht zuvorkommen und sie eventuell sogar bloßstellen. Rechnen Sie nicht damit, daß die Angreifer einfach verschwinden oder »eigentlich gar nichts angestellt haben«. Um es noch einmal zu wiederholen: Erstellen Sie aussagekräftige Backups, ändern Sie die Benutzerkennungen und Paßwörter regelmäßig, und entwickeln Sie ein System von Zugriffs- und Authentifizierungshierarchien, das organisationsweit einsetzbar ist.

Patente und rechtliche Fragen

Kryptographische Verfahren sind komplexe mathematische Systeme, deren Entwickler ausgesprochene Experten sind und viel in die Entwicklung und den Schutz ihrer Systeme investiert haben. Wie Ihnen jeder gute Anwalt bestätigt, wird auch geistiges Eigentum als Besitz aufgefaßt, da dieser vor Gericht leichter verhandelbar ist. Schon der Einsatz solcher Verfahren stellt möglicherweise einen rechtskräftigen Vertrag mit den Entwicklern der Software dar. Sie sollten sich also entsprechend informieren, bevor sie kryptographische Verfahren einsetzen.

Die in diesem Buch beschriebenen Produkte und Dienste dürfen teilweise nicht oder nur mit eingeschränkter Funktionalität aus den USA ausgeführt werden. Im allgemeinen wird ein Export mit begrenzter Schlüssellänge genehmigt. Internationale Organisationen arbeiten bereits an weltweit einsetzbaren Verfahren für starke Verschlüsselung. Es ist davon auszugehen, daß auf dem Gebiet der Datensicherheit in den nächsten zehn Jahren gravierende Änderungen stattfinden werden.

Kryptographische Produkte sind meist durch Patente geschützt. DES ist patentiert, obwohl die gegenteilige Ansicht weit verbreitet ist. Er ist jedoch lizenzfrei einsetzbar, was nicht unwesentlich zu seiner weiten Verbreitung beigetragen hat. Darüber hinaus ist seine Schutzfrist mittlerweile abgelaufen. Auch für alle Public-Key-Systeme gibt es Patente, die entweder von RSA Data Security oder der Firma Public Key Partners (PKP) gehalten werden (siehe Tabelle 2-1). Diese hat offensichtlich den Geschäftszweck,

Lizenzgebühren einzutreiben und den Einsatz ihrer Software streng zu überwachen. Das RSA-Patent gilt nur in den USA, nicht in Europa.

ACHTUNG Die US-Regierung stuft alle Verschlüsselungsverfahren als Waffen ein, was bedeutet, daß die zum Datenschutz eingesetzten mathematischen Formeln als gefährliche Technologie betrachtet werden. Der ungenehmigte Export von Kryptographie hat denselben Stellenwert wie Verrat, illegaler Waffenhandel, Schmuggel, Raub oder Drogenverkauf an kleine Kinder. Man nimmt die Sache äußerst ernst. Sie fragen sich vielleicht, wie so ein kleiner Code den großen USA und deren Bürgern schaden sollte. Es läßt sich nur aus der Geschichte erklären, warum die US-Regierung in bezug auf diese Technologien so vorsichtig ist. Ist Ihnen die Enigma ein Begriff? Die Enigma war ein Verschlüsselungsapparat, mit dem die Deutschen im Zweiten Weltkrieg die Einsatzbefehle vom Hauptquartier an die Truppen chiffrierten. Die Japaner hatten ein ganz ähnliches Codierungssystem mit einem Chiffriergerät namens »Purple« entwickelt. In Kriegszeiten erhalten Verschlüsselung und Codebrechen einen völlig anderen Stellenwert, der durch das Sprichwort »loose lips, sink ships« treffend beschrieben wird. Der Schutz selbst unwesentlicher Kommunikation ist für den Staat von größter Bedeutung. Wenn alle Verfahren, die auf US-amerikanischem Boden entwickelt wurden, ohne Einschränkungen ins Ausland exportiert würden und dann ein Krieg ausbräche, hätte die Militärführung ernsthafte Zweifel an der Sicherheit ihrer Kommunikation.

Verschlüsselungsverfahren	**Patentinformationen**
Hellman-Merkle	Patent Nr. 4.218.582, am 19.8.1997 abgelaufen, deckt angeblich alle Public-Key-Systeme ab.
Rivest-Shamir-Adleman	Patent Nr. 4.405.829, Ablauf am 2.9.2000, deckt den RSA-Algorithmus ab.
Hellman-Pohlig	Patent Nr. 4.424.414, Ablauf am 3.1.2001, verwandt mit Diffie-Hellman (1997 abgelaufen).
Schnorr	Patent Nr. 4.995.082, Ablauf am 19.2.2008, Grundlage des DSS-Algorithmus.
Kravitz	Patent Nr. 5.231.668, Ablauf am 27.7.2008, der eigentliche DSS-Algorithmus.

Tabelle 2-1: Kryptographische Patente

In diesem Kapitel:
- *Allgemeine Konzepte für WAN, RAS und VPN*
- *Vergleich von VPN und WAN*
- *Vergleich von VPN und RAS*

3 Weitverkehrsnetze, RAS und VPNs

Schwerpunkt dieses Buches bilden zwar virtuelle private Netze, es gibt jedoch durchaus Situationen, in denen sie nicht die beste Lösung darstellen. In diesem Kapitel stellen wir VPNs zwei Industriestandards gegenüber, und zwar dem Weitverkehrsnetz, bei dem die einzelnen Standorte durch Standleitungen verbunden sind, und dem Fernzugriff, bei dem sich die Benutzer in die Zentrale einwählen. Jede Lösung besitzt eigene Vor- und Nachteile und ist mit bestimmten Kosten verbunden.

Genaue Preisangaben sind hier kaum möglich, da sich die Verhältnisse fortlaufend ändern und wir diese Änderungen nicht permanent berücksichtigen können. Wir beschreiben aber die Vor- und Nachteile der verschiedenen Lösungen sowie die Faktoren, die für einen allgemeinen Kostenvergleich relevant sind. Dies gibt Ihnen Kriterien an die Hand, auf deren Basis Sie eine eigene WAN/RAS/VPN-Lösung zusammenstellen können.

Allgemeine Konzepte für WAN, RAS und VPN

Die drei Vernetzungsarten dienen demselben Zweck, nämlich ferne Benutzer mit Ressourcen in einem privaten Netz zu verbinden. All diese Lösungen verfügen über individuelle Merkmale für die drei wesentlichen Vernetzungskriterien, nämlich Sicherheit, Skalierbarkeit und Stabilität. Die Kosten lassen sich prinzipiell in die drei Kategorien Telekommunikation, Vernetzungshard- und -software sowie Systemadministration untergliedern. In den folgenden Abschnitten werden die drei Vernetzungsarten hinsichtlich dieser sechs Faktoren verglichen.

Ein Weitverkehrsnetz oder WAN (Wide Area Network) besteht aus zwei oder mehr Netzen, die über Standleitungen verbunden sind. Das Spektrum reicht von zwei Computern, die sich über eine Frame-Relay-Leitung einwählen (zum Beispiel Kreditkartenterminals im Einzelhandel), bis zu mehreren großen Netzen von Filialen, die über ATM-Leitungen mit dem Netz der Unternehmenszentrale verbunden sind. Abbildung 3-1

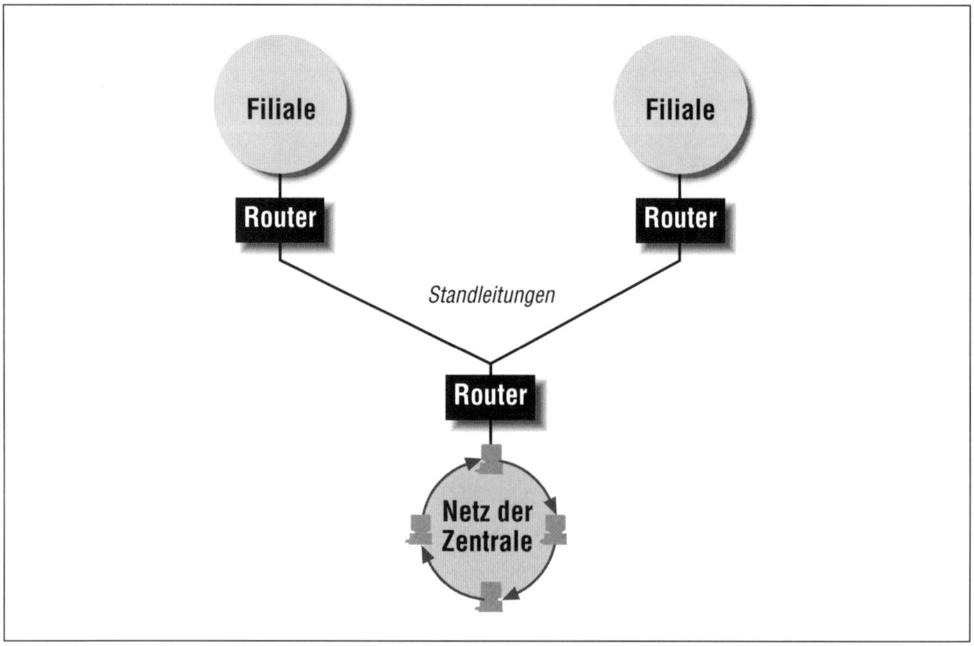

Abbildung 3-1: Typische Verbindung mit Standleitungen zwischen Firmennetzen

zeigt die schematische Darstellung eines WAN mit den drei grundlegenden Komponenten: Netze, Router und Telekommunikationsleitungen.

Der Fernzugriff (Remote Access Service, RAS) besteht aus eingehenden Wählleitungen, über die sich ferne Benutzer oder Netze verbinden. Ein Beispiel dafür ist ein Terminalserver mit mehreren Modems zu einem RAS-Server mit eingehenden Primärmultiplex-Anschlüssen (PRI), d.h. 2-Mbit-Leitungen mit 30 Kanälen à 64 Kbit. Abbildung 3-2 zeigt die schematische Darstellung einer RAS-Lösung mit dem RAS-Server sowie den eingehenden Netzen und Benutzern.

Das virtuelle private Netz (VPN) ist etwas komplexer. Es hat den Zweck, daß Benutzer und Netze über das Internet sicher auf zentrale private Netzressourcen zugreifen können. Es gibt drei grundlegende Konstellationen, die die WAN- und die RAS-Implementierung nachbilden: die Punkt-zu-Netz-, die Netz-zu-Netz- und die integrierte Lösung. Die Punkt-zu-Netz-Konstellation stellt eine Alternative zu RAS als primäre Verbindungsmethode für den typischen Endbenutzer dar. Der Benutzer wählt sich nicht bei einem zentralen RAS-Punkt, sondern bei einem regionalen Internet Service Provider (ISP) ein und stellt über ein sicheres Protokoll (zum Beispiel SSH, PPTP oder L2TP) eine Verbindung zum privaten Netz her. Die Netz-zu-Netz-Konstellation ist ähnlich – mit dem Unterschied, daß sich das ferne Netze mit dem ISP verbindet und die vertrauliche Kommunikation zu einem zentralen Firewall oder VPN-Server mit einem Sicherheitsprotokoll geleitet wird. Bei dieser Konstellation kommen der Cisco PIX Firewall und

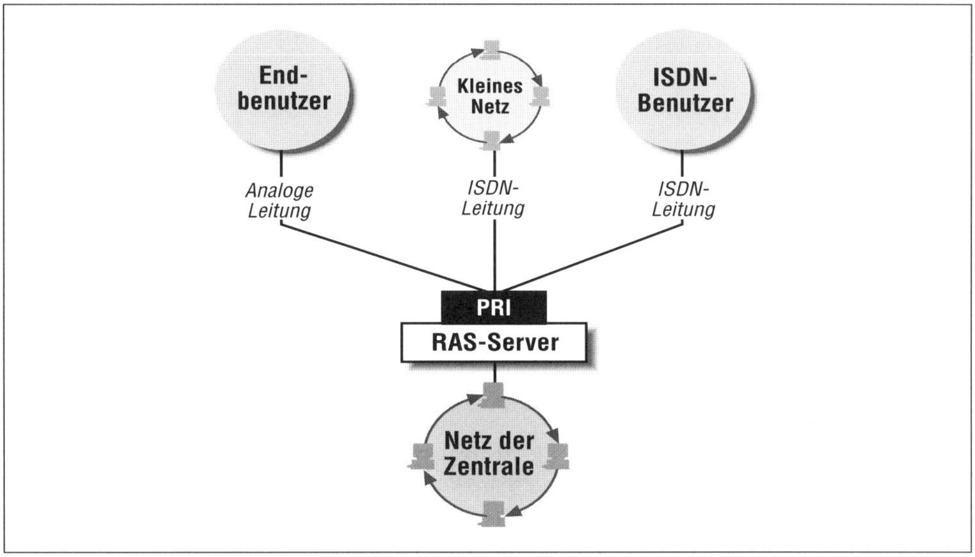

Abbildung 3-2: Wählverbindungen

IPSec zum Einsatz, wobei IPSec auch für Punkt-zu-Netz-Verbindungen verwendet wird. Die integrierte Lösung besteht generell aus VPN-Servern, Firewall-Software oder spezieller Hardware oder aus einer Kombination dieser drei Komponenten, so daß sowohl Netze als auch Endbenutzer Zugang zum privaten Netz erhalten. IPSec-Produkte wie Firewall-1 von CheckPoint zählen zu den integrierten Lösungen. Abbildung 3-3 zeigt eine integrierte Lösung mit einem IPSec-Firewall für Netz- und einem PPTP-Server für eingehende Endbenutzerverbindungen.

Nicht unwesentlich ist, daß die meisten WANs und RAS-Netze auch Zugang zum Internet besitzen. In den folgenden Beispielen wird zwar nicht von einem Internet-Anschluß ausgegangen, bei modernen Netzen ist die Umstellung einer WAN- oder RAS-Lösung auf ein VPN aber weniger aufwendig, da unwesentliche Leitungen abgeschafft und Geräte oder Personal weiter eingesetzt werden können. Erforderlich ist dann lediglich der Erwerb und die Implementierung einer VPN-Lösung und die Erhöhung der Bandbreite zum Internet.

Vergleich von VPN und WAN

In diesem Abschnitt wird gezeigt, wie ein WAN durch ein VPN ersetzt werden kann. Außerdem werden die beiden Lösungen anhand der oben beschriebenen Faktoren verglichen. Aufgrund ihrer speziellen Eigenschaften wird dabei zwischen Lösungen für kleine bis mittelgroße Standorte und Lösungen für große Standorte unterschieden.

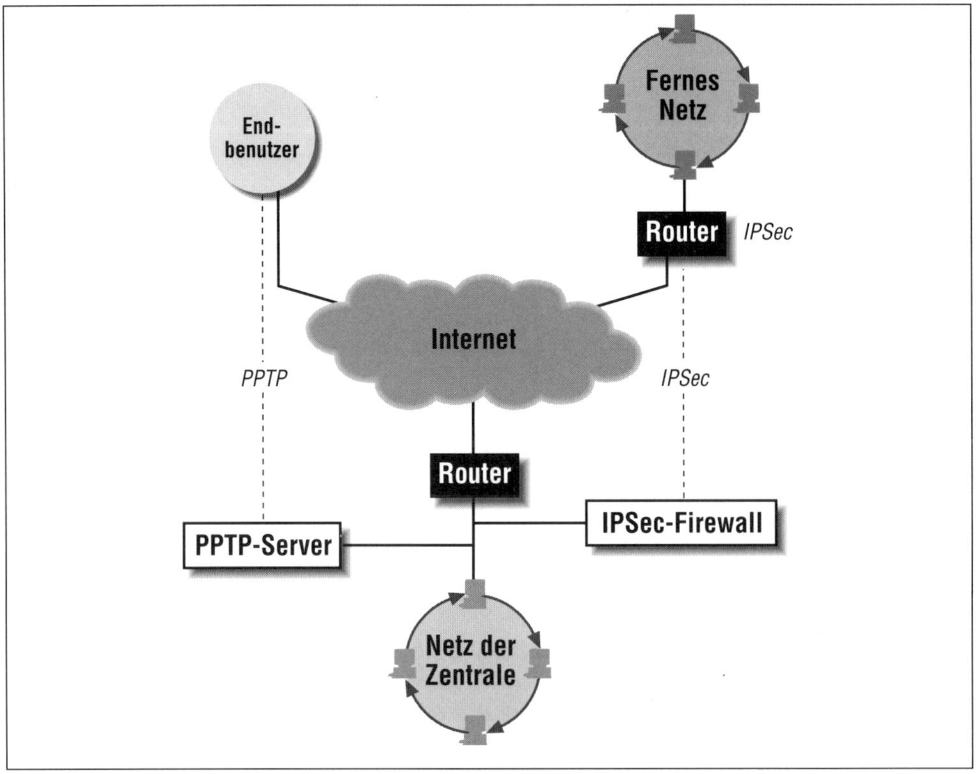

Abbildung 3-3: Virtuelles privates Netz für WAN und Wählverbindungen

Lösungen für kleine bis mittelgroße Standorte

Um den Begriff genauer zu fassen, definieren wir ein Netz als klein bis mittelgroß, wenn es nicht mehr als 100 Knoten (einschließlich des zentralen Netzes) besitzt. Abbildung 3-4 zeigt ein typisches kleines bis mittelgroßes WAN und sein VPN-Gegenstück. In beiden Konstellationen gibt es ein kleines fernes Netz, das Zugang zu zentralen Netzressourcen benötigt.

Anforderungen an die Telekommunikation

Die WAN-Verbindung kann mit einer ISDN-Leitung realisiert werden, wenn das ferne Netz per Ortstarif von der Zentrale erreichbar ist. Befindet sich die ferne Filiale außerhalb, ist eine Frame-Relay-Standleitung mit 64 Kbit/s am besten geeignet. Der entscheidende Unterschied besteht darin, daß bei der ISDN-Leitung zeitabhängige Gebühren anfallen. Bei einer Standleitung dagegen ist normalerweise eine monatliche Pauschale zu zahlen, deren Höhe von der Bandbreite und der Entfernung abhängt.

Bei der Leitungsauswahl ist ausschlaggebend, von welcher Nutzungsdauer ausgegangen wird und welche Kosten damit verbunden sind. Außerdem ist entscheidend, wel-

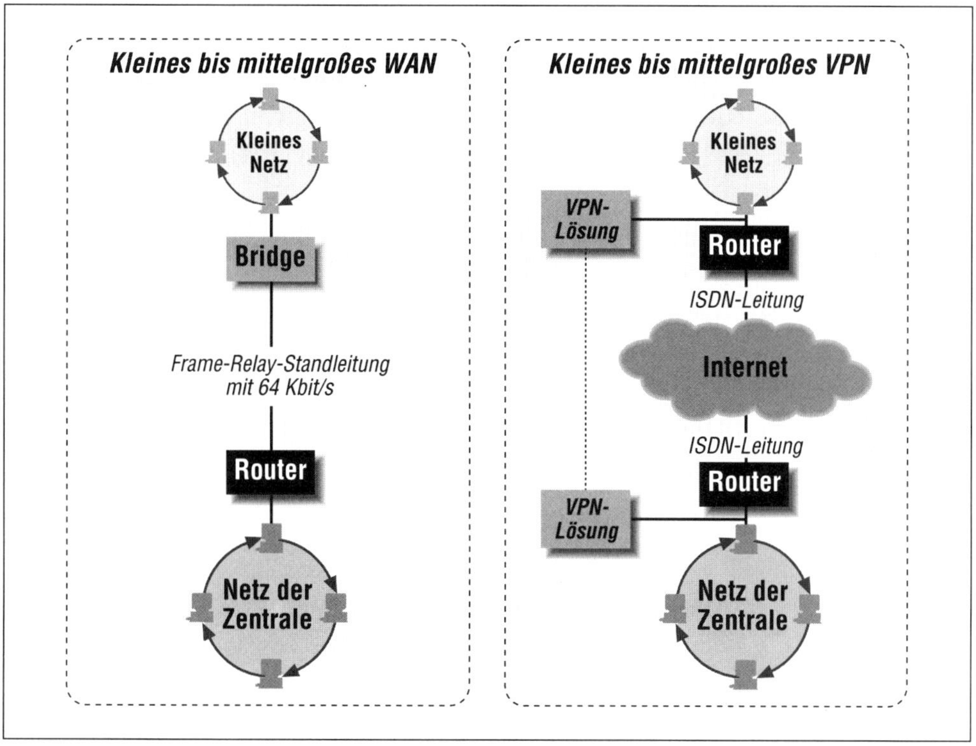

Abbildung 3-4: Lösung mit Standleitung im Vergleich zu virtuellem privaten Netz

che Bandbreite zum fernen Standort erforderlich ist. Beachten Sie, daß ein ISDN- oder Frame-Relay-Anschluß an beiden Enden der Verbindung erforderlich ist. Bei Netzen mit weniger als 100 Knoten sollte eine Bandbreite von 128 Kbit/s in den meisten Fällen ausreichen.

Ein VPN kann mit Frame Relay oder ISDN arbeiten, es ist aber an einen lokalen Internet Service Provider angeschlossen. Wenn die beiden Büros per Ortstarif kommunizieren können, sollte derselbe ISP verwendet werden, um das Internet-Routing auszuschalten (damit die Datenübertragung zwischen ISPs, die sich am selben Ort befinden, nicht quer durch die Republik verläuft). Wenn sich das andere Büro außerhalb des Ortsnetzes befindet, sollte ebenfalls der gleiche ISP verwendet werden oder die von beiden Seiten genutzten ISPs möglichst an denselben Backbone-Provider angeschlossen sein. Dies trägt ganz erheblich zu einer Reduzierung von Internet-Routingproblemen und einer Steigerung der Geschwindigkeit und Zuverlässigkeit des virtuellen privaten Netzes bei. Bei weniger als 100 Knoten sollte eine Bandbreite von 128 Kbit/s in den meisten Fällen ausreichen.

Erforderliche Hard- und Software

VPNs und WANs benötigen für diese Situation dieselbe Ausstattung. ISDN- oder Frame-Relay-Router werden von Herstellern wie Cisco Systems, Farallon, Motorola und Ascend Communications angeboten. An beiden Enden der Verbindung ist ein Router erforderlich, der an den lokalen ISP angeschlossen ist.

Beim WAN wird keine besondere Software benötigt. Das Netzprotokoll wird einfach an beiden Verbindungsenden installiert, und schon sollte das Netz funktionieren.

Bei der VPN-Lösung ist spezielle Software für den sicheren Zugang zum zentralen Netz erforderlich. Für kleine bis mittelgroße Netz-zu-Netz-Verbindungen sind SSH, L2F, L2TP und PPTP gut geeignet. Beachten Sie, daß für manche VPN-Lösungen besondere Hardware erforderlich ist. SSH ist für Unix-Server verfügbar, L2F und L2TP werden von Cisco-Routern (einschließlich ISDN- und Frame-Relay-Routern) mit IOS unterstützt. PPTP ist gegenwärtig für Server mit Windows NT 4.0 und einige ISDN-Router verfügbar. Die Hard- und Software muß an beiden Enden der Verbindung installiert werden.

Netzverwaltung

Ein Netzadministrator verfügt in der Regel über Kenntnisse in der Verwaltung traditioneller WANs. Der Gesamtaufwand zum Einrichten der Verbindung auf beiden Seiten dürfte 10 bis 20 Stunden nicht überschreiten, wobei die Auswahl geeigneter Geräte, die Beantragung der Leitungen und die Konfiguration des Anschlusses inbegriffen sind. Bei dieser Anschlußart ist üblicherweise kaum regelmäßige Wartung erforderlich, da sie nach einer sauberen Konfiguration stabil sein sollte. Selbst bei größeren Verbindungs- oder Konfigurationsproblemen genügt üblicherweise ein Wartungsaufwand von 10 Stunden pro Monat.

Eine Schwachstelle bei dieser Verbindungsart ist die Telefongesellschaft, da sie ihre Kunden in der Regel selten über die Wartung oder den kompletten Ausfall von Leitungen informiert. Falls es keine Netzadministratoren gibt, müssen zudem Benutzer in Einsatz und Wartung der Verbindung geschult werden.

Vor der Implementierung eines virtuellen privaten Netzes muß sich der Netzplaner angemessen informieren, um ein allgemeines Verständnis von der Arbeitsweise eines VPNs zu bekommen und beurteilen zu können, inwieweit es den Vernetzungsanforderungen seiner Organisation genügt. Das vorliegende Buch sollte dafür ein erster Anfang sein, daneben müssen jedoch auch die internen Anforderungen ermittelt werden. Die erstmalige Einrichtung eines VPNs nimmt einige Zeit in Anspruch, schätzungsweise 20 bis 40 Stunden. Eingerechnet dabei sind Informationsbeschaffung, Schulung, Genehmigung der Lösung durch Vorgesetzte und die eigentliche Implementierung des Netzes. Die regelmäßige Wartung sollte sich nicht wesentlich von der (oben beschriebenen) WAN-Lösung unterscheiden, mit Ausnahme zweier Faktoren: des verwendeten ISPs und der Sicherheit des VPNs. Beide Themen werden in diesem Abschnitt noch ausführlich behandelt. Vorerst reicht die Feststellung, daß der Netzadministrator 5 bis 10 Stunden pro Monat auf die WAN-Wartung (insgesamt monatlich maximal 30 Stunden) aufschlagen kann, die für Arbeiten hinsichtlich Sicherheit und Internet Service Provider erforderlich sind.

Sicherheit, Skalierbarkeit und Stabilität

Die WAN-Verbindung ist, unabhängig von der Netzgröße, wohl die sicherste und stabilste Lösung. Die Verbindungen sind vertraulich und arbeiten mit bewährten Standardverfahren. Jede Einschränkung in der Stabilität eines WAN betrifft gleichermaßen auch jedes andere Netz – LAN, WAN oder VPN. Fehlerhafte Geräte, Protokolle, Systeme und Server kommen, wenngleich nicht oft, in allen Netzen vor. Bei Verbindungen von fernen Standorten zur Zentrale (WAN und VPN) stellt der Telekommunikationsanbieter eine weitere potentielle Fehlerquelle dar, da dieser außerhalb des Einflußbereichs des Netzadministrators liegt. Es sollte deshalb ein Anbieter gewählt werden, der seine Kunden über Kommunikationsprobleme und vorübergehende Leitungsausfälle informiert.

Die Stärke des VPN liegt nicht in seiner Stabilität im herkömmlichen Sinne. VPNs stellen eine neue Technik dar, die auf einer von Natur aus fehleranfälligen Technik (dem Internet) beruht. Durch das Internet-Routing, die Kommunikation zwischen unterschiedlichen Plattformen, Verschlüsselungsverfahren usw., kann das Gesamtsystem nicht dieselbe Stabilität wie WANs aufweisen. Je mehr die internationale Internet-Gemeinde aber zusammenwächst und sich echte Standards (Protokolle, Hardware usw.) herausbilden, desto stabiler wird auch die Basis, auf der die VPNs aufbauen.

Die wirklichen Unterschiede zwischen VPNs und WANs zeigen sich in der Skalierbarkeit. Der Übergang von einem kleinen bis mittelgroßen zu einem großen WAN erfordert erhebliche Investitionen in Geräte, Personal und Telekommunikation. Dies ist insbesondere dann der Fall, wenn landesweit mehrere Netze hinzukommen. Der wichtigste Kostenunterschied liegt in den Leitungsgebühren für die Erweiterung. Wenn die Zentrale einen ISDN-Primärmultiplexanschluß (mit den benötigten Geräten) einführen muß, ist an den fernen Standorten mindestens eine Datendirektverbindung (DDV) mit n x 64 Kbit/s und entsprechende Ausstattung erforderlich. Beim VPN hingegen betrifft eine Erweiterung der Bandbreite und der Geräte erst einmal nur das zentrale Netz, selbst wenn Verbindungen von mehreren Netzen möglich sind. Eine Steigerung der VPN-Serverkapazitäten erfordert im Vergleich zu den beim WAN notwendigen Geräte- und Leitungserweiterungen nur minimalen Aufwand.

Lösungen für große Standorte

Bei großen WANs oder VPNs gibt es verschiedenste Konfigurationen. Ein Verbund aus mehreren großen Netzen ist ebenso möglich wie ein zentrales Netz, an das viele kleine Netze angeschlossen sind. Der Einfachheit halber beschränken wir uns auf die beiden in Abbildung 3-5 gezeigten Konstellationen..

Anforderungen an die Telekommunikation

Ein großes WAN stellt beträchtliche Anforderungen an die Bandbreite. Um mehrere mittlere bis große Netze an ein großes Unternehmensnetz anzuschließen, muß an je-

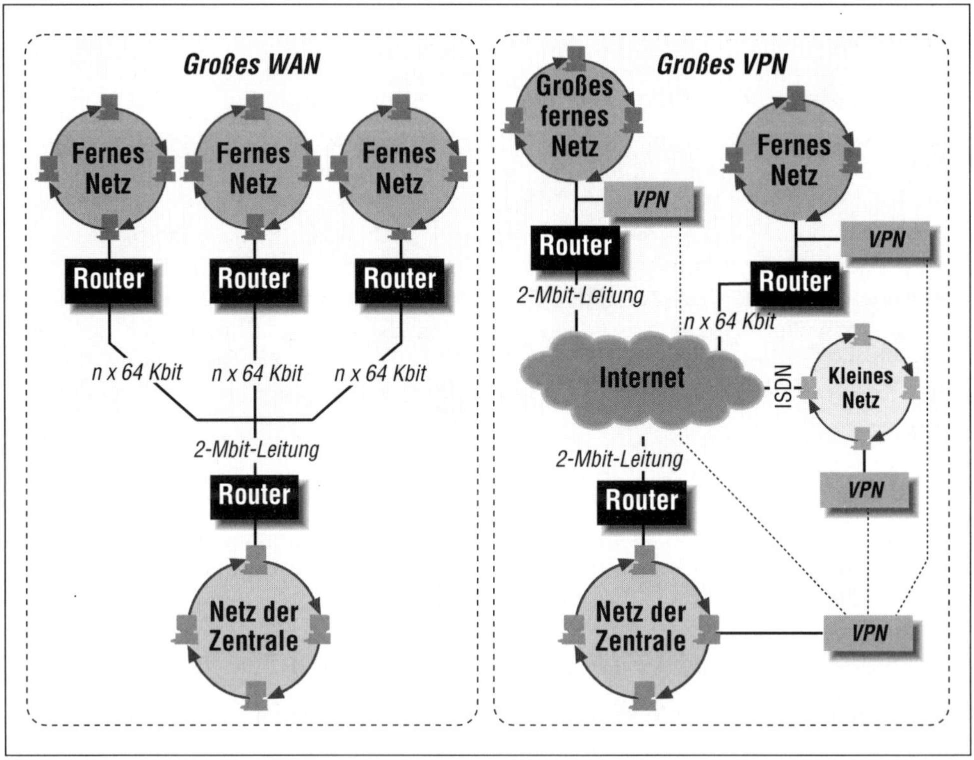

Abbildung 3-5: Telekommunikationsleitungen für WAN- und VPN-Verbindungen

dem Standort mindestens eine Datendirektverbindung (*n* x 64 Kbit/s) vorhanden sein. Wir gehen davon aus, daß das Netz der Zentrale über mehrere eingehende 2-Mbit-, eine 34-Mbit- oder eine ATM-Verbindung verfügt, abhängig von den Anforderungen an die Geschwindigkeit eingehender Verbindungen. Die mit solchen Anschlüssen verbundenen Telekommunikationskosten umfassen einmalige Gebühren für die Einrichtung lokaler Verbindungen von der Vermittlungsstelle zu den Standorten sowie die Übertragungsgebühren für die Leitungen. Die Kosten lassen sich durch Frame-Relay-Verbindungen erheblich senken. Wenn aber eine bestimmte Bandbreite garantiert sein muß, ist Frame Relay nicht die beste Wahl. Denn in Frame-Relay-Netzen wird in der Frame-Cloud um Bandbreite konkurriert, so daß bei den meisten Verbindungen nicht gewährleistet ist, daß sie zwischen zwei Endpunkten ihre volle Geschwindigkeit erreichen. Um eine zuverlässigere Bandbreite zu erhalten, ist die teurere Möglichkeit eine Standleitung. Die hier beschriebene Hardware unterstützt entweder Frame-Relay- oder Punkt-zu-Punkt-Verbindungen.

Ein VPN stellt ähnliche Anforderungen an die Bandbreite. Sowohl das Netz der Zentrale als auch die verschiedenen Filialnetze benötigen für ausgehende Nachrichten Hochgeschwindigkeitsverbindungen zum Internet. Diese Verbindungen gehen normalerweise zu einem lokalen Internet Service Provider, was die regelmäßig anfallenden

Leitungskosten vermindert. Halten Sie sich die Möglichkeit einer problemlosen Erweiterung offen. Abhängig von der Größe und Belastung des Netzes, sind eine skalierbare Datendirektverbindung (*n* x 64 Kbit/s), eine 34-Mbit-Verbindung oder eine ATM-Verbindung am besten geeignet. Die eigentliche Stärke des VPN liegt in den zahlreichen Verbindungsmöglichkeiten der Filialnetze. Wie in Abbildung 3-5 gezeigt, können sich die drei fernen Netze über ISDN, eine Datendirektverbindung oder eine 2-Mbit-Leitung mit dem Internet verbinden. Dies stellt einen klaren Vorteil gegenüber einem WAN dar, in dem, abhängig von den netzweit gewählten Lösungen, nur bestimmte Anschlußarten verfügbar sind (zum Beispiel Punkt-zu-Punkt-Datendirektverbindung oder mehrere eingehende ISDN-Leitungen).

Erforderliche Hard- und Software

Hochgeschwindigkeitsverbindungen erfordern schnelle Netzanschlußgeräte, was die Anfangsinvestitionen und die Wartung entsprechend teuer macht. Router, Hubs und ähnliches sind zwar nicht gerade fehleranfällig, haben aber allein des technischen Fortschritts wegen keine allzu lange Lebensdauer. Ein IP-Router wird nach spätestens zwei Jahren von der nächsten Generation abgelöst. Bei vielen Netzverbindungen über schnelle Datenstandleitungen sind IP-Router im High-End-Bereich erforderlich. Die Router der 2500-Serie von Cisco und die Access Router von Bay Networks unterstützen eine Vernetzung mit 2 Mbit/s über Frame Relay oder zwischen zwei Endpunkten. Für Verbindungen höherer Bandbreite, wie 34 Mbit/s oder ATM, werden standardmäßig Router der 7500-Serie von Cisco oder verschiedene Switches von Cascade, Ascend oder Cisco verwendet, die normalerweise von den Telefongesellschaften eingesetzt werden. Die Ausstattung des Netzes der Zentrale kann Zehn- bis Hunderttausende von Mark kosten. Bei den Filialen sind zumindest einige tausend Mark fällig. Die Höhe der Ausgaben hängt selbstverständlich von der erforderlichen Bandbreite für die verschiedenen Netze, den Hardware-Anbietern und anderen Faktoren ab.

Bei einem VPN wird die Ausstattung durch die Art und Geschwindigkeit der Verbindung bestimmt. Sie könnte der vorigen WAN-Lösung sehr ähnlich sein; das hängt von den Internet-Verbindungen an den verschiedenen Standorten und dem Netz der Zentrale ab. Das VPN unterscheidet sich aber in zweierlei Hinsicht: nämlich bezüglich der Server und der ISP-Verbindungen. Abhängig von der gewählten Software, ist die Organisation außerdem auf drei Plattformen beschränkt.

Wenn auf der ISP-Seite PPTP implementiert ist, hat die Organisation die Auswahl zwischen Software-Clients für Windows NT, Windows 95/98, Linux und Macintosh. Wenn PPTP auf der Organisationsseite implementiert ist, muß sowohl die Client- als auch die Serversoftware angeschafft werden. Die Serversoftware wird nur von Windows NT 4.0 in der Server- oder Workstation-Version sowie von Linux unterstützt. Die Linux-Version von PPTP ist jedoch alles andere als stabil. Clients gibt es auch hier nur für Windows NT, Windows 95/98, Linux und Macintosh.

Beim Einsatz des AltaVista Tunnel ist Serversoftware für Digital Unix und Windows NT erhältlich. Clients gibt es nur für Windows NT, Windows 95/98 und Macintosh. Verwendet die Organisation andere Plattformen, ist ein Wechsel unter Umständen mühsamer und kostspieliger, als das VPN Vorteile bringt.

Bei einer integrierten Lösung wie dem Cisco PIX Firewall oder einem der zahlreichen IPSec-Produkte wie Firewall-1 von CheckPoint gibt es keine Beschränkungen hinsichtlich der Plattform.

Netzverwaltung

Als wichtigster Punkt ist hier der Umfang der Arbeiten zu nennen. Jedes Filialnetz benötigt wohl einen oder zwei Vollzeitmitarbeiter für die Administration, die für die bestehende WAN-Implementierung, den laufenden Betrieb und die Benutzer zuständig sind. Die Bestellung und Anpassung von Leitungen und Geräten, die Netzkonfiguration, die Fehlersuche und -behebung sowie die Dokumentation der Änderungen kann pro Standort, einschließlich des Netzes der Zentrale, 40 Stunden und mehr beanspruchen. Im Normalbetrieb dürfte für die laufende Administration, den Support, die Berichterstellung und andere Aufgaben ein Aufwand von 160 bis 200 Stunden pro Monat erforderlich sein. Bei Ausfällen durch fehlerhafte Verbindungen oder Geräte erhöht sich der Zeitaufwand beträchtlich.

Bei einer VPN-Verbindung kann der größte Vorteil auch zum größten Hindernis werden, nämlich der ISP. Die meisten ISPs, die Verbindungen in dieser Größenordnung anbieten, sind äußerst kompetent, was die Bereitstellung der Verbindung betrifft. Solche ISPs bieten Support, und auch die Einrichtung der Verbindung gehört zur Dienstleistung. Damit reduziert sich der Zeitaufwand des Netzadministrators, während die Kosten nicht unbedingt wesentlich steigen. Aus diesem Grund sollte die Auswahl des ISPs bei den Überlegungen zum Einsatz eines VPNs absoluten Vorrang besitzen.

Wie im vorigen Abschnitt erwähnt, sollten Sie für das Netz der Zentrale und alle Filialnetze möglichst denselben ISP oder zumindest nur Provider verwenden, die an denselben Backbone angeschlossen sind. Damit reduzieren sich die Probleme beim Netz-Routing, die die Geschwindigkeit des virtuellen Netzes zwischen den Standorten beeinträchtigen und das Netz gelegentlich auch völlig lahmlegen können. Beim Einsatz von PPTP sollte die Organisation die Auswahl eines ISPs erwägen, der dieses Protokoll selbst aktiv unterstützt. Dann entfallen die PPTP-Server, was den Arbeitsaufwand für den Netzadministrator erheblich verringert; die Benutzerunterstützung verlagert sich in diesem Fall ganz wesentlich zum Support des ISPs.

Der Zeitaufwand für eine Verbindung dieser Größenordnung ist schätzungsweise halb so groß wie der für die WAN-Verbindung (20 bis 40 Stunden). Dabei entfällt anfangs ein Großteil auf die Auswertung und Auswahl des Internet Service Providers für die verschiedenen Standorte. Die laufende Administration und der Support des virtuellen privaten Netzes sollte nicht mehr als 100 bis 150 Stunden pro Monat beanspruchen, wenn davon ausgegangen wird, daß der ISP einen wesentlichen Beitrag zur Unterstützung der Endbenutzer leistet. Wenn sich der ISP als unfähig erweist oder die Verbindungen fehleranfällig sind, müssen Ihre Standortadministratoren mit dem doppelten monatlichen Zeitaufwand zur Wartung des VPNs rechnen.

Sicherheit, Skalierbarkeit und Stabilität

Auch in diesem Rahmen liegt der eigentliche Vorteil des VPN in seiner Skalierbarkeit, was sich direkt in den Kosten niederschlägt. Das VPN ist zwar nicht so sicher wie ein WAN, jedoch wesentlich flexibler hinsichtlich der Verbindungen und Erweiterbarkeit. Das WAN ist zwar bis zu einem gewissen Grade stabil, das große WAN hingegen stellt im Grunde ein eigenes Internet mit allen damit einhergehenden Routing- und Protokoll-Aspekten dar, wenngleich es vergleichsweise kleiner und besser zu kontrollieren ist. Die Sicherheit des großen WAN steht außer Frage, da die Leitungen privat sind und alle Ressourcen der Kontrolle der Organisation unterliegen. Größere VPN-Lösungen wie der Cisco PIX Firewall oder der Firewall-1 von CheckPoint beinhalten jedoch ausgesprochen starke Verschlüsselungsverfahren, die höchste Internet-Sicherheit garantieren.

Vergleich von VPN und RAS

In diesem Abschnitt befassen wir uns mit dem VPN als Alternative für RAS-Dienste. RAS (Remote Access Service) ist eine Standardmethode, die Tausenden von Einzelbenutzern den Fernzugriff ermöglicht. RAS ist ausgesprochen teuer, nicht ganz stabil und für den Administrator meist mit einigen Schwierigkeiten verbunden. Wenn die fernen Standorte und der zentrale Einwahlpunkt weit auseinanderliegen, können auch bei kleinen RAS-Diensten schnell immense Gebühren für die Ferngespräche auflaufen. Zudem war das Modem als Netzanschlußgerät für entscheidende Dienste noch nie verläßlich genug, so daß die eingehenden Leitungen, Modems und anderen Geräte dem Netzverwalter erhebliche Probleme bereiten können. Das VPN eignet sich trotz gewisser Schwächen, um RAS als Verbindungsmethode für ferne Einzelbenutzer abzulösen.

Lösungen für kleine bis mittelgroße Standorte

Da sich kleine Netze in der Regel nicht sehr häufig ändern, werden dort oft RAS-Lösungen für eingehende Benutzer eingerichtet. Die Benutzer befinden sich meist in der Nähe und verwenden RAS nur im Notfall oder gelegentlich von zu Hause aus. Für ein kleines Netz ist ein VPN unter Umständen sogar von Nachteil, da zusätzlich Faktoren wie ISP, Internet und allgemeine VPN-Aspekte berücksichtigt werden müssen. Bei einem mittelgroßen Netz mit RAS-Diensten ist das VPN aber eindeutig überlegen. Das VPN ermöglicht nicht nur Einzelbenutzern, sondern auch anderen Netzen, sich mit dem privaten LAN der Organisation zu verbinden. Dies bietet den Vorteil, daß bei einer Expansion der Organisation und damit des Netzes keine großen Neuinvestitionen erforderlich sind.

Abbildung 3-6 zeigt eine RAS-Lösung für einen mittelgroßen Standort und das entsprechende VPN. Im folgenden werden diese beiden Konstellationen genauer betrachtet.

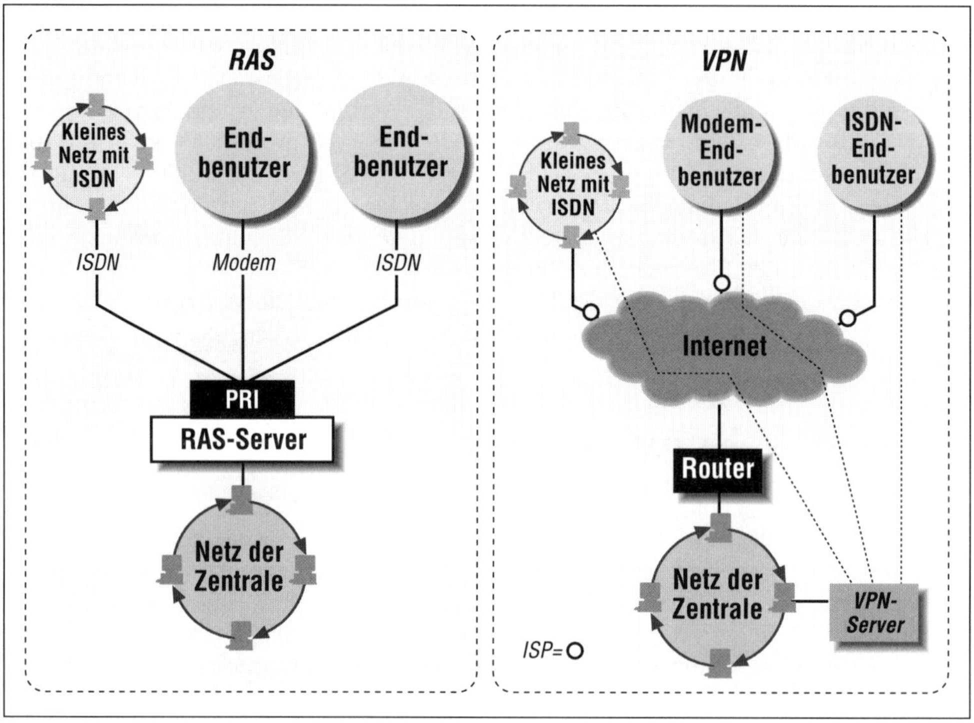

Abbildung 3-6: Wählverbindung – RAS-Lösung im Vergleich zu virtuellem privaten Netz

Anforderungen an die Telekommunikation

Bei der RAS-Lösung für einen mittelgroßen Standort wählen wir einen ISDN-Primärmultiplexanschluß (PRI) für eingehende Verbindungen oder Modem-Anrufe. Der PRI bietet auf einer einzigen Leitung 30 Kanäle à 64 Kbit, also insgesamt 2 Mbit. Die mit dieser Leitung verbundenen Ausgaben umfassen die einmalige Einrichtung, monatliche Grundgebühren sowie die Verbindungsgebühren, die auf der monatlichen Abrechnung erscheinen oder vom Fernbenutzer bezahlt werden, der sie von der Organisation zurückerstattet bekommt. Für eine Organisation mit hohen Geschwindigkeitsanforderungen ist das VPN aber besser geeignet. Natürlich benötigt dann jeder Benutzer einen eigenen ISDN- oder analogen Anschluß.

Bei einem virtuellen privaten Netz hängt die Telekommunikation eng mit dem ISP zusammen, der für die verschiedenen angeschlossenen Benutzer gewählt wird. Jeder Standort oder jede Person benötigt zum Verbindungsaufbau mit dem ISP eine Möglichkeit, sich analog oder digital einzuwählen. Das zentrale Firmennetz benötigt eine ISDN-Standleitung zu einem ISP. Alternativ dazu könnte das Unternehmen einen dynamischen Anschluß zum ISP unterhalten, bei dem der ISP den Firmenstandort anruft, sobald Nachrichten, die für das Firmennetz bestimmt sind, eintreffen. Für das Firmennetz haben wir eine Datendirektverbindung mit 256 Kbit/s gewählt. Diese Leitung sollte für etwa 300 VPN-Benutzer ausreichen, wobei anderer Internet-Verkehr nicht berücksichtigt ist.

Wie alle Internet-Dienste kann das VPN nur so schnell wie die langsamste Verbindung zwischen Benutzer und Server sein. Bei der Auswahl eines geeigneten ISP für das VPN muß insbesondere darauf geachtet werden, daß für die Anzahl der Benutzer, für die Ihre Organisation Verbindungen benötigt, ausreichend Kapazitäten vorhanden sind. Auch hier ist es wichtig, daß der ISP genau die firmenspezifischen Anforderungen und nicht irgendwelche abstrakten Kriterien erfüllt. Wenn es von entscheidender Bedeutung ist, daß Benutzer jederzeit Zugang zum Firmennetz besitzen, muß ein ISP mit einem günstigen Verhältnis von Benutzern zu Einwählanschlüssen ausgesucht werden. Gegenwärtig ist der Industriestandard 12 Benutzer pro Modem, aber Spitzen- und Netzausfallzeiten variieren zwischen den ISPs. Ein ISP, dessen Hauptgeschäft im kommerziell genutzten Internet-Zugang liegt, hat seine Spitzenbelastung wochentags von 8 bis 17 Uhr. Ein ISP, der sich auf private Benutzer spezialisiert, wird am Wochenende und wochentags zwischen 18 und 24 Uhr am stärksten beansprucht. Auch bei mobilen VPN-Benutzern sollten Sie einen ISP mit starker nationaler Präsenz oder gebührenfreiem Wählzugang nutzen.

Erforderliche Hard- und Software

Bei einem eingehenden PRI ist zum Fernzugriff ein RAS-Hub erforderlich. Die meisten Hubs unterstützen mehrere PRIs, so daß sich die Ausgaben mit der Expansion der Organisation verteilen. Für die Benutzer werden ISDN-Router oder -Karten oder analoge Modems benötigt.

Bei einem virtuellen privaten Netz werden Hard- und Software für die fernen Benutzer und die Zentrale benötigt. Die Zentrale wählt sich in der Regel über eine Datendirektverbindung beim ISP ein, wozu ein IP-Router wie der Cisco 1000 oder Cisco 2500 erforderlich ist. Ferne Benutzer können mittels ISDN-Karten oder analogen Modems mit ihren jeweiligen ISPs kommunizieren. Die Zentrale benötigt einen VPN-Server (AltaVista Tunnel Telecommuter, PPTP usw.). Beim Einsatz von L2TP oder L2F muß das entsprechende Protokoll auf dem Cisco-Router eingerichtet sein. Ist das VPN mit Software wie dem AltaVista Tunnel implementiert, muß diese Software erworben werden. Da Cisco-Router standardmäßig über L2F und L2TP und Windows NT 4.0 standardmäßig über PPTP verfügen, sind diese für das mittelgroße Netz am besten geeignet.

Netzverwaltung

Beim Fernzugriff muß sich der Netzadministrator verschiedensten Problemen stellen, um den reibungslosen Betrieb des Systems und die Unterstützung der Benutzer zu gewährleisten. Die Modemverbindungen haben immer irgendwelche Macken, sei es aufgrund von Kompatibilitätsproblemen zwischen den Modemtypen (d.h., sie müssen erst einmal dazu gebracht werden, überhaupt miteinander zu kommunizieren), wegen der Qualität der Telefonleitungen oder genereller Probleme der Benutzer. Bei der hier beschriebenen Konstellation sollten zwar nicht viele Probleme auftreten, irgendwelche Schwierigkeiten gibt es aber immer. Der Netzadministrator benötigt schätzungsweise 30 bis 50 Stunden pro Monat für die Unterstützung der Benutzer, die übliche Wartung des Remote-Access-Systems und normale Verwaltungsaufgaben des Remote-Access-Servers.

Bei einem virtuellen privaten Netz bestehen die beiden wichtigsten Aufgaben des Administrators in der Sicherheit und dem Umgang mit dem ISP. Wir haben die meisten Fragen bezüglich des ISP bereits im vorangehenden Abschnitt »Anforderungen an die Telekommunikation« angesprochen. Die Sicherheit stellt das größere Problem dar.

Um die Integrität des privaten Netzes aufrechtzuerhalten, muß der Netzadministrator Systemprotokolle, Fehlerberichte und andere VPN-Informationen sehr aufmerksam verfolgen. Die Benutzer müssen intensiv in Sicherheitsfragen, wie zum Beispiel der Integrität von Paßwörtern oder digitalen Schlüsseln, und dem Umgang mit vertraulichen Informationen geschult werden. Die größte Befürchtung Ihres Systemadministrators besteht darin, daß sich die Gauner des Internet bei der Suche nach Herausforderungen auf Ihr privates Netz stürzen. Dazu läßt sich nicht viel sagen. Man wird auf jeden Fall versuchen, in Ihr System einzudringen. Mit ein wenig gesundem Menschenverstand und einigen Sicherheitsvorkehrungen sollte Ihr VPN aber nicht leicht zu erobern sein. Der Netzadministrator muß monatlich etwa 20 bis 40 Stunden für ISP, Sicherheit und Internet aufwenden.

Sicherheit, Skalierbarkeit und Stabilität

Wie bei der WAN-Lösung ist das VPN auch hier im Vergleich zu RAS weitaus besser zu skalieren, was sich direkt in den Kosten niederschlägt. Bei einer Erweiterung des Netzes verschlingt ein RAS-Dienst schnell das halbe Budget der Netzverwaltung, während die Kosten des VPNs in wesentlich engerem Rahmen gehalten werden können.

Das VPN ist zwar nicht hundertprozentig stabil, aber mindestens ebenso stabil wie RAS. Die Benutzer wählen sich auch hier bei einem zentralen Punkt ein, Wartung und Support werden jedoch vom eigenen Netzadministrator zum ISP verlagert. Auch ein guter Netzadministrator kommt nicht an die Mitarbeiter des ISP heran, da diese sich fast ausschließlich mit RAS-Diensten beschäftigen. Durch das VPN wird dem Netzadministrator mit seinen nicht unbeträchtlichen Aufgaben ein wenig Arbeit abgenommen.

Die Gesamtsicherheit eines RAS-Dienstes ist nicht so hoch wie beim WAN, aber mit der eines VPNs vergleichbar. Mit einem Modem und dem richtigen Paßwort hat ein Angreifer Zugriff auf die RAS-Dienste einer Organisation. Angriffe auf vertrauliche RAS-Pools sind so alt wie die Hacker-Szene selbst. Bei VPNs wird Sicherheit gewährleistet durch die Verschlüsselung von Nachrichten einschließlich Paßwörtern, Benutzernamen und gegebenenfalls IP-Adressen sowie Kommunikationsports (über Firewalls). Obwohl die meisten Netzangriffe heutzutage über das Internet laufen, wird ein mittelgroßes Netz durch ein VPN in hohem Maße abgesichert.

Lösungen für große Standorte

In einem großen Netz kann RAS sehr gut durch ein virtuelles privates Netz ersetzt werden. Abbildung 3-7 zeigt eine Konfiguration für den Fernzugriff und ein virtuelles privates Netz. Bei der RAS-Lösung für einen großen Standort gibt es kleine bis mittelgroße

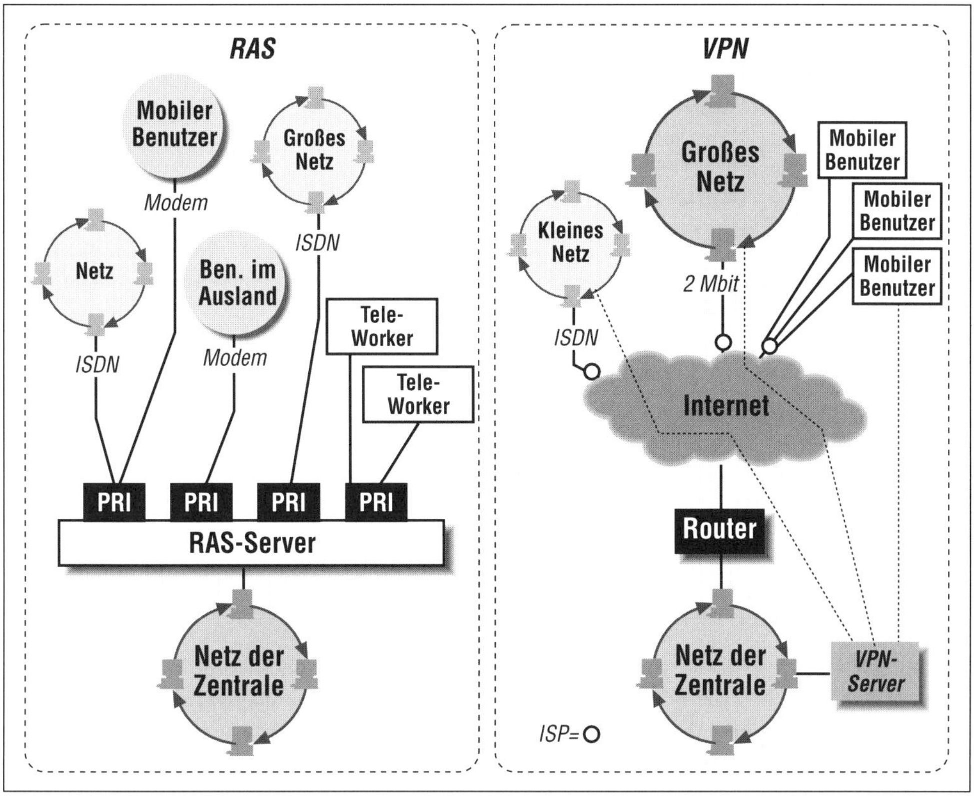

Abbildung 3-7: RAS im Vergleich zu virtuellem privaten Netz bei großem Standort

ferne Standorte, die sich mit dem zentralen Netz verbinden. Hinzu kommen mobile und stationäre Benutzer wie Vertreter, die von fernen Kundenstandorten im Ausland anrufen, oder Entwickler, die von zu Hause aus kommunizieren. Eine solche Konstellation ist für den Netzadministrator extrem schwierig zu verwalten. Bei einem VPN dagegen fallen keine Gebühren für Ferngespräche an. Durch seine Flexibilität und Skalierbarkeit lassen sich Erweiterungen und Benutzeranforderungen effizient realisieren.

Anforderungen an die Telekommunikation

Ein Standort mit Fernzugriff in dieser Größe benötigt mindestens eine Leitung pro fünf Benutzer. Das Beispielnetz verfügt über 450 Benutzer und 180 eingehende Leitungen. Mehrere Leitungen sind ISDN-Standleitungen für Filialen in der Nähe, die 24 Stunden täglich aktiv sind. Die übrigen Leitungen laufen über ISDN-Primärmultiplexanschlüsse, die jeweils 30 analoge und/oder digitale Verbindungen gleichzeitig erlauben. Dazu kommt noch ein gebührenfreier Wählzugang für mobile Benutzer. Wenngleich nicht preiswert, ist eine 0130-Nummer immer noch billiger als Ferngespräche, die die mobilen Benutzer einzeln bezahlen müssen.

Beim VPN muß als Verbindung zum ISP mindestens eine Leitung ab 2 Mbit/s aufwärts bestehen. Diese Leitung ist an einen großen bundesweit erreichbaren Internet Service Provider angeschlossen. Die Verbindung über einen großen ISP ist vielleicht teurer, erspart dem Systemadministrator jedoch zahlreiche Schwierigkeiten bei der Problembehebung. Bundesweit erreichbare ISPs bieten in der Regel besseren Support und Benachrichtigung bei Problemen oder Notfällen. Ein weiterer Vorteil eines bundesweiten ISPs besteht in der Verfügbarkeit des Dienstes für alle Benutzer und fernen Standorte sowie in der Stärke seines nationalen Backbones.

Die meisten bundesweit erreichbaren ISPs bieten außerdem andere Internet-Dienste wie die Modem- oder ISDN-Einwahl. Dies erlaubt der Organisation, sich auf einen Internet-Anbieter festzulegen und somit nur einen einzigen Ansprechpartner zu haben. Bei den fernen Filialen ist eine ISDN-Verbindung zum ISP erforderlich; eine Standleitung benötigt man aber nur, wenn das Netz des Standorts sehr groß ist oder rund um die Uhr eine permanente Verbindung zur Zentrale oder zum Internet bestehen muß. Die Benutzer können sich je nach Bedarf per Modem oder ISDN einwählen.

Erforderliche Hard- und Software

Bei eingehenden 2-Mbit-Leitungen benötigt die Zentrale einen starken Remote-Access-Hub, zum Beispiel den Total Control Access Hub von U.S. Robotics oder das Modell 4004 von Ascend Communications. Dieser Gerätetyp bietet dem Netzadministrator bequeme Verwaltungstools zur SNMP-Überwachung der Netzlast und zur Verwaltung von Kapazitäten und Benutzerkennungen, die in selbstgestrickten oder kleineren Lösungen nicht geboten werden. Modems und ISDN-Karten sind eingebaut und erweiterbar, was einem den Ärger mit Modempools, ISDN-Karten oder Routern erspart. Außerdem können die Access-Hubs mehrere eingehende 2-Mbit-Leitungen behandeln, was eine Erweiterung erleichtert und auch preiswerter macht. Der Nachteil besteht darin, daß Hubs und die zugehörige Ausstattung teuer in der Anschaffung und aufwendig in der Einrichtung und Wartung sind.

Zur weiteren Ausstattung, die Sie bei dieser Konstellation unter Umständen benötigen, gehören eine SNMP-Workstation oder ein SNMP-Server und ein Server zur Verwaltung der Accounts (der sich auf demselben Computer befinden kann). Protokolle über Benutzer in Logdateien, Datenbanken und andere Informationen unterstützen den Administrator ganz erheblich bei der Nutzungsanalyse, der Behebung von Problemen und der generellen Verwaltung der Benutzer, Standorte und Netze.

Im Vergleich zu den anderen WAN-Lösungen entspricht die Zentrale in der VPN-Konstellation in etwa derjenigen, die im Abschnitt »Lösungen für große Standorte« beschrieben wurde. Die Zentrale benötigt einen IP-Router (Internet Protocol) wie den Cisco 7500 mit CSU/DSU und entsprechender Software. Jeder beteiligte Standort benötigt geeignete Hardware zum Anschluß an den ISP.

Netzverwaltung

Ein großes Netz mit Fernzugriff ist für einen Systemadministrator prinzipiell ein Alptraum – fragen Sie nur einen Internet Service Provider. Bei verschiedenen Verbindungstypen, Benutzerprofilen und unerwarteten Vorfällen benötigen Sie einen Vollzeitmitarbeiter, der ausschließlich mit der Verwaltung des Netzes befaßt ist. Dieser sollte für die Unterstützung der Benutzer, die Verwaltung von Accounts und Netzkapazität sowie die Abstimmung der Kommunikationsanforderungen, Aktualisierungen und Wartung zuständig sein. Bei Netzen mit Fernzugriff ist sicherlich ein Netzadministrator erforderlich, der die Wählverbindung oder Standleitung zur Zentrale wartet und als Vermittler zwischen den Endbenutzern des Netzes und dem Support-Personal der Zentrale fungiert. Damit können bis zu 10 Leute in Vollzeit beschäftigt sein.

Beim VPN sind die Support-Aufgaben des Administrators stark reduziert, da sie vorwiegend vom ISP übernommen werden. Ein VPN mit bis zu 300 Benutzern sollte mit nur wenig Administrationsmitarbeitern zu verwalten sein. Die Administration besteht im wesentlichen darin, die Verbindung zwischen der Zentrale und dem ISP zu überwachen und zu warten. Der Rest sollte dann vom ISP erledigt werden. Natürlich stehen die Account-Verwaltung und die Sicherheit auch dann noch im Vordergrund, wofür etwa 30 bis 50 Stunden pro Monat vorgesehen werden sollten.

Sicherheit, Skalierbarkeit und Stabilität

Auch hier ist die Skalierbarkeit des VPNs in etwa mit der RAS-Lösung für große Standorte vergleichbar. Zur Erweiterung des VPNs müssen Server, Router und/oder Firewalls sowie Vernetzung zu verschiedenen Standorten hinzugefügt werden. Bei RAS sind die Ausfallzeiten während der Installation neuer Hardware, die Zeit zur Einrichtung weiterer eingehender Leitungen und die allgemeinen Probleme zu berücksichtigen, wenn alles nicht wie gewünscht funktioniert. Wie am Anfang dieses Abschnitts bereits erwähnt, stellt das VPN wegen seiner Skalierbarkeit eine naheliegende Alternative zu den RAS-Diensten dar. Lediglich kleine Netze sind davon ausgenommen.

Bei einem umfangreichen RAS-Dienst gibt es zahlreiche Angriffsmöglichkeiten. Wenn ein nachlässiger Vertreter sein Paßwort im Hotelzimmer vergißt, könnte das zu verheerendem Schaden im zentralen Netz führen. Das VPN bietet eine unabhängige Sicherheitslösung, die RAS völlig überflüssig macht. RAS und VPNs weisen zwar eine in etwa vergleichbare Stabilität auf. Durch seine Wirtschaftlichkeit, Sicherheit und die Entlastung des Netzadministrators stellt das VPN jedoch eine vorrangige Lösung für ein großes Netz dar.

In diesem Kapitel:
- *Unterschiede zwischen PPTP, L2F und L2TP*
- *Arbeitsweise von PPTP*
- *Vorteile von PPTP*

4 Implementierung von Verbindungen in Schicht 2

Dieses Kapitel beschreibt einige der wichtigsten Tunnel-Protokolle, die von VPN-Anbietern eingesetzt werden: das Point-to-Point Tunneling Protocol (PPTP), Layer 2 Forwarding (L2F) und das Layer 2 Tunneling Protocol (L2TP).

Veranschaulichen wir uns die prinzipielle Funktionsweise von Tunnel-Protokollen an einem kleinen Beispiel. Angenommen, Sie möchten einen Würfel durch ein Rohr schieben. Im Normalfall paßt der Würfel entweder überhaupt nicht hinein, oder er bleibt stecken. Zur Lösung dieses Problems können Sie den Würfel erst in einer Kugel verpacken und dann durch das Rohr schieben. Anders ausgedrückt, bedienen Sie sich eines Hilfmittels, mit dem Ihr Transportmedium umgehen kann, und packen Ihr Objekt darin ein. Alle Computernetze funktionieren im Prinzip auf diese oder ähnliche Art.

Die hier beschriebenen Protokolle sind in Schicht 2 des OSI-Referenzmodells für Kommunikationsprotokolle, der sogenannten Sicherungsschicht (Data Link Layer), angesiedelt. Sie sind für das Tunneling durch IP zuständig. In Schicht 2 arbeitet zum Beispiel auch das Protokoll PPP. PPP wird üblicherweise dazu eingesetzt, IP und andere Protokolle über serielle und digitale Verbindungen zu leiten. PPP-Verbindungen verlaufen normalerweise zwischen einem Client und einem fernen Rechner, zum Beispiel einem Remote-Access-Server. Dementsprechend dienen PPTP, L2F und L2TP zum Tunneling von PPP-Verbindungen über das Internet, so daß sie auf einem fernen Rechner terminiert werden können. Eigentlich agiert hier der Tunnel und nicht die Verbindung. Da die Tunnel-Protokolle auf der vorhandenen PPP-Infrastruktur aufbauen, können sie auch die Funktionalität des PPP-Protokolls nutzen. Dazu gehören die dynamische Adreßzuweisung über einen Adreß-Pool oder DHCP, benutzerorientierte Authentifizierung und Kompression.

Das Point-to-Point Tunneling Protocol (PPTP) wurde in einem Gemeinschaftsprojekt entwickelt, an dem Fachleute von Ascend Communications, U.S. Robotics, 3Com Corporation, Microsoft Corporation und ECI Telematics beteiligt waren. Ziel war die Bereitstellung eines virtuellen privaten Netzes zwischen Remote-Access-Benutzern und

Servern im Netz. In diesem Kapitel beschreiben wir die Funktionalität von PPTP und zeigen, wie sich das Protokoll in verschiedene VPN-Konstellationen einbinden läßt. In Kapitel 5, *Konfiguration und Test von Verbindungen in Schicht 2*, werden wir anhand des hier gesammelten Wissens mit PPTP ein VPN aufbauen.

Die an der Entwicklung von PPTP beteiligten Firmen haben sich im PPTP-Forum zusammengeschlossen. Etwa zu der Zeit, als das PPTP-Forum seine Spezifikationen formulierte, trat Cisco unabhängig davon mit der Entwicklung des Protokolls Layer 2 Forwarding (L2F) in Erscheinung. In Zusammenarbeit mit der Internet Engineering Task Force (IETF) schlossen sich das PPTP-Forum und Cisco zusammen, um einen Entwurf für die Internet-Spezifikation des Level 2 Tunneling Protocol (L2TP) auszuarbeiten. L2TP stellt ein neues Kernprotokoll dar, das die jeweils besten Eigenschaften von PPTP und L2F in sich vereint und zugleich in gewissem Maße abwärtskompatibel ist. Bei Drucklegung dieses Buches lag Entwurf 12 von L2TP vor (der im Juni 1999 auslaufen soll), ein RFC soll demnächst verfügbar sein.

Unterschiede zwischen PPTP, L2F und L2TP

Bei PPTP und L2F können Sie zur Authentifizierung alle Verfahren einschließlich PAP und CHAP, die auch bei PPP möglich sind, einsetzen. Sie haben im Grunde die Auswahl zwischen allen Authentifizierungsprotokollen, die sowohl vom Client als auch vom Server unterstützt werden. PPTP verwendet zur Verschlüsselung RC4 mit 40-Bit- oder 128-Bit-Schlüsseln. L2F unterstützt bei IOS, Version 11.2, von Cisco DES-Verschlüsselung mit 40 Bit oder 56 Bit. IOS ab Version 11.3(3)T arbeitet mit IPSec, das auch zur Verschlüsselung einer L2F-Verbindung herangezogen werden kann.

L2TP vereint die besten Eigenschaften von PPTP und L2F, wobei Verbindungen vom Client oder vom Remote-Access-Server eingeleitet werden können. Es ist überall dort einsetzbar, wo PPTP oder L2F verwendet werden. Zur Authentifizierung sind dieselben Protokolle möglich, so zum Beispiel PAP, CHAP und MS-CHAP. Zur Verschlüsselung ist IPSec zu empfehlen. Obwohl L2TP eigentlich als Ersatz für PPTP entwickelt wurde, beschloß Microsoft, PPTP auch in Windows NT 5.0 zu unterstützen, damit man nicht unbedingt auf die für IPSec erforderliche Public-Key-Infrastruktur angewiesen ist.

PPTP gehört zum gegenwärtigen Lieferumfang von Windows NT Server 4.0 und Windows NT Workstation 4.0. Es ist im DFÜ-Netzwerk als Bestandteil des Remote Access Service (RAS) enthalten. Die PPTP-Unterstützung von Microsoft für Windows 95 befindet sich im DUN 1.3 Update. Für Windows NT bietet Microsoft zudem LAN-orientierte PPTP-Verbindungen, die in der Zusatzsoftware »Routing and Remote Access« enthalten sind. PPTP wird auch in Windows 98 und Windows NT 5.0 unterstützt.

Bei Network TeleSystems (NTS) ist für Macintosh ein PPTP-Client namens TunnelBuilder erhältlich (*http://www.nts.com*). Dieser verfügt über volle PPTP-Unterstützung, dazu das Login bei NT-Domänen und Datenverschlüsselung. NTS bietet TunnelBuilder-Versionen zudem für Windows 95, Windows 98, Windows for Workgroups und Windows 3.1. Microsoft hat nicht vor, PPTP auch auf früheren Windows-Versionen zu unterstützen. Mit dem TunnelBuilder kann man PPTP auch auf älteren Systemen einsetzen. Der Windows-Client von NTS unterstützt L2TP. Auch Linux ist inzwischen PPTP-fähig.

Ferner gibt es eine Reihe von Hardware, die PPTP direkt unterstützt. Solche Geräte werden als Remote-Access-Server, Remote-Hubs, Terminal-Server oder Remote-Access-Switches bezeichnet. In diesem Kapitel nennen wir sie Remote-Access-Switches, da dieser Begriff vorherrschend ist und ihre Arbeitsweise am besten beschreibt. Es gibt verschiedene Remote-Access-Switches mit PPTP-Unterstützung, darunter die MAX-Serie von Ascend, die Produktlinie Total Control von 3Com/U.S. Robotics und Nevada von ECI Telematics. Diese Marken sind an den Einwahlknoten von ISPs und Firmennetzen am häufigsten anzutreffen, wo sie zur Terminierung von Modem- und ISDN-Anrufen verwendet werden. PPTP ist in diesen Produkten ohne Zusatzkosten enthalten. Es gibt auch Hardware, die als PPTP-Server fungiert, aber nicht als Standard-Remote-Access-Switch betrieben werden kann. Dazu gehören der Extranet Switch von Bay Networks und der TunnelMaster von NTS.

L2F wird von Cisco in der IOS-Software für die Router, aber auch von Herstellern wie Nortel und Shiva unterstützt. L2TP wird von IOS ab Version 11.3(5)AA und zahlreichen anderen Geräten unterstützt. Windows NT 5.0 bietet L2TP-Unterstützung. Da PPTP, L2F und L2TP recht ähnlich sind, werden wir uns im wesentlichen auf PPTP und L2TP konzentrieren.

Arbeitsweise von PPTP

In seiner Rolle als Tunnel-Protokoll verpackt (kapselt) PPTP Netzprotokoll-Datagramme in eine IP-Hülle. Nach der Kapselung werden die Datagramme von jedem Router oder System wie IP-Pakete behandelt. Der Vorteil der IP-Kapselung besteht darin, daß verschiedenste Protokolle über ein Medium wie das Internet, das nur mit IP arbeitet, geroutet werden können.

Zum Verständnis von PPTP ist zunächst zu erwähnen, daß es auf Microsoft RAS für Windows NT aufbaut. Mit RAS kann der Netzadministrator einen Windows NT Server mit Modem-Pool zur Einwahl ferner Benutzer einrichten. Die Authentifizierung der RAS-Benutzer findet auf dem NT Server statt. Die Netzsitzung wird mit PPP eröffnet. Über die PPP-Verbindung können alle von RAS zugelassenen Protokolle transportiert werden: TCP/IP, NetBEUI und IPX/SPX. Der RAS-Benutzer hat den Eindruck, als sei er unmittelbar mit dem Firmennetz verbunden. Er bemerkt keinen Unterschied zwischen RAS durch direkte Einwahl und RAS über das Internet.

Mit PPTP können Benutzer von einem beliebigen Ort im Internet eine Verbindung zum RAS-Server herstellen, wobei die Art der Authentifizierung und Verschlüsselung sowie der Zugriff auf das Firmen-LAN gegenüber der direkten Einwahl unverändert bleiben. Die Benutzer wählen sich aber nicht bei einem der Modems des RAS-Servers, sondern beim jeweiligen ISP ein, wobei mit PPTP ein »Anruf« beim Server über das Internet erfolgt. Die Authentifizierungs- und Verschlüsselungsverfahren von PPTP und RAS werden zum Aufbau eines virtuellen privaten Netzes verwendet.

Dabei sind grundsätzlich zwei Situationen zu unterscheiden: Im ersten Fall wählt sich der ferne Benutzer bei einem ISP mit einem PPTP-fähigen Remote-Access-Switch ein, der die Verbindung zum RAS-Server herstellt. Im zweiten Fall verfügt der ISP nicht über PPTP, so daß der Benutzer die PPTP-Verbindung bereits auf dem Clientsystem initiieren muß.

Einwahl bei einem ISP mit PPTP-Unterstützung

Zur Einwahl bei einem ISP mit PPTP-Unterstützung müssen drei Voraussetzungen erfüllt sein:

- Das Netz, mit dem Sie ein VPN einrichten möchten, verfügt über einen PPTP-fähigen Windows NT 4.0 RAS-Server. »PPTP-fähig« bedeutet hier, daß das PPTP-Protokoll installiert ist und in RAS Einwahlports für das VPN eingerichtet sind. Außerdem muß der Server vom Internet zugreifbar sein.
- Der Remote-Access-Switch des ISP unterstützt PPTP. Die MAX-4000-Serie von Ascend und der Total Control Enterprise Network Hub von U.S. Robotics decken einen nicht unbeträchtlichen Teil des Marktes für entsprechende Hardware ab.
- Der ISP stellt den PPTP-Dienst Benutzern zur Verfügung und aktiviert ihn für Ihre Kennung.

Veranschaulichen wir uns die Situation an einem Beispiel. Die Firmenzentrale in München hat einen Windows NT 4.0 Server mit PPTP und RAS eingerichtet. Die Vertriebsleiterin Sara N. befindet sich auf einer Konferenz in Düsseldorf und möchte sich in das Firmennetz einwählen, um ihre E-Mail zu lesen und Präsentationsunterlagen von ihrer Workstation zu kopieren. Sie selbst besitzt einen Laptop mit Windows 95 und einem Modem mit 28,8 Kbit/s. Sie befindet sich außerhalb des Ortsnetzes ihres Büros, verfügt aber über eine Kennung bei einem landesweit präsenten ISP, der PPTP in seinen Remote-Access-Switches von U.S. Robotics unterstützt. Dem ISP wurde die IP-Adresse des RAS-Servers der Firma von Sara N. übermittelt, der diese in ihr Benutzerprofil aufgenommen hat. Diese IP-Adresse lautet 2.1.1.60.

Wenn sich die Vertriebsleiterin bei ihrem PPTP-fähigen ISP einwählt, geschieht folgendes:

1. Sara N. tätigt mit dem DFÜ-Netzwerk von Microsoft einen Anruf beim Einwahlknoten ihres ISP. Sie meldet sich unter ihrem Benutzernamen »saran« an. Damit leitet sie eine PPTP-Sitzung zwischen dem Remote-Access-Switch des ISP und dem NT-Server der Firmenzentrale ein, dessen IP-Adresse 2.1.1.60 im Benutzerprofil von Sara N. festgelegt ist.

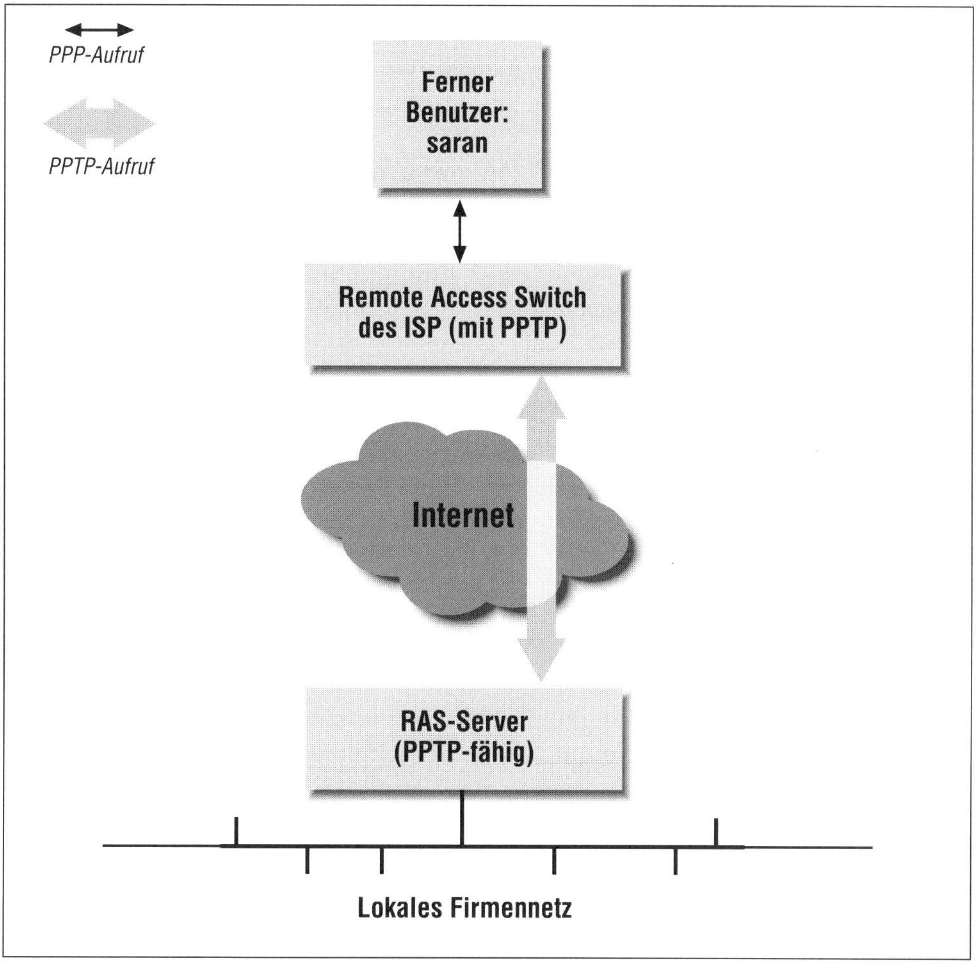

Abbildung 4-1: Einwahl bei einem ISP mit PPTP-Unterstützung

2. Die PPP-Sitzung von Sara N. wird durch PPTP »getunnelt«. Nach der Authentifizierung durch Benutzername und Paßwort beginnt der NT RAS-Server ihre PPP-Sitzung. All diese Aktionen finden so statt, als hätte sie sich beim RAS-Server über ein direkt angeschlossenes Modem eingewählt.

3. Die PPTP-Sitzung kann nun die Protokolle tunneln, die für Einwahlbenutzer zulässig sind. Im Fall von Sara N. gehört dazu auch TCP/IP, und der NT-RAS-Server weist ihrem System die firmeninterne IP-Adresse 2.1.1.129 zu.

Abbildung 4-1 veranschaulicht diesen Ablauf und zeigt, wo die ursprüngliche PPP-Sitzung des Client in den PPTP-Tunnel gekapselt wird. Die Konstellation ist hier nur vereinfacht dargestellt; die Router beim ISP und das Firmen-LAN wurden zum Beispiel weggelassen.

Nachdem die PPTP-Verbindung aufgebaut und die Vertriebsleiterin authentifiziert ist, besitzt sie Zugriff auf das Firmennetz, als befände sie sich tatsächlich im LAN. Sie kann ihre E-Mail abholen und per File-Sharing auf die Dateien auf ihrer Workstation zugreifen.

Einwahl bei einem ISP ohne PPTP-Unterstützung

Zur PPTP-Unterstützung muß ein ISP einen der oben erwähnten Remote-Access-Switches benutzen. Nicht alle ISPs arbeiten mit diesen Marken, und manche setzen solche Geräte überhaupt nicht ein. Ein ISP könnte beispielsweise auch ein anderes Terminalserver-Gerät oder Modems verwenden, die an eine Schnittstellenkarte mit mehreren seriellen Ports in einem Unix-System angeschlossen sind. Manche ISPs verfügen zwar über geeignete Hardware, haben sich aber gegen PPTP entschieden, da sie den technischen Support für Tunnel-Verbindungen scheuen. Wenn Ihr ISP keine PPTP-Unterstützung anbietet, müssen Sie darauf aber noch lange nicht verzichten.

In dieser Situation sind zwei Voraussetzungen zu erfüllen. Erstens benötigen Sie auch hier einen Windows NT 4.0 RAS-Server in Ihrem Netz, auf dem PPTP installiert ist. Außerdem muß er vom Internet zugänglich sein. Zweitens muß PPTP und das DFÜ-Netzwerk auf der Windows NT Workstation bzw. dem Windows 95 oder Windows 98 Clientsystem installiert sein.

Auch hier geht es um Sara N. Diesmal wählt sie sich bei einem ISP ohne PPTP-Unterstützung ein. Zudem läuft auf ihrem Laptop nun Windows NT 4.0 Workstation. Die Tunnel-Sitzung mit einem Provider ohne PPTP-Unterstützung verläuft wie folgt:

1. Sara N. wählt sich bei ihrem ISP mit dem DFÜ-Verbindungsprofil für ihre Kennung ein und öffnet eine normale PPP-Sitzung.
2. Nach dem Aufbau der PPP-Verbindung »wählt« sich Sara ebenfalls mit dem DFÜ-Netzwerk in den PPTP-fähigen RAS-Server der Firmenzentrale ein. In diesem Verbindungsprofil stellt sie die IP-Adresse des RAS-Servers 2.1.1.60 in das Feld für die Rufnummer und benutzt als Wählanschluß einen VPN-Port, der mit dem DFÜ-Netzwerk eingerichtet wurde. (Ausführliche Informationen hierzu finden Sie in Kapitel 5, *Konfiguration und Test von Verbindungen in Schicht 2*.)
3. Über die PPP-Verbindung von Sara wird eine PPTP-Verbindung über das Internet zum RAS-Server hergestellt. Der RAS-Server meldet sie anhand des übermittelten Benutzernamens und Paßworts beim Firmennetz an. Er weist ihr die interne IP-Adresse 2.1.1.129 zu, und sie erhält Zugriff auf das Firmennetz.

Abbildung 4-2 zeigt, wie der zweite PPTP-Aufruf durch die erste PPP-Verbindung zum ISP gekapselt wird.

Nach Aufbau der PPTP-Verbindung besitzt Sara N. Zugriff auf das Firmennetz, als wäre sie über eine Netzkarte oder RAS-Wählverbindung angeschlossen.

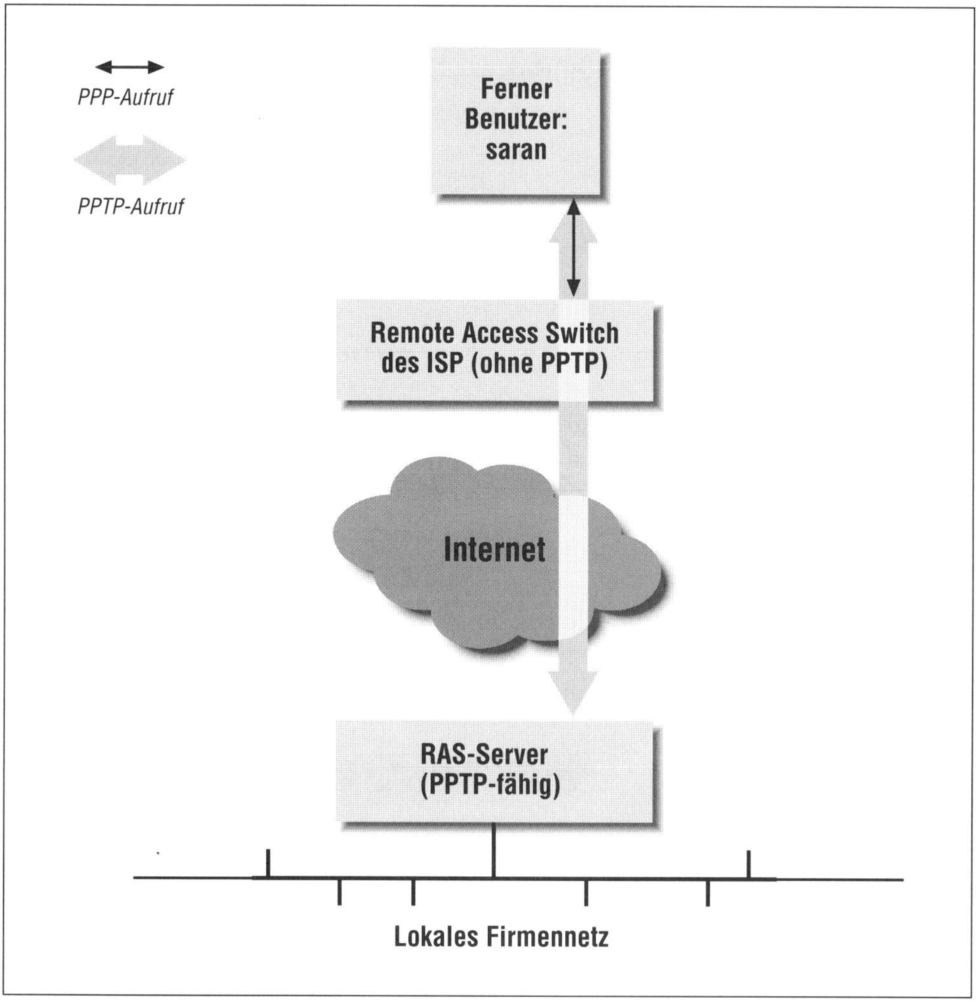

Abbildung 4-2: Verbindung zum RAS-Firmenserver über einen ISP ohne PPTP-Unterstützung

PPTP in der Beispielkonstellation

Abbildung 4-3 zeigt ein Firmennetz mit einer 2-Mbit-Verbindung zum Internet. Der Router für den Internet-Anschluß ist gleichzeitig ein Paketfilter-Firewall. Benutzerin Sara N. möchte ihre E-Mail lesen und wählt sich deshalb bei ihrem ISP ein, der einen PPTP-fähigen Remote-Access-Switch verwendet. Nach dem Verbindungsaufbau zum Switch startet dieser einen PPTP-Aufruf zu dem RAS-Server, der in ihrem Benutzerprofil eingetragen ist. Die gestrichelte Linie deutet an, daß die PPTP-Sitzung nicht nur bis zum Remote-Access-Switch, sondern weiter zurück bis zum Client reicht. Sara verwendet diese Verbindung, wenn sie sich bei einem ISP ohne PPTP-Unterstützung einwählt und die PPTP-Sitzung auf ihrer Workstation mit einem zweiten RAS-Aufruf einleitet.

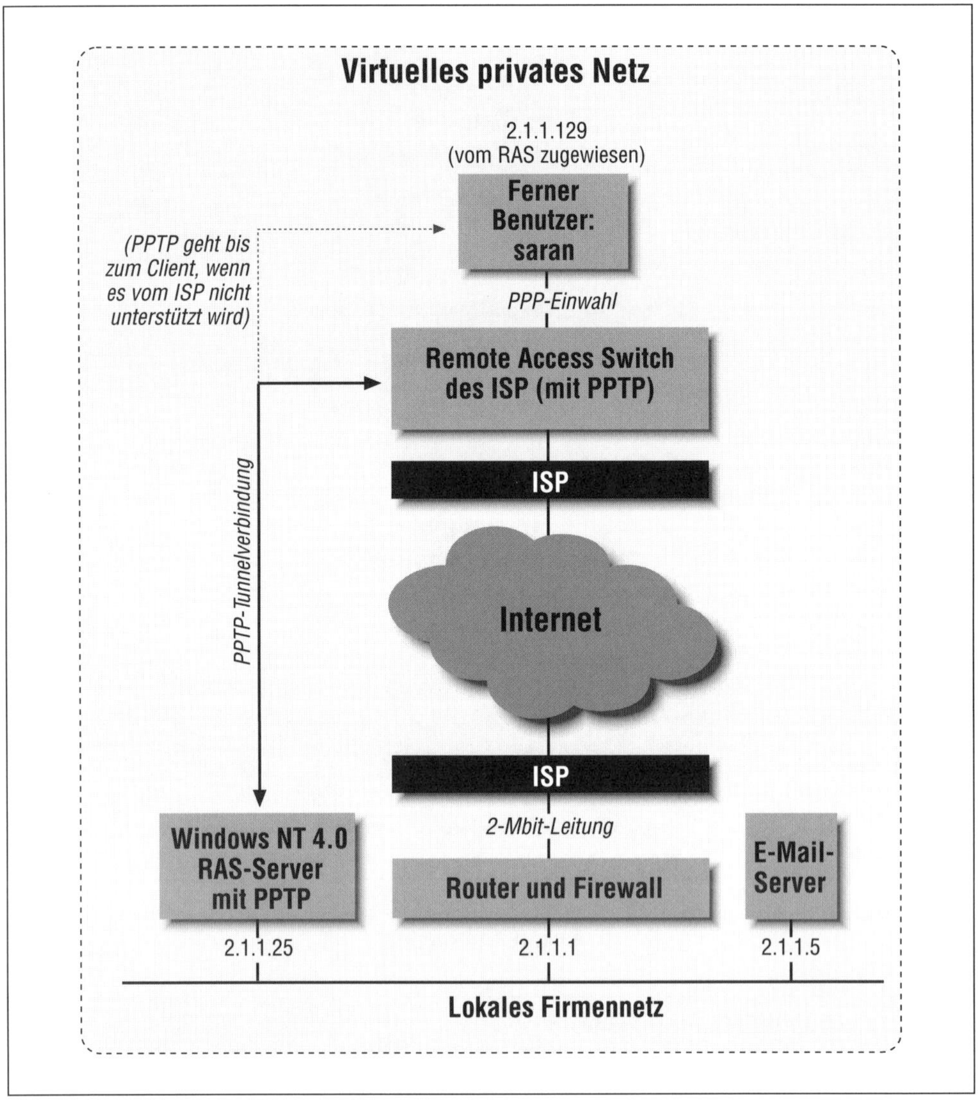

Abbildung 4-3: Ausführliche Darstellung einer PPTP-Verbindung über das Internet

Auf dem Firmen-Router und -Firewall muß der TCP/IP-Port, an dem PPTP einen Socket (1723) öffnet, für ein- und ausgehende Nachrichten offenstehen. Ist das übrige Netz durch einen Firewall geschützt, der ein- und ausgehende Internet-Nachrichten blockiert, wird damit ein einziger Zugangspunkt zum LAN eingerichtet, der durch benutzerorientierte Authentifizierung abgesichert ist.

Analyse eines PPTP-Pakets

Die Kapselung von PPTP beruht auf einem weiteren Internet-Standard, dem GRE-Protokoll (Generic Routing Encapsulation). Dies kann zum Tunneling von Protokollen über das Internet eingesetzt werden (Einzelheiten hierzu finden Sie in den RFCs 1701 und 1702). Die PPTP-Version GREv2 enthält zusätzliche Funktionen wie Call ID und Verbindungsgeschwindigkeit.

Ein PPTP-Paket besteht aus einem Delivery-Header, einem IP-Header, einem GREv2-Header und dem Payload-Paket. Der Delivery-Header enthält den Protokollrahmen für das Transportmedium, sei es Ethernet, Frame Relay oder PPP. Der IP-Header enthält Informationen zum IP-Datagramm wie die Paketlänge sowie die Quell- und Zieladresse. Der GREv2-Header enthält Informationen über die Art des gekapselten Pakets sowie PPTP-spezifische Daten über die Verbindung zwischen Client und Server. Das Payload-Paket ist das gekapselte Datagramm selbst. Im Fall von PPP beinhaltet es die ursprünglichen zwischen Client und Server ausgetauschten Daten innerhalb der PPP-Sitzung. Darin wiederum können IP-, IPX- oder NetBEUI-Pakete enthalten sein. Abbildung 4-4 zeigt die verschiedenen Schichten der PPTP-Kapselung.

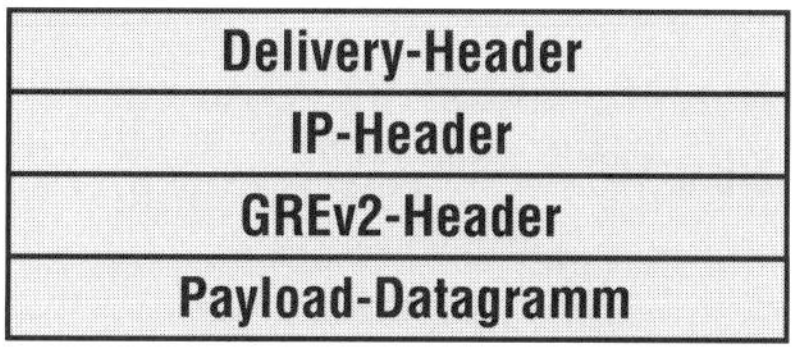

Abbildung 4-4: Die vier Schichten eines über das Internet gesendeten PPTP-Pakets

Verlauf der Kapselung

Wenn sich ein Benutzer bei einem ISP mit PPTP-Unterstützung einwählt, verläuft die Kapselung wie folgt:

1. Der Benutzer wählt sich mit PPP beim Remote-Access-Switch des ISP ein. Zwischen Client und Remote-Access-Switch werden PPP-Pakete gesendet, die zur Auslieferung in die für das PPP-Protokoll spezifischen Frames eingeschlossen sind.

2. Am Switch werden die medienspezifischen Frames entfernt. Durch die Einwahl wird er veranlaßt, eine PPTP-Tunnelsitzung über das Internet zu dem PPTP-fähigen NT-RAS-Server zu öffnen, der im Profil des Benutzers festgelegt ist. Der Remote-Access-Switch kapselt das PPP-Payload-Paket in einen GREv2-Header und dann in einen IP-Header. Vor Verlassen des Switch wird das Ergebnis noch mit einem Delivery-Header versehen. Auf seinem Weg zum Bestimmungsort kann sich der Delivery-Header des Pakets entsprechend dem Medium, das gerade zu durchlaufen ist, ändern. Es könnte beispielsweise zunächst Ethernet, dann Frame Relay,

dann Ethernet, danach PPP über ISDN und anschließend wieder Ethernet durchlaufen, bevor es endlich sein Ziel auf dem RAS-Server erreicht.

3. Der RAS-Server behandelt die eingehende PPTP-Verbindung nicht anders als einen Anruf, der per Modem eingeht. Der Delivery-Header, der IP-Header und der GREv2-Header werden aus dem Payload-Paket entfernt. Die PPP-Verbindung wird dann so bearbeitet wie eine normale Modemeinwahl durch den Benutzer. Der RAS-Server validiert den PPP-Client mit dem Authentifizierungsverfahren, das auf dem Server gefordert wird: Microsoft-verschlüsselte Authentifizierung, verschlüsselte Authentifizierung oder eine andere Authentifizierungsart (einschließlich Klartext).

4. Bevor die Pakete vom Client das LAN erreichen, werden die PPP-Frames von den eingeschlossenen IP-, NetBEUI- oder IPX-Datagrammen entfernt. Abbildung 4-5 zeigt die Protokollschichten, die bei der Einwahl bei einem ISP mit PPTP-Unterstützung in den jeweiligen Verbindungsphasen aktiv sind.

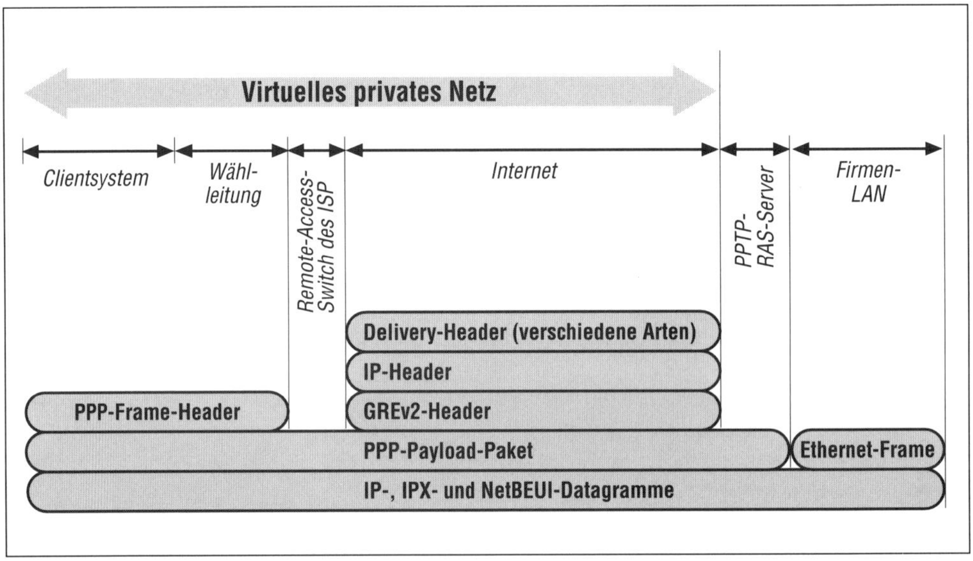

Abbildung 4-5: Protokollschichten, die im Verlauf einer PPTP-Verbindung aktiv sind

Der hier geschilderte Ablauf unterscheidet sich nicht wesentlich, wenn sich der RAS-Benutzer bei einem ISP ohne PPTP-Unterstützung einwählt. Die einzige Abweichung liegt in Schritt 2. Dort beginnt der Remote-Access-Switch keine PPTP-Sitzung mit dem RAS-Server, sondern der Client selbst stellt mit dem DFÜ-Netzwerk eine PPTP-Verbindung zum RAS-Server her. Die PPTP-Pakete durchlaufen deshalb die reguläre PPP-Verbindung, die der Client zum Remote-Access-Switch aufgebaut hat. Dabei wird das PPP-Datagramm des Clients durch PPTP gekapselt, was selbst wiederum von PPP gekapselt ist. Am Remote-Access-Switch wird die erste Schicht von PPP entfernt, nicht aber Delivery-Header, IP-Header, GREv2-Header und Payload-Paket.

Nach dem Aufbau der PPTP-Verbindung wird die Kommunikation zwischen Client und Server mit demselben Kapselungsverlauf wie im ersten Fall durchgeführt. Der wichtigste Unterschied besteht darin, daß jetzt keine Authentifizierung erforderlich ist.

Sicherungsverfahren von PPTP

Wie die meisten Sicherheitssysteme besteht auch PPTP aus zwei Komponenten, nämlich der Authentifizierung zur Verhinderung unerwünschter Verbindungen und der Verschlüsselung von Daten, die über eine hergestellte Verbindung gesendet werden.

Authentifizierungsverfahren von RAS

PPTP arbeitet mit der RAS-Authentifizierung von Windows NT. Die verschiedenen Authentifizierungsverfahren, die der RAS-Server akzeptiert, stehen in den RAS-Eigenschaften bei den Verschlüsselungseinstellungen zur Auswahl. Sie können dort die Authentifizierung festlegen, die der RAS-Server beim Login des Client durchführt. Die verschiedenen Möglichkeiten werden im folgenden beschrieben. Es gibt verschlüsselte Authentifizierung, Microsoft-verschlüsselte Authentifizierung und beliebige Authentifizierung. Ihre Wahl bestimmt die Sicherheit des VPNs.

Nur verschlüsselte Echtheitsbestätigung annehmen. Die verschlüsselte Authentifizierung in RAS entspricht eigentlich dem Internet-Authentifizierungsstandard CHAP (Challenge Handshake Authentication Protocol). CHAP wird in RFC 1994 beschrieben und stellt eine Erweiterung zu PPP dar, in der zwischen Client und Server keine Paßwörter im Klartext übertragen werden. Statt dessen verfügen Client und Server über ein gemeinsames Paßwort, ein sogenanntes »Geheimnis«, das nie unverschlüsselt übertragen wird. Die CHAP-Authentifizierung verläuft wie folgt:

1. Der Server fordert den Client beim Verbindungsversuch dazu auf, sich zu identifizieren.
2. Der Client schickt das Geheimnis durch den Einweg-Hashalgorithmus MD5 von RSA, der daraus anhand diverser mathematischer Verfahren und Zufallszahlen einen Hashwert erzeugt. »Einweg« bedeutet hier, daß der Hashwert nicht mehr in die ursprünglichen Daten zurückgeführt werden kann. Durch Einsatz von Zufallszahlen wird die Wahrscheinlichkeit verringert, daß zweimal derselbe Wert erzeugt wird, was einem Netzschnüffler möglicherweise wertvolle Hinweise liefern könnte. Der Hashwert wird über die Verbindung zum Server gesendet.
3. Der Server vergleicht den übermittelten mit dem von ihm selbst berechneten Hashwert. Stimmen die beiden Werte überein, ist die Verbindung erfolgreich authentifiziert. Anderenfalls wird die Verbindung abgebrochen.

Ein weiterer Vorteil von CHAP besteht darin, daß die Authentifizierung im Verlauf einer Kommunikation mehrmals stattfinden kann. Damit verringert sich die Wahrscheinlichkeit für einen »Hijack«-Angriff, bei dem die Verbindung in betrügerischer Absicht übernommen wird.

Bei PPTP entspricht das Geheimnis dem Paßwort, das vom Benutzer beim Login an der NT-Domäne verwendet wird und auch dem RAS-Server (direkt oder über den NT-Domänendienst) bekannt ist.

Nur Microsoft-verschlüsselte Echtheitsbestätigung annehmen. Die verschlüsselte Authentifizierung von Microsoft heißt MS-CHAP. MS-CHAP verwendet den Hashalgorithmus MD4 von RSA und das Verschlüsselungsverfahren DES. Unter Windows 95/98 und Windows NT benutzen RAS-Clients MD4, für das die Paßwörter weder auf dem Client noch auf dem Server im Klartext vorliegen müssen. DES bietet Abwärtskompatibilität zu älteren RAS-Clients wie Windows for Workgroups 3.11 und RAS 1.1a. Ansonsten arbeitet MS-CHAP wie CHAP. Der wesentliche Nachteil von MS-CHAP besteht darin, daß nicht alle Plattformen über PPP-Clients mit MS-CHAP-Unterstützung verfügen. MS-CHAP ist jedoch unbedingt empfehlenswert, sofern alle fernen Benutzer mit Windows arbeiten. Außerdem ist es erforderlich, wenn zusätzlich der Datenstrom über PPTP verschlüsselt werden soll. Wir werden darauf im nächsten Abschnitt noch genauer eingehen.

Beliebige Echtheitsbestätigung (einschließlich unverschlüsselte) annehmen. Jede Authentifizierung einschließlich Klartext bedeutet, daß der RAS-Server MS-CHAP, CHAP oder PAP (Password Authentication Protocol) akzeptiert. PAP ist seit langem eine gängige Methode zur Authentifizierung von PPP-Verbindungen. Die meisten ISPs verwenden es für PPP-Wählverbindungen. Sein wesentlicher Nachteil besteht darin, daß es das Paßwort im Klartext überträgt. Wird die Verbindung von einem Angreifer abgehört und fängt dieser die Login-Sequenz ab, kann er sich unter der abgefangenen Kennung anmelden. Als Authentifizierungsverfahren für VPNs ist PAP nicht geeignet, da dort die sichere Authentifizierung über ein öffentliches Netz eine entscheidende Rolle spielt. Auf dem PPTP-Server sollte deshalb CHAP oder MS-CHAP gefordert werden. Arbeiten Ihre fernen Benutzer auf unterschiedlichen Plattformen, ist zu untersuchen, ob CHAP oder MS-CHAP auch von allen Clients unterstützt wird. Ist für ein bestimmtes Betriebssystem keine CHAP-Implementierung erhältlich, sind Sie unter Umständen gezwungen, Paßwörter im Klartext zu akzeptieren.

Datenverschlüsselung

In den RAS-Eigenschaften von Windows NT gibt es ein Kontrollkästchen, mit dem Sie die Datenverschlüsselung für die RAS-Verbindung aktivieren können. Mit dieser Option werden alle Daten, die die Verbindung durchlaufen, in unleserliche Form gebracht. Das Kästchen kann nur in Kombination mit der verschlüsselten Authentifizierung von Microsoft, d.h. mit MS-CHAP, aktiviert werden. Der Grund besteht darin, daß RAS-Client und -Server aus dem von MD4 generierten Hashwert einen Sitzungsschlüssel für die Verschlüsselung ableiten. Zur Verschlüsselung wird RC4 von RSA mit einem 40 Bit langen Sitzungsschlüssel verwendet.

Wie in Kapitel 2, *Grundlegende Verfahren im VPN*, beschrieben, ist in den USA der Export von Verschlüsselungsverfahren, die mit Sitzungsschlüsseln über 40 Bit arbeiten, untersagt. Zur sicheren Datenübertragung über das Internet gilt eine Schlüssellänge von 40 Bit aber häufig als zu unsicher. Um dem Bedürfnis nach leistungsfähigeren Verschlüsselungsverfahren nachzukommen, hat Microsoft die US-Version des Service Pack 3 für Windows NT 4.0 um ein Modul mit »starker« 128-Bit-Verschlüsselung ergänzt.

Vorteile von PPTP

PPTP hat einige Pluspunkte aufzuweisen. Dazu gehören Verfügbarkeit, einfache Implementierung, Tunneling verschiedener Protokolle sowie die Möglichkeit, firmeninterne und nicht registrierte IP-Adressen zu verwenden.

Verfügbarkeit

Da PPTP im Lieferumfang von Windows NT 4.0 Server, Windows NT Workstation und Windows 98 enthalten ist, ist es für Benutzer dieser Plattformen ohne Zusatzsoftware unmittelbar verfügbar. Microsoft bietet das PPTP-Upgrade für Windows 95/98 umsonst an. Außerdem ist es ohne Aufpreis in den Remote-Access-Switches verschiedenster Hersteller einschließlich Ascend, 3Com und ECI Telematics enthalten. Da PPTP mittlerweile mit einem führenden Netzbetriebssystem sowie zahlreichen Remote-Access-Switches ausgeliefert wird, hat es in der Produktplazierung einen erheblichen Vorteil. Der Administrator eines Windows NT Netzes kann ohne Zusatzkosten sofort mit den Experimenten am VPN beginnen.

Einfache Implementierung

PPTP wird unter Windows NT wie IPX/SPX, TCP/IP und NetBEUI als Netzprotokoll installiert. In RAS verwenden Sie als RAS-Gerät statt eines Modems den VPN-Port RAS-PPTPM. Windows NT Administratoren haben in der Regel bereits Erfahrung mit dem Einrichten von Netzprotokollen und RAS, so daß ihnen PPTP keine Schwierigkeiten bereiten dürfte. Unter Windows 95 ist PPTP als neue Version des DFÜ-Adapters, eines bekannten Bestandteils des DFÜ-Netzwerks, installiert. Unter Windows 98 kann ebenfalls der VPN-Adapter installiert und wie ein Modem für VPN-Verbindungen verwendet werden.

Auf Remote-Access-Switches mit PPTP-Unterstützung ist PPTP einfach zu aktivieren. Möchte sich ein Benutzer über PPTP einwählen, ergänzen Sie im Profil einfach die IP-Adresse des PPTP-Servers. Bei ISPs, die spezielle Software für Authentifizierung und Accounting wie den RADIUS-Server von Merit Network verwenden, ist PPTP in einem Benutzerprofil genauso leicht einzurichten wie PPP. In Kapitel 5, *Konfiguration und Test von Verbindungen in Schicht 2*, beschreiben wir ausführlich, wie PPTP in RAS und Remote-Access-Switches eingerichtet wird.

Tunneling mehrerer Protokolle

Einer der größten Vorzüge von PPTP besteht im Tunneling mehrerer Protokolle. Während manche Tunnel-Software nur das Tunneling von IP-Paketen vorsieht, werden bei PPTP alle gegenwärtig von RAS unterstützten Protokolle berücksichtigt. Benutzer, die sich über ein VPN mit einem RAS-Server verbinden, erhalten Zugriff auf das ganze

Spektrum an Protokollen und Servern, das ihnen im LAN auch sonst verfügbar wäre. Für Benutzer von Windows NT und Windows 95/98 bedeutet das, daß sie auch bei der Einwahl die gewohnten Benutzernamen und Paßwörter verwenden und die ihrem Profil zugeordneten Zugriffsrechte nutzen können. Über die Netzwerkumgebung können sie das Netz wie gewohnt durchlaufen und auf File-Server sowie Netzdrucker zugreifen.

Verwendung firmeninterner und nicht registrierter Adressen

Wenn VPN-Benutzer PPTP-Verbindungen zum RAS-Server herstellen, kann ihnen auch eine IP-Adresse zugewiesen werden. Durch Zuweisung einer Adresse aus dem firmeninternen IP-Adreßbereich erreicht man, daß sich das System des RAS-Benutzers scheinbar im Firmennetz befindet. (In unseren obigen Beispielen wird Sara N. die Adresse 2.1.1.129 zugewiesen, die zum CIDR-Adreßbereich 2.1.1.0/24 gehört.)

Unternehmen benutzen in ihren internen Netzen nicht immer nur »registrierte« IP-Adressen. »Registriert« bedeutet, daß der Adreßblock von einer Registrierungsstelle für IP-Adressen wie dem InterNIC stammt. Damit ist sichergestellt, daß es sich um Adressen handelt, die im Internet eindeutig sind. Die Internet Assigned Numbers Authority (IANA) hat einige Adreßblöcke für den Einsatz als nicht registrierte IP-Adressen in privaten Intranets reserviert. Solche Adressen können in IP-Netzen verwendet werden, die keinen Internet-Zugang oder Internet-Zugang nur über einen Router mit Network Address Translation (NAT) besitzen. Eine Liste dieser Adreßblöcke finden Sie in RFC 1918.

Wenn in einem Unternehmen ein nicht registrierter Adreßbereich eingesetzt wird, kann ein RAS-Client beim Einsatz von PPTP eine dieser Adressen und damit Zugriff auf das firmeninterne IP-Netz erhalten. Würde sich der Benutzer einfach bei einem ISP einwählen und versuchen, ohne PPTP auf das Netz zuzugreifen, müßte für ihn eine Lücke im Firmen-Firewall gelassen werden. Erhält der Benutzer eine dynamische IP-Adresse bei jeder ISP-Einwahl, ist eine erfolgreiche Filterung am Firewall nahezu ausgeschlossen.

In diesem Kapitel:

- *PPTP-Installation und -Konfiguration auf Windows NT RAS-Servern*
- *PPTP-Konfiguration im DFÜ-Netzwerk auf Windows NT Clients*
- *PPTP-Konfiguration im DFÜ-Netzwerk auf Windows 95/98 Clients*
- *PPTP-Aktivierung auf Remote-Access-Switches*
- *Verbindungsaufbau*
- *Fehlerbehebung*
- *PPTP-Einsatz mit anderen Sicherheitsmaßnahmen*

5 Konfiguration und Test von Verbindungen in Schicht 2

In Kapitel 4, *Implementierung von Verbindungen in Schicht 2,* haben wir das Point-to-Point Tunneling Protocol (PPTP) vorgestellt, mit dem eine sichere Verbindung zwischen fernen Benutzern und einem Netz aufgebaut werden kann. PPTP stellt im wesentlichen erst einmal eine Erweiterung des Remote Access Service (RAS) von Windows NT dar, mit dem sich ein VPN zwischen einem Internet-Benutzer und einem Zielnetz einrichten läßt, bei dem der RAS-Server als Gateway zum Einsatz kommt. Die Microsoft-Zusatzsoftware »Routing and Remote Access« für Windows NT Server ermöglicht darüber hinaus LAN-orientierte PPTP-Verbindungen. Dieses Kapitel beschreibt, wie Sie eigene PPTP-Verbindungen einrichten können. Wir beginnen mit der Konfiguration von PPTP auf dem NT-Server und setzen dabei voraus, daß RAS bereits eingerichtet ist. Wir werden uns RAS nur dort ausführlich widmen, wo es Überschneidungen mit PPTP gibt. (Wenn Sie mit RAS noch keine Erfahrungen haben, können Sie sich in den NT-Hilfedateien informieren. Außerdem gibt es eine ganze Reihe guter Bücher zu diesem Thema.) Bei der Konfiguration von RAS legen Sie die Anzahl der Anschlüsse fest, die für die VPN-Einwahl zur Verfügung stehen sollen. RAS-Server werden zwar meist nur für die Einwahl konfiguriert, es sind aber ebenso ausgehende PPTP-Verbindungen möglich.

In RAS können Sie außerdem festlegen, welche Protokolle der NT-Server für Einwahlbenutzer unterstützen soll. Durch eine Begrenzung der Protokolle erhalten Sie eine gewisse Kontrolle darüber, auf welche Server Einwahlbenutzer zugreifen können. Wenn Sie beispielsweise nur IP zulassen, können Benutzer zwar auf einen TCP/IP-Mailserver, aber nicht mit IPX auf ein gemeinsam genutztes Laufwerk auf einem Novell-Server zugreifen. Wenn IP auf Ihren internen Servern überhaupt nicht eingesetzt wird, können Sie es deaktivieren und die anderen Protokolle aktivieren. Weitere Informationen hierzu finden Sie im Abschnitt »Auswahl der Protokolle für das Tunneling«.

Der RAS-Server unterstützt zudem PPTP-Filterung, mit der Sie einschränken können, wer auf die LAN-Schnittstelle des Systems zugreifen darf. Zum Verbindungsaufbau muß der Benutzer die Authentifizierung der NT-Domäne durchlaufen. Auf NT-Servern mit zwei Netzschnittstellen können Sie mit PPTP-Filterung den Zugang zu lokalen Netzen oder dem Internet beschränken. Durch diese Möglichkeit in Kombination mit der Filterung von IP-Adressen sowie festen IP-Adressen wird der RAS-Server zu einem leistungsfähigen Firewall. Wenn Sie Flexibilität vorziehen, können Sie die von NT unterstützte dynamische Zuweisung von IP-Adressen über DHCP (Dynamic Host Configuration Protocol) nutzen. Wir werden in diesem Kapitel noch darauf eingehen, wie solche Funktionen zu konfigurieren sind.

Wie bereits in Kapitel 4 erwähnt, wird PPTP von manchen, aber nicht allen ISPs in der Zugangshardware unterstützt. Wir werden hier beide Fälle berücksichtigen. Wir zeigen zudem anhand von zwei verbreiteten Marken, wie Router für PPTP eingerichtet werden. Durch PPTP-Unterstützung können ISPs ihren Kunden die VPN-Nutzung erleichtern und Netzadministratoren einen Teil des Verbindungsaufbaus aus dem RAS-Server auslagern.

Am Ende dieses Kapitels zeigen wir, welche Tests und Monitorausgaben hilfreich sind, wenn Ihre PPTP-Verbindung nicht auf Anhieb funktioniert. Wir beschreiben außerdem, wie PPTP mit anderen Produkten zur Netzsicherheit zusammenarbeitet.

PPTP-Installation und -Konfiguration auf Windows NT RAS-Servern

PPTP läßt sich unter Windows NT 4.0 so einfach wie jede andere Windows NT Komponente installieren und konfigurieren. Dabei sind im wesentlichen drei Schritte erforderlich: die Installation des Protokolls, die Einrichtung von RAS und die Konfiguration von Benutzern für den Wählzugang.

Installation von PPTP

PPTP ist auf einem Windows NT 4.0 Server nicht standardmäßig installiert. Es muß vom Administrator erst in die Liste der im System aktiven Netzprotokolle eingetragen werden. Dazu ist die NT 4.0 CD-ROM oder das NT-Installationsverzeichnis (»\I386« für Intel-Prozessoren und Clones) erforderlich. Die Installation von PPTP ist einfach und erfolgt in folgenden Schritten:

1. Wählen Sie im Startmenü unter *Einstellungen* den Befehl *Systemsteuerung*.
2. Doppelklicken Sie auf das Symbol *Netzwerk*.
3. Wählen Sie im Dialogfeld *Netzwerk* die Registerkarte *Protokolle*.
4. In der Liste *Netzwerkprotokolle* werden die auf Ihrem System installierten Protokolle angezeigt. PPTP sollte dort nicht erscheinen, sofern es nicht bereits installiert ist. Klicken Sie auf die Schaltfläche *Hinzufügen*.

5. Das Dialogfeld *Auswahl: Netzwerkprotokoll* mit einer Liste der verfügbaren Protokolle wird angezeigt. Blättern Sie durch die Liste, bis das Point-to-Point Tunneling Protocol erscheint. Wählen Sie den Eintrag aus und klicken Sie auf OK.
   Das Installationsprogramm durchsucht die CD-ROM für NT 4.0 nach den benötigten Dateien oder fordert Sie zur Eingabe eines entsprechenden Verzeichnisses auf.

6. Das Dialogfeld *PPTP-Konfiguration* erscheint. Legen Sie die Anzahl der virtuellen privaten Netze fest, die unterstützt werden sollen (d.h., wie viele gleichzeitige Verbindungen zum RAS-Server zulässig sind). Man sollte das System nicht mit übermäßig vielen Benutzern belasten. Sie können einen Wert zwischen 1 und 256 eingeben. In unserem Fall wählen wir acht aus und klicken auf OK.

Einrichtung von RAS

Nach der Installation des eigentlichen PPTP-Protokolls wird automatisch mit der RAS-Konfiguration fortgefahren. Eine Meldung erscheint mit dem Hinweis, daß die RAS-Einrichtung gestartet wurde. Klicken Sie auf OK. Zur Einrichtung von RAS für virtuelle private Netze sind folgende Schritte erforderlich:

1. Das Dialogfeld *RAS-Setup* zeigt eine Liste der gegenwärtigen RAS-Anschlüsse und -Geräte an. Wenn Sie bereits ein Modem für RAS konfiguriert haben, erscheint es in diesem Feld. Um RAS für den Einsatz von PPTP-Geräten zu konfigurieren, klikken Sie auf die Schaltfläche *Hinzufügen* (siehe Abbildung 5-1).

2. Das Dialogfeld *RAS-Gerät hinzufügen* erscheint. Wählen Sie aus der Pull-Down-Liste ein RAS-fähiges Gerät aus. Neben den seriellen Schnittstellen sind unter der Überschrift *RAS-fähige Geräte* die VPN-Geräte aufgeführt. Diese sind von eins bis zur maximalen Anzahl an VPN-Anschlüssen durchnumeriert, die Sie bei der PPTP-Installation konfiguriert haben. In unserem Fall erscheint ein Gerät für jeden der acht konfigurierten Anschlüsse. RAS fügt diese Anschlüsse zwar bequemerweise automatisch hinzu, man kann aber nur jeweils einen aus der Liste auswählen. Nach Auswahl eines Anschlusses klicken Sie auf OK. Für den jeweils nächsten Anschluß müssen Sie im Dialogfeld *RAS-Setup* erneut auf die Schaltfläche *Hinzufügen* klicken.

3. Die neuen VPN-Anschlüsse sind nur für eingehende Anrufe konfiguriert. Um die Anschlüsse auch für ausgehende Anrufe zu konfigurieren, klicken Sie im Dialogfeld *RAS-Setup* auf die Schaltfläche *Konfigurieren* (siehe Abschnitt »PPTP-Konfiguration im DFÜ-Netzwerk auf Windows NT Clients«).

4. Im Dialogfeld *RAS-Setup* gelangen Sie über die Schaltfläche *Netzwerk* ins Dialogfeld *Netzwerkkonfiguration* für den ausgewählten VPN-Anschluß. Die dort möglichen Protokolle werden in den folgenden Abschnitten beschrieben. Da es keine Möglichkeit gibt, einem bestimmten Benutzer für die Einwahl einen speziellen VPN-Anschluß zuzuordnen, können Sie alle auf dieselben Werte setzen. Wie erfahrene RAS-Administratoren wissen, handelt es sich hier um dasselbe Dialogfeld, das auch zur Konfiguration einer regulären RAS-Wählverbindung verwendet wird.

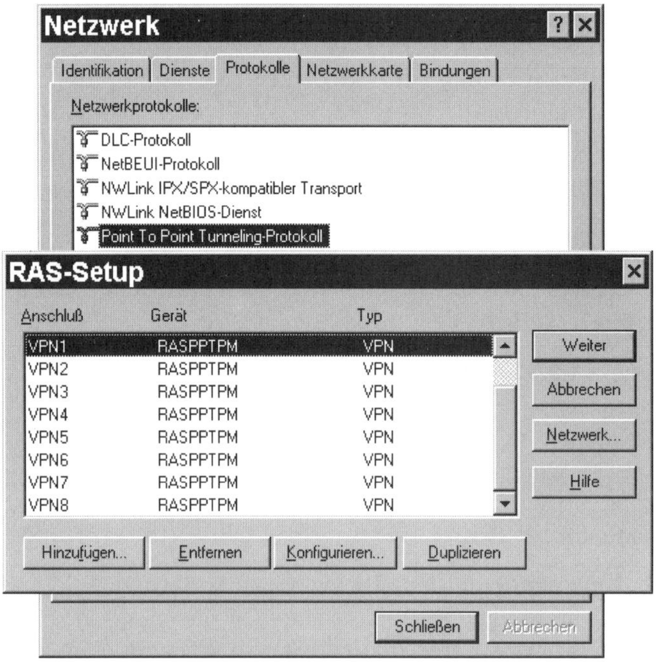

Abbildung 5-1: Einrichtung eines PPTP-RAS-Geräts

Auswahl der Protokolle für das Tunneling

Im Dialogfeld *Netzwerkkonfiguration* können Sie unter anderem festlegen, welche Protokolle an einem bestimmten VPN-Anschluß erlaubt sind (siehe Abbildung 5-2). Zur Auswahl stehen IP, IPX und NetBEUI. In unserem Fall möchten wir IP aktivieren, damit Sara N. zum Internet-Mail-Server gelangt. Außerdem aktivieren wir NetBEUI, damit sie auf das gemeinsam genutzte Laufwerk ihrer Workstation zugreifen kann. IPX hingegen wird deaktiviert, da es für unsere Zwecke überflüssig ist.

Im selben Dialogfeld können Sie den Zugang auf den RAS-Server beschränken, so daß Benutzer nicht auf das gesamte Netz zugreifen können. In unserem Fall besitzt Sara N. jedoch Zugriff auf das gesamte Netz. Eine Zugangsbeschränkung ist aus folgenden Gründen nicht empfehlenswert:

- Es gibt dafür keinen vernünftigen Anlaß. Eine der herausragenden Eigenschaften des VPNs besteht schließlich darin, daß Benutzer per sicherem Fernzugriff so auf das Netz zugreifen können, als seien sie direkt an das LAN angeschlossen. Eine Beschränkung auf den RAS-Server würde bedeuten, daß Benutzer lediglich die Dienste in Anspruch nehmen können, die vom RAS-Server durchgeführt werden.
- Wenn Sie ferne Benutzer nur auf den RAS-Server zugreifen lassen, führen Sie dort vermutlich auch andere Dienste, z.B. für E-Mail oder Druck, aus, oder Sie verwenden den RAS-Server als Application-Server. Sobald Ihr Netz aber über mehr als

vier Clients verfügt, ist es nicht empfehlenswert, den RAS-Server zweckentfremdet einzusetzen. Denn mit der Doppelbelastung als Router und Server gerät er schnell an die Grenzen seiner Leistungsfähigkeit.

- Ein PPTP-RAS-Server muß von seiner Bestimmung her zumindest teilweise vom Internet zugreifbar sein. Damit ist er potentiell aber auch entsprechenden Angriffen ausgeliefert. Wenn Sie wichtige Anwendungen auf oder vom RAS-Server aus ausführen und dieser tatsächlich aufgrund eines Angriffs lahmgelegt wird, ist davon auch Ihre Anwendung betroffen.

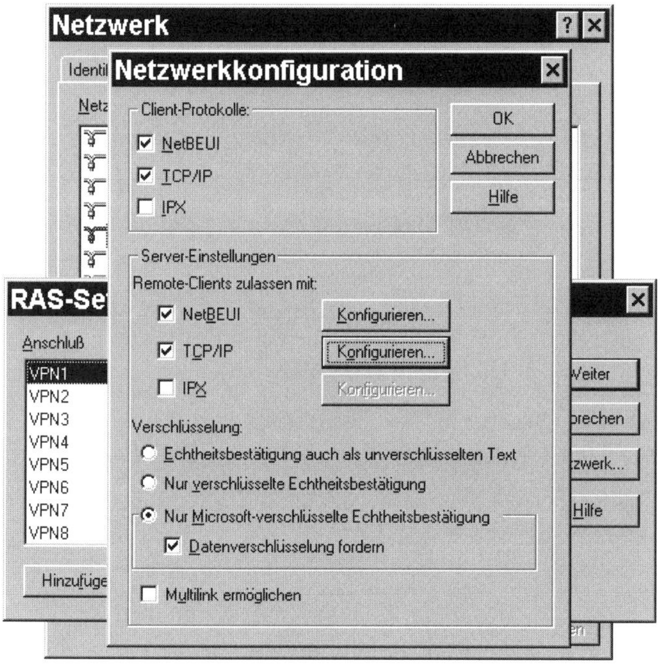

Abbildung 5-2: Das Dialogfeld zur RAS-Netzwerkkonfiguration

Auswahl des Authentifizierungsverfahrens

In Kapitel 4, *Implementierung von Verbindungen in Schicht 2*, wurden bereits die in RAS verfügbaren Authentifizierungsverfahren aufgeführt: verschlüsselte Authentifizierung (CHAP), Microsoft-verschlüsselte Authentifizierung (MS-CHAP) und unverschlüsselten Text (PAP). Sie können eine Authentifizierung mit CHAP oder MS-CHAP fordern oder beide Verfahren plus PAP zulassen. Die Festlegung treffen Sie im Dialogfeld *Netzwerkkonfiguration*.

Wir empfehlen MS-CHAP, sofern dieses Verfahren auf allen Clients zur Verfügung steht (z.B., wenn alle Clients mit Windows arbeiten oder auf den Macs TunnelBuilder eingesetzt wird). Mit MS-CHAP können Sie die Datenverschlüsselung aktivieren, so daß PPTP-Verbindungen wirklich sicher sind. Wenn die Clients MS-CHAP nicht unterstützen, können Sie natürlich auch die anderen Verfahren einsetzen. Dabei besteht jedoch die Gefahr, daß Daten oder Paßwörter (im Falle von PAP) unverschlüsselt über das Internet gesendet werden.

Zuordnung von IP-Adressen mit DHCP

DHCP (Dynamic Host Configuration Protocol) ist ideal dafür geeignet, eingehende PPTP-Clients dynamisch mit IP-Adressen zu versehen. Windows NT 4.0 wird mit einem DHCP-Serverdienst ausgeliefert, der in der Systemsteuerung unter *Netzwerk* zu installieren ist.[1] Befolgen Sie bei der Installation des Microsoft DHCP-Servers im Prinzip die Anleitung zur RAS-Installation. Bei der DHCP-Installation wird im Startmenü bei den Verwaltungsprogrammen ein DHCP-Manager eingetragen.

Zur Konfiguration von DHCP gehen Sie wie folgt vor:

1. Öffnen Sie im Startmenü unter *Programme* und *Verwaltung (Allgemein)* den DHCP-Manager. Das Dialogfenster *DHCP Manager* erscheint.

2. Selektieren Sie in der Spalte *DHCP-Server* den Eintrag *Lokaler Computer*. Wählen Sie im Menü *Bereich* den Befehl *Erstellen*.

3. Das in Abbildung 5-3 gezeigte Dialogfeld *Bereich erstellen* erscheint. Geben Sie die Anfangs- und Endadresse Ihres Zuordnungsbereichs ein. In unserem Fall wählen wir 2.1.1.129 als Anfangs- und 2.1.1.136 als Endadresse.

4. Geben Sie unter *Subnet Mask* die Teilnetzmaske des Bereichs ein. Da die Adressen in unserem Fall zum Bereich 2.1.1.0 gehören, wählen wir 255.255.255.0.

5. Geben Sie unter *Ausschlußbereich* die Adressen im Bereich an, die ausgeschlossen werden sollen. In unserem Fall lassen wir das Feld leer, da wir alle Adressen einbeziehen.

6. Geben Sie unter *Name* einen Bereichsnamen an und klicken Sie auf OK. Unser Bereichsname lautet »Wählbereich«. Ein Dialogfeld erscheint mit der Frage, ob der Bereich aktiviert werden soll. Klicken Sie auf *Ja*.

Wenn Sie über mehrere RAS-Server verfügen, sollten Sie auch den NT-Dienst DHCP Relay-Agent einsetzen, der ebenfalls in der Systemsteuerung unter *Netzwerk* zu installieren ist. Beim Einsatz dieses Dienstes leitet der RAS-Server die Anfrage eines Clients nach einer IP-Adresse an den DHCP-Server weiter, der in den Eigenschaften des DHCP Relay-Agent festgelegt ist. Damit können Sie die IP-Adressen für alle RAS-Server auch LAN-übergreifend aus einem zentralen Pool vergeben.

1 Auf einem Windows NT 4.0 RAS-Server mit zwei Netzkarten, wovon auf einer PPTP-Filterung aktiviert ist, funktioniert DHCP nicht. Microsoft hat den Fehler inzwischen gefunden und im Windows NT 4.0 Service Pack 2 eine korrigierte Version herausgegeben. Wenn Sie DHCP mit RAS einsetzen möchten, sollten Sie Service Pack 3 oder höher installiert haben. Im Abschnitt »Wichtige Hinweise zur Filterung« in diesem Kapitel weiter hinten werden weitere Probleme zwischen DHCP und PPTP-Filterung beschrieben.

Abbildung 5-3: Der DHCP-Manager von Windows NT

PPTP-Filterung

Die Funktionsweise der PPTP-Filterung wurde am Anfang dieses Kapitels bereits kurz erläutert. Zur Installation klicken Sie in der Systemsteuerung auf *Netzwerk* und wählen auf der Registerkarte *Protokolle* das Protokoll TCP/IP. Klicken Sie auf die Schaltfläche *Eigenschaften* und im Dialogfeld *Eigenschaften von Microsoft TCP/IP* auf die Schaltfläche *Optionen*. Das Kontrollkästchen *PPTP-Filterung aktivieren* befindet sich im Feld *Erweiterte IP-Adressen* ganz unten.

Ausgehende Authentifizierung mit PPTP-Filterung

Auf Rechnern mit mehreren Netzschnittstellen kann die PPTP-Filterung als Firewall für ausgehende Verbindungen eingesetzt werden, indem sie in der zum LAN führenden Netzschnittstelle aktiviert wird. Benutzer im internen Netz wählen den PPTP-Server an, als kämen sie über eine PPP-Verbindung, wobei sie die IP-Adresse des RAS-Servers als Rufnummer verwenden. Am RAS-Server werden sie zur Authentifizierung aufgefordert, damit sie mit den Routing-Fähigkeiten des Servers im Tunnel ins Internet gelangen können. Damit erhält der Netzadministrator die Möglichkeit, den Internet-Zugang zu beschränken, die auf das Internet zugreifenden Benutzer und die Dauer des Internet-Zugangs zu überwachen und die Anzahl der gleichzeitigen Internet-Verbindungen zu begrenzen.

Wichtige Hinweise zur Filterung

Durch die Aktivierung der PPTP-Filterung auf einem Windows NT 4.0 System mit nur einer Netzkarte sind andere NT-Netzdienste (wie der DHCP- oder FTP-Server) für Clients ohne PPTP unter Umständen nicht mehr zugreifbar, da die Schnittstelle bei jeder eingehenden Anfrage eine PPTP-Authentifizierung fordert. Es gibt eine Möglichkeit, Pakete am RAS-Server selbst zuzulassen, ohne über das Netzwerk zu gehen. Dazu müssen Sie das Windows NT 4.0 Service Pack 3 oder höher installieren und in der Windows NT Registry einen bestimmten Eintrag vornehmen.

ACHTUNG Die Bearbeitung der Windows NT Registry ist ausgesprochen riskant. Unsachgemäße Einträge können zu einer Beschädigung der Registry führen und möglicherweise unwiderrufliche Systemfehler verursachen, die eine Neuinstallation von Windows NT erforderlich machen. Stellen Sie vor der Bearbeitung sicher, daß Sie über eine aktuelle Sicherungskopie des Systems verfügen.

Starten Sie den Registrierungseditor, indem Sie im Startmenü *Ausführen* wählen und als Programmnamen REGEDIT.EXE eingeben. Der zu ergänzende Parameter befindet sich unter folgendem Schlüssel:

```
HKEY_LOCALMACHINE\SYSTEM\Services\RASPPTPE\Parameters\Configuration
```

Fügen Sie einen neuen Registry-Eintrag mit dem Datentyp REG_DWORD hinzu. Nennen Sie den Eintrag »AllowPacketsForLocalMachine« und geben Sie ihm den Wert 1. Geben Sie die Änderungen ein und schließen Sie den Registrierungseditor. Die Änderungen werden erst nach einem Neustart wirksam.

Wie bereits erwähnt, sollten Sie auf dem RAS-Server keine Dienste ausführen, die die Sicherheit gefährden (Anonymous-FTP) oder den Betrieb des internen Netzes beeinträchtigen könnten (DHCP).

Filterung nach IP-Adressen

Mit einer weiteren Sicherheitsmaßnahme können Sie die IP-Adressen festlegen, von denen der RAS-Server PPTP-Verbindungen zuläßt. Dazu müssen die fernen Benutzer vom ISP feste IP-Adressen erhalten haben und diese Ihnen bekannt sein. In Kombination mit PPTP-Filterung kann diese Maßnahme den RAS-Server vor nicht authentifizierten Verbindungen und Verbindungen von unberechtigten Rechnern schützen. Leider kann das Verfahren nicht einfach in einer graphischen Benutzeroberfläche, sondern nur in der Windows NT Registry konfiguriert werden.

Dazu starten Sie den Registrierungseditor und begeben sich zu folgendem Schlüssel:

```
HKEY_LOCALMACHINE\SYSTEM\Services\RASPPTPE\Parameters\Configuration
```

Erstellen Sie den Eintrag »AuthenticateIncomingCalls« mit dem Datentyp REG_DWORD. Legen Sie den Eintrag als Dezimalwert fest und setzen Sie den Wert auf 1. Erstellen Sie unter demselben Schlüssel außerdem den Eintrag »PeerClientIPAdresses« mit dem Da-

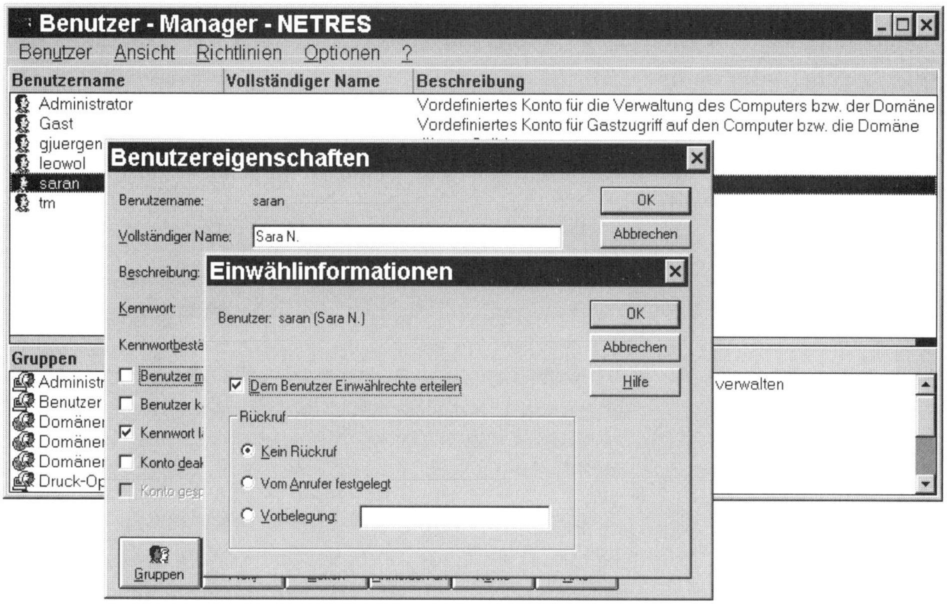

Abbildung 5-4: Konfiguration eines Benutzers für den Fernzugriff

tentyp REG-MULTI_SZ. Als Wert geben Sie die IP-Adressen der Rechner ein, die über PPTP eine Verbindung zum RAS-Server aufbauen dürfen. Die einzelnen Adressen werden durch einfache Leerzeichen getrennt.

Benutzerkonfiguration für den Wählzugang

Ein Einwahlbenutzer für Windows NT RAS wird im Grunde genauso wie ein normaler Benutzer für Windows NT Domänen eingerichtet:

1. Um einen Benutzer hinzuzufügen oder zu ändern, öffnen Sie im Startmenü unter *Programme* und *Verwaltung (Allgemein)* den Benutzer-Manager für Domänen.
2. Klicken Sie im Dialogfeld *Benutzereigenschaften* auf die Schaltfläche *RAS*.
3. Das Dialogfeld *Einwählinformationen* erscheint (siehe Abbildung 5-4). Für einen PPTP-Benutzer aktivieren Sie die Option *Dem Benutzer Einwählrechte erteilen* und unter *Rückruf* die Option *Kein Rückruf*.
4. Um die Dialogfelder *Einwählinformationen* und *Benutzereigenschaften* zu verlassen, klicken Sie auf OK.

PPTP-Konfiguration im DFÜ-Netzwerk auf Windows NT Clients

Um mit einem Windows NT Client einen ISP mit PPTP-Unterstützung anzuwählen, konfigurieren Sie das DFÜ-Netzwerk wie gewöhnlich. Sie müssen zusätzlich lediglich die Optionen für Authentifizierung und Verschlüsselung einrichten. Wir konzentrieren uns in diesem Abschnitt auf die Einrichtung eines NT-Clients für den Einsatz des PPTP-Protokolls zum Verbindungsaufbau mit einem Provider ohne PPTP-Unterstützung. Im folgenden werden die Schritte beschrieben, die zur Einrichtung einer PPTP-Verbindung erforderlich sind. Wir gehen davon aus, daß Sie das DFÜ-Netzwerk zur Anwahl des ISP bereits konfiguriert und eine PPP-Verbindung eingerichtet haben.

1. Richten Sie das PPTP-Protokoll so ein, wie es für den RAS-Server in den Schritten 1 bis 6 im Abschnitt »Installation von PPTP« beschrieben wurde.

2. Die RAS-Konfiguration wurde im Abschnitt »Einrichtung von RAS« gezeigt. Sie unterscheidet sich hier lediglich in Schritt 3, wo Sie im Dialogfeld *RAS-Setup* auf die Schaltfläche *Konfigurieren* klicken. Um den Client für ausgehende Anrufe statt für eingehende Anrufe zu konfigurieren, aktivieren Sie die Option *Nur ausgehende Anrufe*.

3. Wählen Sie im Startmenü unter *Programme* und *Zubehör* den Eintrag *DFÜ-Netzwerk*.
   Klicken Sie im Dialogfeld *DFÜ-Netzwerk* auf die Schaltfläche *Neu*, und geben Sie im Dialogfeld *Telefonbucheintrag bearbeiten* im Feld *Eintragsname* einen Namen für die VPN-Verbindung ein, in unserem Fall ist das »VPN-Zentrale« (siehe Abbildung 5-5). Im Feld *Rufnummer* geben Sie die IP-Adresse des PPTP-RAS-Servers ein, zu dem Sie eine Verbindung aufbauen möchten, in unserem Fall 2.1.1.60. Wählen Sie im Feld *Wählen mit* einen der VPN-Anschlüsse aus, die Sie bei der Installation von PPTP und RAS angelegt haben. Sie heißen RASPPTPM (VPN*n*), wobei *n* die Anschlußnummer bezeichnet.

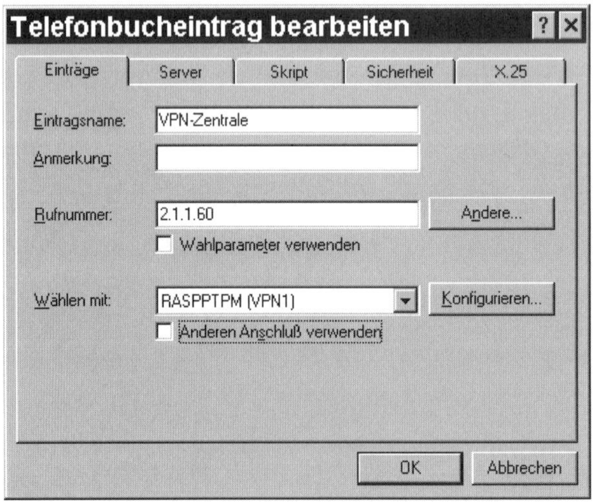

Abbildung 5-5: Konfiguration des DFÜ-Netzwerks über ein PPTP-Gerät

4. Sie können zudem festlegen, welches Authentifizierungsverfahren und ob Datenverschlüsselung auf dem Client gefordert wird. Wählen Sie dazu im Dialogfeld *Telefonbucheintrag bearbeiten* die Registerkarte *Sicherheit*. Sie haben für die Sicherheitsverfahren hier dieselbe Auswahl wie auf dem Server (siehe Abbildung 5-6). Das VPN ist am sichersten, wenn Sie *Nur Microsoft-verschlüsselte Echtheitsbestätigung annehmen* wählen und *Datenverschlüsselung erforderlich* aktivieren. Unabhängig davon, ob Sie sich bei einem ISP mit oder ohne PPTP-Unterstützung einwählen, sollte Ihnen an MS-CHAP und Verschlüsselung gelegen sein, sofern Ihr Client dies zuläßt.

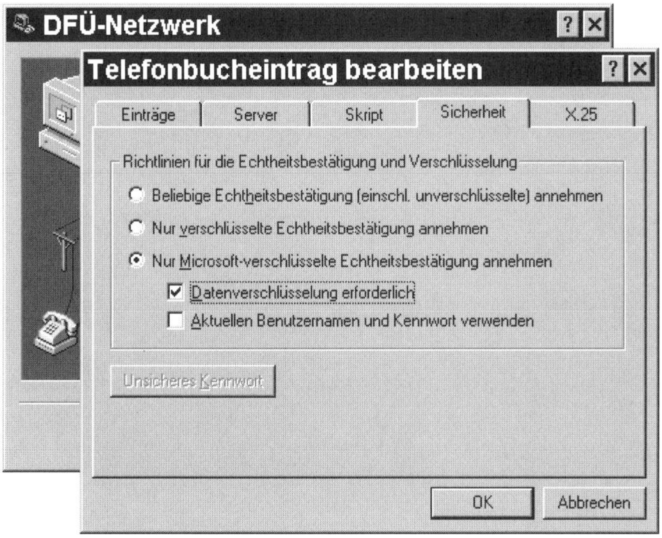

Abbildung 5-6: Einrichtung der Sicherheitsoptionen des DFÜ-Netzwerks

PPTP-Konfiguration im DFÜ-Netzwerk auf Windows 95/98 Clients

Wie bereits erwähnt, ist PPTP auf Windows 95 nicht standardmäßig installiert. Sie müssen sich dazu erst das DUN 1.3 Update vom Microsoft-Web-Server besorgen. Da sich Updates und Service Packs fortlaufend ändern, sollten Sie auf dem Web-Server erst einmal nachsehen, was Sie überhaupt benötigen. Die Installation des Update ist einfach. Es sind keinerlei Parameter einzugeben und es gibt ein nützliches Hilfedokument. Wir werden die Installation hier deshalb nicht schrittweise erläutern. Wie ebenfalls bereits erwähnt, ist der VPN-Zugang in Windows 98 standardmäßig integriert.

Von der PPTP-Konfiguration unter Windows 95 oder 98 sind zwei DFÜ-Verbindungsprofile betroffen, und zwar für die Verbindung zum ISP und zum PPTP-Server. Da die Konfiguration des DFÜ-Netzwerks für die ISP-Verbindung allgemein bekannt sein dürfte, überspringen wir diesen Schritt. Wenn Sie damit nicht vertraut sind, können Sie sich im Hilfedokument zum DUN 1.3 Update über die Einrichtung eines DFÜ-Netzwerkeintrags informieren.

Zur Einrichtung des DFÜ-Verbindungsprofils für Ihr VPN gehen Sie wie folgt vor:

1. Wählen Sie unter *Programme* und *Zubehör* den Eintrag *DFÜ-Netzwerk*.
2. Klicken Sie im Dialogfeld *Dial-Up Networking* auf *Make New Connection*.
3. Der Assistent *Make New Connection* erscheint[2]. Geben Sie den Namen des Verbindungsprofils ein, in unserem Fall ist das wiederum »VPN-Zentrale« (siehe Abbildung 5-7). In der Pull-Down-Liste darunter wählen Sie *Microsoft VPN Adapter*.

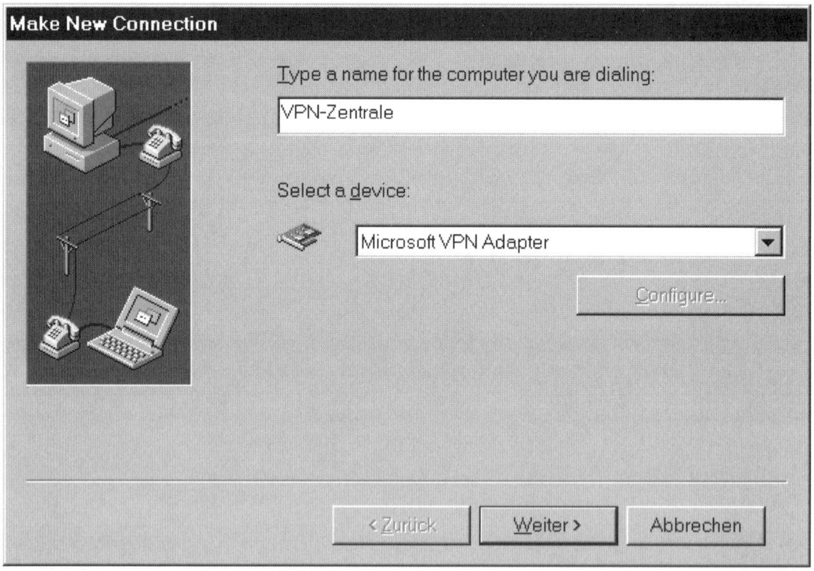

Abbildung 5-7: Neues VPN-Profil mit dem DFÜ-Assistenten »Make New Connection«

4. Ein Dialogfeld erscheint mit der Aufforderung, den Rechnernamen oder die IP-Adresse des gewünschten VPN-Servers einzugeben. In unserem Fall verwenden wir 2.1.1.60 (siehe Abbildung 5-8).
5. Klicken Sie auf *Weiter* und dann auf *Fertigstellen*. Im Fenster *Dial-Up Networking* erscheint ein Symbol für Ihr Verbindungsprofil.
6. Wählen Sie das Profilsymbol aus und klicken Sie es mit der rechten Maustaste an. Wählen Sie im Aufklappmenü den Eintrag *Properties*. Ein Dialogfeld erscheint mit den Informationen, die Sie für die VPN-Verbindung eingegeben haben (siehe Abbildung 5-9). Klicken Sie auf die Registerkarte *Server Types*.

2 Anm. d. Ü: Dieser Assistent lag bei Drucklegung der deutschen Buchausgabe nur auf Englisch vor.

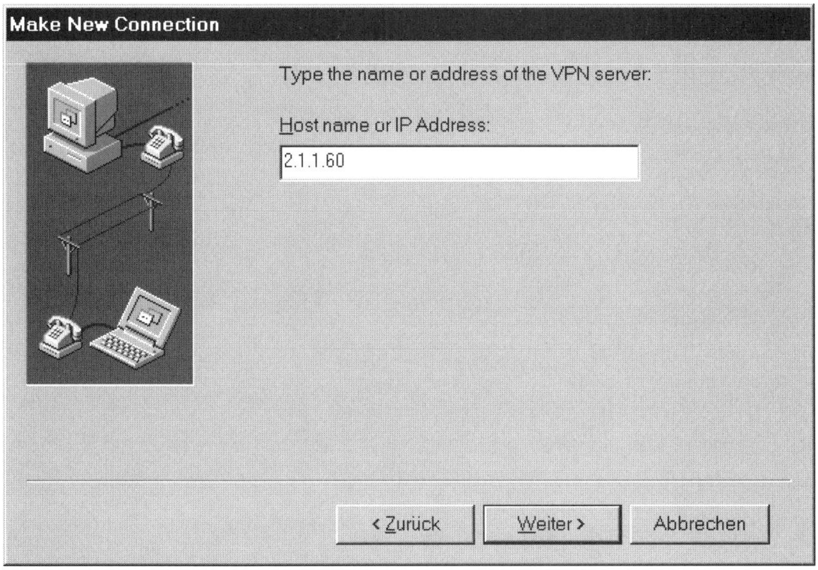

Abbildung 5-8: Eingabe der IP-Adresse des VPN-Servers

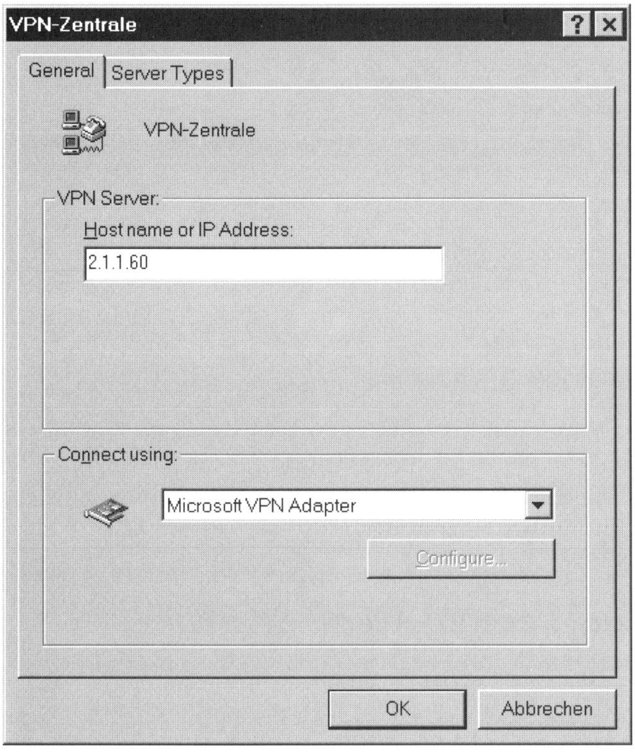

Abbildung 5-9: Das Dialogfeld »General« für die Eigenschaften der VPN-Zentrale

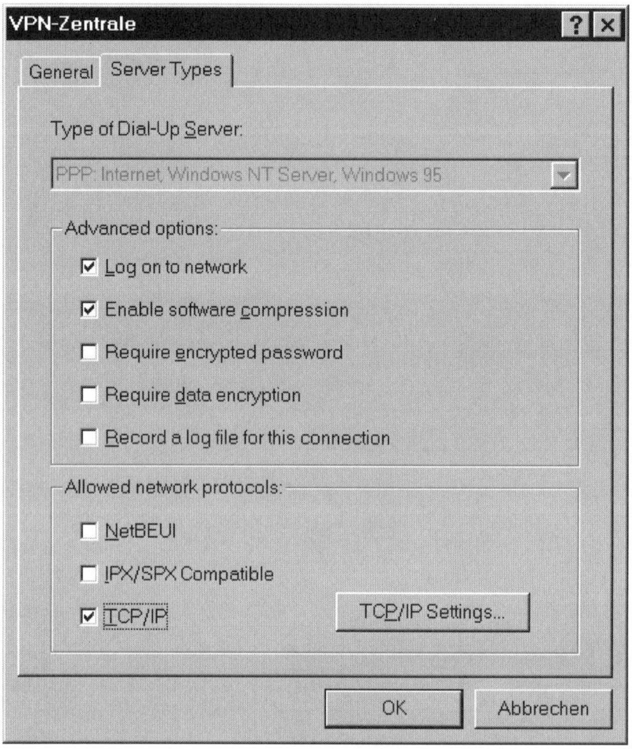

Abbildung 5-10: Das Dialogfeld »Server Types« für das Verbindungsprofil der VPN-Zentrale

7. Das Dialogfeld *Server Types* erscheint (siehe Abbildung 5-10). Wenn das Netz, mit dem Sie sich verbinden, eine Anmeldung erfordert, beispielsweise bei einem Windows NT oder Novell Netware Netz, aktivieren Sie unter *Advanced options* die Option *Log on to network*. Die Option *Enable software compression* kann aktiviert bleiben. Die Option *Require encrypted password* braucht nicht aktiviert zu werden, die Entscheidung sollte besser dem anderen Ende überlassen werden.

8. Aktivieren Sie im Abschnitt *Allowed network protocols* die Protokolle, die im fernen Netz verwendet werden. Um eine statische IP-Adresse, eine Gateway-Adresse und einen DNS-Server einzugeben, klicken Sie bei Bedarf auf die Schaltfläche *TCP/IP Settings*. Um Ihre Änderungen zu speichern, klicken Sie auf OK.

PPTP-Aktivierung auf Remote-Access-Switches

Dieser Abschnitt richtet sich an ISPs und Netzadministratoren, die PPTP auf ihren Remote-Access-Switches konfigurieren möchten. Für ISPs mag dies als zusätzlicher Kundenservice interessant sein. Netzadministratoren wollen zur Entlastung des RAS-Servers oder zur Leistungssteigerung vielleicht eigene Remote-Access-Switches einrichten. Ein

Ascend MAX 4004 zum Beispiel kann 48 analoge Modemverbindungen verarbeiten. So viele Modems würden einen NT-Server lahmlegen. Wir beschreiben hier zwei gängige Remote-Access-Switches, und zwar den Total Control Enterprise Network Hub von 3Com/U.S. Robotics und den MAX 4004 von Ascend.

PPTP-Konfiguration auf einem 3Com/U.S. Robotics Total Control Enterprise Network Hub

PPTP ist seit Release 3.2 der NETServer-Kartenfirmware auf dem Total Control Enterprise Network Hub von 3Com/U.S. Robotics verfügbar. Der Hub besitzt normalerweise eine NETServer-Karte, eine ISDN-PRI-Karte mit zwei Ports (also insgesamt 30 Kanäle à 64 Kbit/s) sowie 48 digitale Modems. Zur Implementierung von PPTP auf dem Switch gibt es drei Möglichkeiten: Konfiguration globaler PPTP-Parameter, Konfiguration eines Ports für PPTP oder Konfiguration eines bestimmten Benutzers für PPTP.

Einrichtung globaler PPTP-Parameter

Die NETServer-Karte des Hub kann mit maximal 8 globalen PPTP-RAS-Rechnern konfiguriert werden. Sie verwendet diese Rechner, wenn ein Port oder Benutzer für PPTP eingerichtet wurde, aber keine bestimmten RAS-Server festgelegt sind. Die Rechner in der Liste werden der Reihe nach durchprobiert, bis ein verfügbarer Rechner gefunden ist. Globale Parameter sind empfehlenswert, wenn der Hub Einwähldienste für nur eine NT-Domäne bereitstellt, wie zum Beispiel im Falle eines Firmennetzes. Für einen ISP sind sie weniger geeignet, da es dort viele Benutzer unterschiedlicher Unternehmen mit eigenen RAS-Servern gibt.

Die globalen Parameter werden wie folgt eingerichtet:

1. Melden Sie sich bei der NETServer-Karte über Telnet oder die serielle Schnittstelle als »!root« (die Administratorkennung) an.

2. Richten Sie die PPTP-Rechner mit folgendem Befehl ein:

   ```
   set pptphost nummer rechnername|IP-adresse
   ```

   nummer bezeichnet den Listenplatz (1 bis 8) des PPTP-Rechners. Ist keine Nummer festgelegt, wird standardmäßig 1 verwendet. Für *rechnername | IP-adresse* können Sie den Rechnernamen des RAS-Servers als vollständig qualifizierten Domänennamen oder dessen IP-Adresse angeben. Man sollte hier die IP-Adresse für den Fall verwenden, daß der Rechnername nicht aufgelöst werden kann.

3. Sichern Sie die Änderungen mit dem Befehl *Save All* im Speicher des Hub.

Einrichtung eines Ports für PPTP

Die NETServer-Karte besitzt für jedes unterstützte Einwählgerät einen Kommunikationsport. Diese werden mit »S0« bis »S64« bezeichnet. Wenn Sie bestimmte Kanäle fixiert haben wie zum Beispiel bei einer Standleitung, möchten Sie PPTP vielleicht an einem bestimmten Port einrichten. Dazu gehen Sie wie folgt vor:

1. Um einen Port mit PPTP einzurichten, geben Sie an der Eingabeaufforderung folgenden Befehl ein:

   ```
   set port network hardwired
   ```

   Für *port* wird die Portnummer (d.h. S1, S24, S48 usw.) oder »all« angegeben, wenn sich die Änderung auf alle Ports bezieht.

2. Um PPTP am obigen Port zu aktivieren, geben Sie folgendes ein:

   ```
   set port protocol pptp
   ```

3. Mit folgendem Befehl weisen Sie einem PPTP-Rechner einen speziellen Port zu:

   ```
   set port pptphost nummer rechnername|IP-adresse
   ```

   Wird dieser Befehl weggelassen, werden die globalen PPTP-Rechner verwendet.

4. Damit die Änderungen wirksam werden, setzen Sie den Port zurück:

   ```
   reset port
   ```

5. Sichern Sie die Änderungen mit dem Befehl *Save All* im Speicher des Hub.

Einrichtung eines Benutzers für PPTP

Die Konfiguration eines Remote-Access-Switch mit PPTP auf Benutzerbasis eignet sich ideal für einen ISP, der den Dienst anbieten möchte. Damit können einzelne Benutzer über verschiedene PPTP-Rechner eine Verbindung aufbauen. Wie bei den Ports können jedem Benutzer bis zu acht RAS-Rechner zugeordnet werden, mit denen Verbindungsversuche durchgeführt werden.

Ein Benutzer wird für PPTP auf dem Hub wie folgt eingerichtet:

1. Tragen Sie mit folgendem Befehl einen PPTP-Benutzer ein:

   ```
   add netuser benutzername password klartext_paßwort protocol pptp
   ```

   benutzername bezeichnet den acht Zeichen langen Login-Namen des Benutzers, *password* ist der optionale Paßwortparameter, und *klartext_paßwort* entspricht einem acht Zeichen langen vom Benutzer gewählten Paßwort, das im Klartext eingegeben wird.[3] In Fortsetzung unseres Beispiels würden wir hier folgendes eingeben:

   ```
   add netuser saran password cat^FLAM protocol pptp
   ```

   Sie können die RAS-Rechner hinzufügen, bei denen der Benutzer eine Authentifizierung versuchen soll. Bei Auslassung dieser Option werden die globalen PPTP-Rechner verwendet. Der Befehl entspricht der Zuweisung von PPTP-Rechnern an Ports, nur daß hier der Parameter *netuser* benutzt wird:

   ```
   set netuser benutzername pptphost nummer rechnername|IP-adresse
   ```

---

3 Wir sprechen hier von einem Paßwort im Klartext, weil Ihnen bei der Eingabe jemand über die Schulter schauen und zusehen könnte, was für einen Text Sie eingeben. Das bedeutet aber keineswegs, daß das Paßwort auch im Klartext gespeichert oder beim Login als Klartext übermittelt wird.

In unserem Beispiel würden wir folgendes eingeben:

```
set netuser saran pptphost 1 2.1.1.60
```

2. Sichern Sie die Änderungen mit dem Befehl *Save All* im Speicher des Hub. Mit dem Befehl *Show Netuser* auf »saran« erhalten Sie folgende Ausgabe:

```
Command> show netuser saran
Username saran            Type: Dial-in Network User
Protocol: PPTP           Options:
PPTP hosts: 2.1.1.60
            2.1.1.33
```

Konfiguration von PPTP auf einem Ascend MAX 4004

In der Produktfamilie MAX 4000 von Ascend wurde PPTP erstmalig mit der Firmware Release 4.6Bi12 herausgegeben. In der üblichen Konfiguration unterstützt der Ascend MAX 4004 vier 2-Mbit-Leitungen oder Primärmultiplexanschlüsse und 48 digitale Modems. Im Gegensatz zum Switch von U.S. Robotics können PPTP-Server nur leitungsorientiert festgelegt werden, wobei jede Leitung eine WAN-Schnittstelle darstellt. Auf einem MAX 1800 sind das ISDN-Basisanschlüsse, auf dem MAX 4004 2-Mbit-Leitungen oder Primärmultiplexanschlüsse. Dies stellt unter Umständen eine erhebliche Einschränkung für ISPs dar, die ihre PPTP-Dienste Clients verschiedener Unternehmen mit eigenen RAS-Servern zur Verfügung stellen möchten. Wir gehen davon aus, daß Ascend diese Einschränkung in naher Zukunft aufhebt, um auch solche ISPs unterstützen zu können. Für ein Unternehmen, das seine Einwähldienste einer einzigen NT-Domäne anbietet, sollte das aber unproblematisch sein. Beachten Sie, daß der MAX die Authentifizierung auf einer mit PPTP konfigurierten Leitung zum RAS-Server weiterleitet, so daß ein PPTP-Benutzer nicht in ein Konfigurations- oder RADIUS-Profil eingetragen werden muß.

PPTP wird auf dem Ascend MAX 4004 wie folgt konfiguriert:

1. Wählen Sie im Menü *Edit* den Eintrag *Ethernet*, dann *Mod Config* und *PPTP options*.

2. Aktivieren Sie PPTP im Menü *PPTP options*, indem Sie die Option *PPTP Enable* mit der Eingabetaste auf *Yes* setzen.

   Geben Sie für mindestens einen der Parameter *Route line* einen PPTP-Rechner ein. Wenn Sie nur eine Leitung für PPTP-Anrufe vorsehen, tragen Sie einfach eine IP-Adresse für diese Leitung ein. Bei den anderen Leitungen belassen Sie die Standardeinstellung 0.0.0.0, so daß diese die Anrufe wie gewöhnlich behandeln. Wenn Sie PPTP aktivieren und alle Leitungen auf 0.0.0.0 gesetzt lassen, werden alle Anrufe als PPTP-Anrufe betrachtet und andere eingehende Anrufe nicht mehr akzeptiert. Der MAX unterbindet dann jedes Routing und ist funktionell deaktiviert. In unserem Beispiel verwenden alle vier PRI-Leitungen denselben PPTP-Rechner mit der IP-Adresse 1.1.1.60 (siehe Abbildung 5-11).

```
AFN-NOC-MAX-1 EDIT
90-800 Mod Config
 PPTP options...
 >PPTP Enabled=Yes
  Route line 1=1.1.1.60
  Route line 2=1.1.1.60
  Route line 3=1.1.1.60
  Route line 4=1.1.1.60
```

Abbildung 5-11: PPTP-Leitungskonfiguration auf dem Ascend MAX 4004

3. Drücken Sie die Esc-Taste, akzeptieren Sie die Änderungen und beenden Sie die Konfiguration, damit die neuen PPTP-Daten im MAX gespeichert werden.

Verbindungsaufbau

Beim Anwählen eines ISP mit PPTP-Unterstützung übernimmt der ISP für Sie auf den Remote-Access-Switches alle mit dem VPN zusammenhängenden Aufgaben. Sie müssen Ihren Client lediglich so konfigurieren, als würden Sie sich direkt bei Ihrem RAS-Server einwählen. Der Switch des ISP leitet alle Authentifizierungsdaten an den RAS-Server weiter.

Beim Anwählen eines ISP ohne PPTP-Unterstützung müssen Sie über das DFÜ-Netzwerk einen PPP-Anruf zum ISP veranlassen. Nach dem Verbindungsaufbau halten Sie die PPP-Sitzung geöffnet, wählen den vorgenommenen PPTP-Eintrag (der in unserem Fall »VPN-Zentrale« heißt) und klicken auf die Schaltfläche *Wählen*. Dies leitet einen PPTP-Anruf zum RAS-Firmenserver über die PPP-Internet-Verbindung ein.

Fehlerbehebung

Was ist zu tun, wenn der Verbindungsaufbau nicht klappt? Liegt der Fehler beim ISP des fernen Benutzers, beim ISP der Zentrale, im Internet selbst oder in der Konfiguration des RAS-Clients oder -Servers? Aufgrund der zahlreich involvierten Faktoren sind Fehler in VPN-Verbindungen nur sehr schwer zu ermitteln.

Probleme beim Login

RAS-Benutzer haben beim Aufbau von Wählverbindungen am häufigsten Probleme mit dem Modem. In diesem Fall ist der Fehler ausschließlich auf der Clientseite zu suchen. Probleme bei der Authentifizierung (falsche Benutzernamen, Paßwörter oder Authentifizierungsart) kommen gleich danach. Dabei müssen am RAS-Zielserver oft die Protokolldateien durchgesehen oder die Verbindungsversuche beobachtet werden. Zur Eingrenzung derartiger Login-Probleme sind die Ereignisanzeige und der DFÜ-Monitor von Windows NT hilfreich.

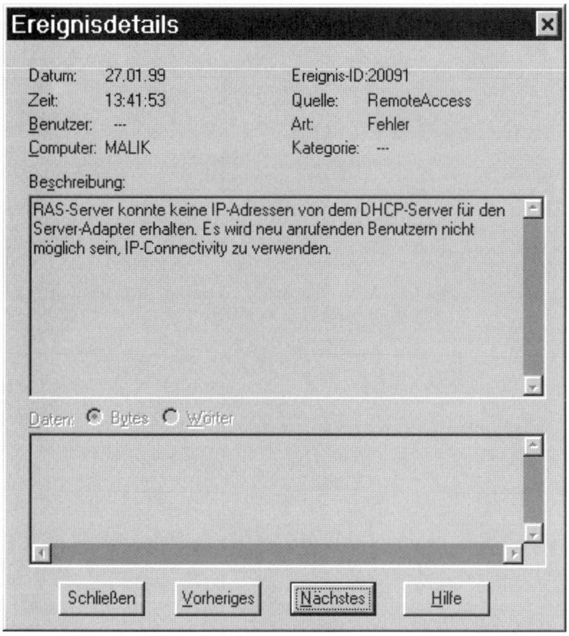

Abbildung 5-12: Eine gescheiterte VPN-Verbindung in der Ereignisanzeige

Die Ereignisanzeige

Die Ereignisanzeige ist das auf Windows NT Rechnern gängige Protokollsystem. Es befindet sich im Startmenü unter *Programme* und *Verwaltung (Allgemein)*. Angenommen, Sara N. hat Probleme bei der Einwahl – sie hat anscheinend Probleme beim Verbindungsaufbau und weiß nicht, warum. Sehen Sie in der Ereignisanzeige die Spalte *Quelle* nach Remote-Access-Meldungen durch, die in etwa aus der Zeit stammen, zu der sich Sara N. einzuwählen versuchte. Die Symbole ganz links unterscheiden zwischen Informationen (ein blauer Punkt mit einem »i«), Warnungen (ein Ausrufezeichen in gelb) und Fehlern (ein rotes Stoppzeichen). Sie werden in dem Zeitraum, in dem Sara N. sich einzuwählen versuchte, Meldungen mit roten Stoppzeichen und der Quelle *RemoteAccess* sehen. Durch einen Doppelklick wird die Fehlermeldung ausführlich angezeigt (siehe Abbildung 5-12). Hier zeigt sich, daß der Fehler von einem DHCP-Problem herrührt. Der nächste Schritt besteht in diesem Fall darin zu überprüfen, ob Sara N. zum Bezug einer IP-Adresse über DHCP eingerichtet und der DHCP-Server korrekt konfiguriert ist.

Aus der Ereignisanzeige können auch nützliche Informationen über erfolgreiche Logins abgelesen werden, so zum Beispiel Benutzername, Portnummer, Verbindungsdauer, Portgeschwindigkeit und die Anzahl der gesendeten und empfangenen Bytes. Abbildung 5-13 zeigt einen Auszug aus den Informationen, die von der Ereignisanzeige protokolliert werden.

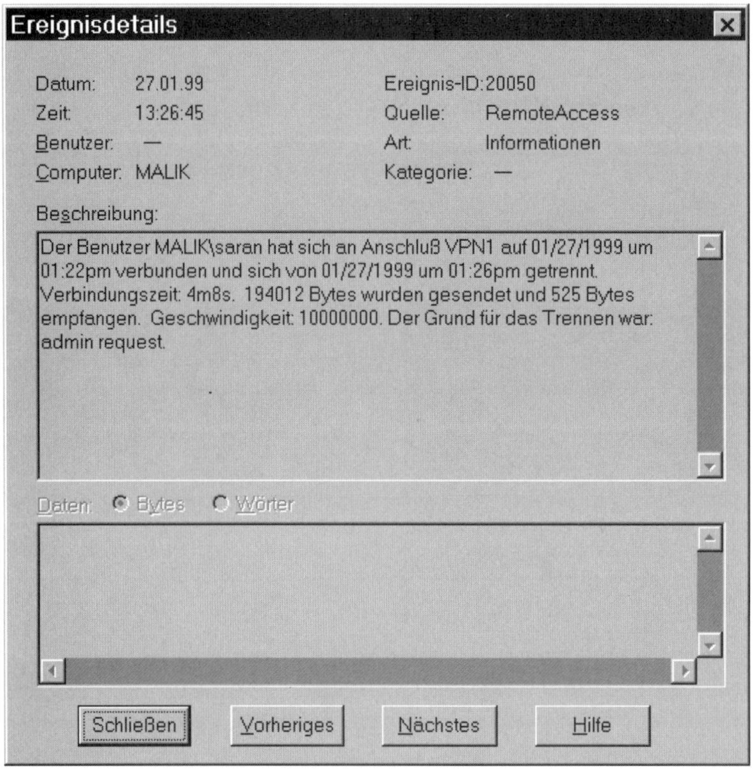

Abbildung 5-13: Informationen über eine erfolgreiche VPN-Sitzung

Der DFÜ-Monitor

Der DFÜ-Monitor wird im Startmenü unter *Programme* und *Verwaltung* aufgerufen. Sie können ihn verwenden, um den Status eines eingehenden Anrufs oder einer bestehenden Verbindung zu überwachen. Er ist aber nicht nur bei Authentifizierungsproblemen hilfreich. Auch das Senden und Empfangen von Paketen kann verfolgt werden. Außerdem zeigt der DFÜ-Monitor im Abschnitt *Gerätefehler* Verbindungsfehler an (siehe Abbildung 5-14).

Verbindungstest

Wenn Ihr PPTP-Client Probleme bei der Einwahl hat, sollten Sie zunächst die Verbindungen überprüfen. Dazu gehören die PPP-Verbindung zwischen dem Client und Ihrem ISP und zwischen diesem und dem ISP, an den der RAS-Server angeschlossen ist. Beachten Sie dabei, daß der Test nur bei Verbindungen funktioniert, bei denen Sie einen ISP ohne PPTP-Unterstützung anwählen. Anderenfalls sind Sie erst nach der Authentifizierung durch den RAS-Server tatsächlich verbunden. Verläuft der Test erfolgreich, ist die Verbindung in Ordnung.

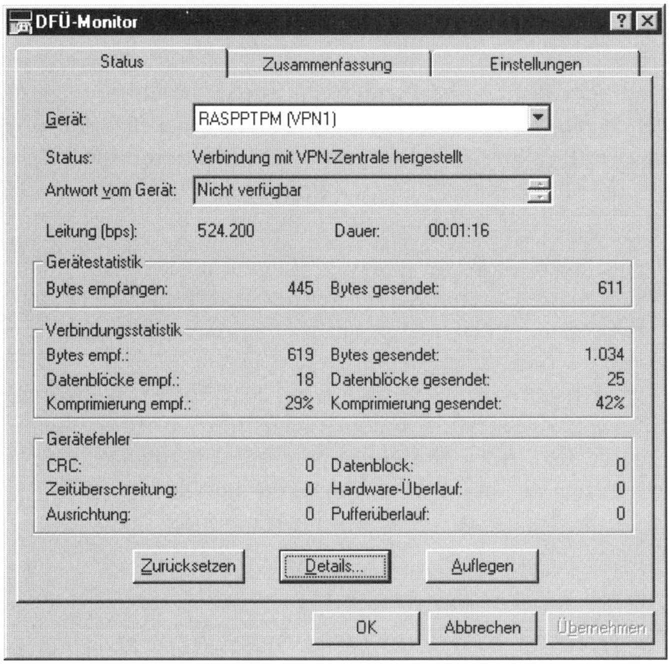

Abbildung 5-14: Der DFÜ-Monitor

ping und traceroute

Am besten geeignet für Verbindungstests ist der Befehl *ping*, den Sie im Startmenü unter *Ausführen* starten. Nach der Anwahl des ISP können Sie versuchen, mit *ping* folgendermaßen auf den RAS-Server zuzugreifen:

```
ping <IP-Adresse des RAS-Servers>
```

In unserem Fall ist die IP-Adresse 2.1.1.60. Erhalten Sie eine Erfolgsmeldung, ist die Verbindung in Ordnung. Anderenfalls sollten Sie mit *ping* auf einen Internet-Standort zuzugreifen versuchen, dessen IP-Adresse oder Rechnername Ihnen bekannt ist. Hervorragend geeignet wären hier die DNS-Server Ihres ISP. Wenn Sie mit *ping* nicht auf den RAS-Server, aber auf einen anderen Standort zugreifen können, können folgende Probleme vorliegen:

- Die Verbindung wurde unterbrochen. Es kommt manchmal vor, daß ein Modem die Verbindung schließt, dies im DFÜ-Netzwerk aber nicht wahrgenommen wird. Wenn Sie über ein externes Modem verfügen, können Sie anhand des Carrier-Detect-Lämpchens überprüfen, ob Sie überhaupt verbunden sind.
- Ihre PPP-Verbindung ist falsch konfiguriert. Überprüfen Sie, ob die PPP- und TCP/IP-Informationen von Ihrem ISP mit den Daten in den TCP/IP-Eigenschaften übereinstimmen. Wenn Sie über keine feste IP-Adresse verfügen, sollte Ihnen Ihre IP-

Adresse und die Gateway-Adresse vom PPP-Server des ISP zugewiesen werden. Überprüfen Sie auch hier, ob die DNS-Server des ISP korrekt aufgeführt sind.

- Aufgrund von Überlastung oder Routing-Problemen am Internet-Backbone ist das Firmennetz nicht erreichbar (ein häufiges Phänomen). In diesem Fall sollten Sie versuchen, mit *ping* auf die IP-Adresse des Internet-Gateway-Routers der Firma zuzugreifen. Gelingt dies, ist der RAS-Server vermutlich falsch konfiguriert oder nicht verbunden.

Ein anderes nützliches Tool zum Verbindungstest ist ein Programm, das Unix-Benutzern unter dem Namen *traceroute* bereits vertraut sein dürfte. Es verfolgt den Weg eines gesendeten Pakets bis zum Zielrechner und zeigt an, welche Gateway-Router (Hops) dabei durchlaufen werden. Unter Windows 95 oder 98 und Windows NT heißt das Programm TRACERT. Beim Einsatz von *traceroute* bzw. TRACERT besteht unter Umständen jedoch das Problem, daß UDP-Pakete von einem unzulässigen (hohen) Port gesendet werden und einige ISPs oder Firmen eingehende UDP-Pakete aus Sicherheitsgründen blockieren. Wenn *traceroute* die Verfolgung am Router eines ISP oder dessen internen Netz abbricht, bedeutet das nicht unbedingt, daß das Netz oder der Rechner funktionsunfähig sind.

PPTP-Einsatz mit anderen Sicherheitsmaßnahmen

Wir haben uns bislang mit den elementaren Schritten zur Einrichtung eines VPNs mit PPTP beschäftigt. Der Nutzen eines VPNs hängt unmittelbar von den Sicherheitsmaßnahmen ab, die im lokalen Zielnetz implementiert sind. Da PPTP ein ganz normales Protokoll ist, muß es für seine Funktionsfähigkeit auch die Erlaubnis erhalten, einen Firewall oder Proxy-Server zu passieren (oder zu umgehen).

Wie PPTP einen Firewall passieren kann

Wie die meisten auf IP beruhenden Tunneling-Protokolle arbeitet PPTP an einem bestimmten IP-Port – in diesem Fall an TCP-Port 1723. Am Firewall oder Filter müssen Sie also den IP-Zugang von und zu diesem Port für Ihren RAS-Server freischalten. Wenn Ihr Firewall auch nach Protokollen filtert, müssen Sie zudem GRE (IP-Protokoll 47) erlauben. Auf dem RAS-Server sollten alle anderen Ports blockiert werden, insbesondere die berüchtigten Namensdienst-, Datagramm- und Sitzungsports 137, 138 und 139 von NetBIOS. Anhand dieser Ports können die NetBIOS-Namen und Freigaben der Systeme in Ihrem Netz durchgesehen werden.

Feste IP-Adressen

Da sich ferne PPTP-Benutzer über einen ISP einwählen, besitzen sie unter Umständen nicht immer dieselben IP-Adressen. Eine rechnerorientierte Filterung ist dann nicht möglich. Ein VPN mit PPTP ist also völlig auf benutzerorientierte Authentifizierung angewiesen. Durch feste IP-Adressen, bei denen ein Benutzer bei jeder Einwahl dieselbe Adresse erhält, läßt sich dieses Problem beheben. Manche ISPs bieten als Zusatz zum Account gegen Aufpreis eine feste IP-Adresse an. Durch Ausnutzung dieser Möglichkeit läßt sich die Sicherheit erheblich erhöhen, indem nur Rechner mit bestimmten IP-Adressen den Port 1723 des Firewalls passieren und eine Verbindung zum RAS-Server aufbauen dürfen.

Wie PPTP einen Proxy-Server umgehen kann

Ein Proxy-Server fungiert als Zwischenstation zwischen den internen und den nur über das Internet zugänglichen Rechnern. Normalerweise ist der Proxy-Server, abgesehen von einem Internet-Server wie SMTP-Mail, in einem Netz der einzige Rechner, der den Firewall passieren darf. Über den Proxy-Server kann der Administrator steuern, wer auf welche Internet-Dienste außerhalb des Firewalls zugreifen darf. Dies scheint zwar auf den ersten Blick ideal, PPTP ist jedoch nicht mit allen Proxy-Servern einsetzbar (eine Ausnahme bildet der Microsoft Proxy Server 2.0). Derzeit sind PPTP-Clients und -Server nicht mit den Socket-Diensten auf Proxy-Servern vereinbar. Ein PPTP-Server darf also nicht hinter einen Proxy-Server plaziert werden, da die Clients nicht durchgelassen werden. Wenn Sie mit einem Proxy-Server arbeiten, muß auch Ihr RAS-Server zum Firewall hin offen sein. Der RAS- und der Proxy-Server besitzen dann jeweils eine Netzschnittstelle zum Router und zum lokalen Netz. In diesem Fall sollte IP-Forwarding (Routing) in den TCP/IP-Eigenschaften beider Netzkarten aktiviert sein.

In diesem Kapitel:
- *Vorteile des AltaVista Tunnel*
- *Einschränkungen des AltaVista Tunnel*
- *Arbeitsweise des AltaVista Tunnel*
- *VPNs und AltaVista*

6 Implementierung des AltaVista Tunnel 98

Der AltaVista Tunnel ist ein Produkt von Digital Equipment Corporation (inzwischen Compaq), das mittelstarken Verkehr über eine VPN-Verbindung unterstützt.

Im Zuge der fortschreitenden Entwicklung der VPNs wird auch der AltaVista Tunnel beständig mit besseren Sicherheitsmaßnahmen und erweiterter Funktionalität ausgestattet. In seiner Neufassung als AltaVista Tunnel 98 stellt diese Client/Server-Software eine solide Lösung für die VPN-Anforderungen eines Unternehmens dar. In diesem Kapitel zeigen wir die grundlegenden Konzepte sowie die Vor- und Nachteile der AltaVista-Lösung. Es handelt sich zwar nicht um die einzige VPN-Lösung, gehört aber zu den drei Produkten, die auf diesem noch jungen Gebiet wohl eine Führungsrolle einnehmen werden.

Der AltaVista Tunnel 98 ist in zwei Versionen verfügbar: als Extranet Server und als Telecommuter Client. Der Extranet Server verwaltet die Verbindungen auf der Seite der Zentrale, bei der sich die fernen Benutzer mit dem Telecommuter Client einwählen. Der Extranet Server kann auch selbst als Tunnelclient fungieren, so daß ein ganzes LAN auf den Tunnel zu einem fernen LAN zugreifen kann.

Der Server hält eine Datei für jeden Benutzer und definiert diesen über einen Benutzernamen, einen Gruppennamen, ein Paßwort und einen halben digitalen Schlüssel, der zur Chiffrierung herangezogen wird. Die Clientsoftware eines Benutzers ist so konfiguriert, daß diese Informationen beim Verbindungsaufbau an den Server gesendet werden.

Der Server sichert die Nachrichten für das Tunnelnetz durch eine Kombination aus Verschlüsselung und Standard-Authentifizierung mit Benutzername und Paßwort. Durch diese Art der Authentifizierung können von jedem Punkt im Internet ferne Verbindungen zum Tunnelnetz hergestellt werden. Jeder Benutzer gehört einer oder mehreren Gruppen an, und jede Gruppe erhält Zugang zu bestimmten Systemen, die geschützt hinter dem Server liegen. Der Server verwaltet die Dateien mit den Benutzergruppennamen und Paßwörtern sowie den Chiffrierschlüsseln der einzelnen Gruppen.

Dieses System bietet einem Unternehmen eine sichere und recht vielseitige Lösung zur Implementierung eines virtuellen privaten Netzes, die ohne großen Zeitaufwand und relativ problemlos zu verwalten ist.

Neben dem AltaVista Tunnel Extranet Server können auf einem System zwar auch andere Netzdienste ausgeführt werden, man sollte ihn jedoch als streng vertrauliches System behandeln, da zu seinen Aufgaben die Schlüsselerzeugung und -verwaltung sowie die Autorisierung ferner Tunnelclients gehören. Sie sollten ihn also physisch isolieren und jede überflüssige Software entfernen.

Der Telecommuter Client verwaltet alle VPN-Verbindungen, auf die der Benutzer Zugriff hat, und ist auch in der Lage, Konfigurationen, Schlüssel und Routing-Informationen mehrerer Gruppen zu behandeln. Die Tunnelsitzung am Benutzerende der Verbindung ist für den Internet Service Provider des Benutzers transparent, da die virtuellen IP-Adressen und Routing-Informationen vom fernen Tunnelserver bearbeitet werden. Die virtuellen IP-Adressen werden aus einem festgelegten Adreßbereich in der Konfiguration des Extranet Server gewählt. Beim Verbindungsaufbau werden sie den Benutzern zugeordnet, um das Routing von Tunnelnachrichten zu ermöglichen. Der PC der Benutzerin kann sich dadurch wie ein lokaler Netzknoten mit dem privaten Netz verbinden. Die Tunnelsitzung ist geschützt und für die Benutzerin transparent.

Der AltaVista Tunnel Extranet Server ist für Windows NT (4.0 SP3 oder höher) und Digital Unix erhältlich. Der AltaVista Tunnel Telecommuter Client ist für Windows NT (4.0 SP3 oder höher), MacOS 8.0 und Windows 95/98 verfügbar.

Demoversionen des AltaVista Tunnel Extranet Server und Telecommuter Client sind unter *http://altavista.software.digital.com:80/tunnel/index.htm* erhältlich.

Vorteile des AltaVista Tunnel

Das AltaVista Tunnel-System verfügt über drei besondere Vorteile: Zugreifbarkeit, Sicherheit und generelle Flexibilität.

Zugreifbarkeit

Andere VPN-Lösungen sind darauf ausgerichtet, zwischen verschiedenen Netzen sicheren Zugang über das Internet zu gewährleisten. Dies setzt feste IP-Adressen und eine besondere Firewall-Konfiguration für die Tunnelnachrichten an beiden Enden einer Verbindung voraus. Der AltaVista Tunnel bietet ebenfalls die Möglichkeit eines virtuellen privaten Netzes zwischen LANs, unterscheidet sich aber von anderen Lösungen insofern, als er nicht von festen IP-Adressen abhängt und die Verifizierung benutzerspezifisch ist. Durch eindeutige gruppenspezifische Namen, Paßwörter und Chiffrierschlüssel erlaubt der AltaVista Tunnel einem Benutzer, sich von beliebigen Orten einzuloggen, wobei unterschiedliche IP-Adressen verwendet werden können. Damit erhalten mobile Benutzer, unabhängig von bestimmten Internet-Zugangspunkten, vollständigen Zugriff auf das lokale Firmennetz.

Benutzergruppen erleichtern die Konfiguration. Man könnte zum Beispiel alle Vertriebsleute in einer Gruppe zusammenfassen, der ein einziges Paßwort zur Verfügung steht und deren Zugriff auf bestimmte zum Vertrieb gehörende Rechner im Firmennetz beschränkt ist. Diese Art des Zugriffs ist deshalb möglich, weil die Authentifizierung nicht auf IP-Adressen, sondern auf Benutzergruppen beruht.

Auf dem eingehenden Extranet Server sind die Tunnelgruppen mit Benutzernamen, Paßwort und Schlüssel für einzelne Tunnel konfiguriert. Nach der Verifizierung werden diese Gruppen von dynamisch zugewiesenen virtuellen IP-Adressen zu physischen IP-Adressen im lokalen Netz geroutet. Damit können bestimmte Benutzergruppen aus dem Internet auf bestimmte Rechner oder Rechnergruppen im lokalen Netz zugreifen. Die zur Authentifizierung und Chiffrierung erforderlichen Daten werden von allen Benutzern gemeinsam verwendet, die zum Zugang zu einem bestimmten Tunnel berechtigt sind. Der Benutzer konfiguriert einen AltaVista Tunnel Telecommuter Client mit geeignetem Benutzernamen, Paßwort und Sitzungsschlüssel und stellt eine Verbindung zum privaten Firmen-LAN her.

Sicherheit

Der AltaVista Tunnel ist in bezug auf Verschlüsselung und Authentifizierung auf dem neuesten Stand.

Dreistufiges Chiffrierverfahren

Der AltaVista Tunnel verwendet zunächst das Public-Key-Verfahren von RSA zum Schlüsselaustausch mit einem 1024-Bit-Schlüssel, um die einleitende Authentifizierung zwischen den Tunnelenden durchzuführen. Danach wird die Secret-Key-Chiffrierung RC4 von RSA mit einem 128-Bit-Schlüssel eingesetzt, um die Daten in kryptographisch geschützte Pakete einzuschließen, bevor sie an den Empfänger gesendet werden. Beim Empfang bringt der Tunnelclient die verschlossenen Pakete zur Dechiffrierung wieder in eine lesbare Form. Die Tunneldaten bleiben bis zum Eintreffen beim Extranet Server verschlüsselt, damit der Datenschutz auch innerhalb des vertrauenswürdigen Netzes gewährleistet ist. Die Datenintegrität der chiffrierten Pakete wird transparent mit dem Prüfsummenalgorithmus MD5 von RSA verifiziert, damit sichergestellt ist, daß die Daten bei der Übertragung nicht manipuliert wurden. Während einer Tunnelsitzung werden je nach Server-Konfiguration alle 30 bis 1440 Minuten (1 Tag) neue Chiffrierschlüssel zwischen den Tunnelclients ausgetauscht. Dies geschieht automatisch und ist für die Tunnelbenutzer transparent.

Die internationale Version des AltaVista Tunnel arbeitet bei RC4 mit einem 56-Bit-Schlüssel, da die US-Ausfuhrbestimmungen den Export stärkerer Verschlüsselungsverfahren untersagen. Die 56-Bit-Schlüssel sind weniger sicher und können von einem entschlossenen Angreifer geknackt werden. Die US-spezifischen und internationalen Schlüssel werden vom Tunnel erkannt und die Unterschiede ausgeglichen, so daß Benutzer sich länderübergreifend in das virtuelle private Netz einloggen können. Der AltaVista Tunnel unterstützt bei Bedarf auch 40 Bit lange Chiffrierschlüssel.

Unterstützung eines zukünftigen Sicherheitsstandards

RSA hat vor kurzem mit der Entwicklung des S/WAN-Standards (Secure Wide Area Network) begonnen, der auf IPSec beruht. Die Sicherheitsverfahren des AltaVista Tunnel wurden zwar von AltaVista entwickelt, man beabsichtigt jedoch, neben den proprietären Sicherheitsverfahren auch diesen Standard zu unterstützen, sobald er verabschiedet ist. Bislang wurden noch keine konkreten Termine für eine IPSec-Unterstützung des AltaVista Tunnel 98 genannt.

Unterstützung von Security Dynamics SecureID

Die Authentifizierung wird noch sicherer, wenn Sie mit den vom AltaVista Tunnel 98 unterstützten SecureID-Authentifizierungs-Token von Security Dynamics arbeiten. Dabei werden alle 60 Sekunden neue zufällige Zugriffscodes generiert, die den unberechtigten Zugang zum geschützten privaten LAN zusätzlich erschweren. Der Extranet Server agiert in diesem Fall als Client für den ACE/SERVER, der das Kernstück des SecureID-Systems bildet. Weitere Informationen über die Authentifizierungsprodukte von Security Dynamics finden Sie unter *http://www.securitydynamics.com.*

Flexibilität

Der AltaVista Tunnel 98 kann mit vielen Arten konventioneller Firewalls eingesetzt werden. Der Firewall des LANs wird so konfiguriert, daß er automatisch alle Nachrichten, die an den Tunnelport des Firewalls adressiert sind, zu einem eindeutigen Port am Tunnelserver weiterleitet. Damit wird nicht nur die physische IP-Adresse des Tunnelservers verborgen, sondern auch alle Versuche protokolliert, eine Verbindung zum Tunnelnetz herzustellen. Dies umfaßt sowohl den Firewall als auch den Tunnelserver. Andere Möglichkeiten zur Firewall-Konfiguration für IP-Tunnel finden Sie in Kapitel 9, *Der Cisco PIX Firewall.*

Einschränkungen des AltaVista Tunnel

Der AltaVista Tunnel bietet zwar umfangreiche Möglichkeiten zur Tunneleinrichtung, besitzt aber auch einige Einschränkungen, die ihn für manche Unternehmen, die ein virtuelles privates Netz benötigen, unter Umständen ungeeignet machen.

Beschränkungen bei den Plattformen

Da der AltaVista Tunnel nicht alle Plattformen unterstützt, stellt er für ein Unternehmen mit vielen verschiedenen Betriebssystemen nicht die richtige Lösung dar. AltaVista hat inzwischen einen Telecommuter Client für MacOS herausgegeben. Eine Demoversion der Macintosh-Clientsoftware ist unter der am Anfang dieses Kapitels angegebenen Web-Adresse des AltaVista Tunnel 98 erhältlich. Es gibt keine Aussagen darüber, ob oder ab wann neben Digital Unix andere Unix-Derivate unterstützt werden. AltaVista berücksichtigt in der jetzigen Software nicht einmal mehr BSD/OS und FreeBSD.

Sicherheitsmängel bei der Benutzerauthentifizierung

Die Sicherheitsmerkmale stellen zwar eine der leistungsfähigsten Eigenschaften des AltaVista Tunnel dar, die Benutzerauthentifizierung wirft aber einige Probleme auf. Damit sich Benutzer von beliebigen Orten einloggen können, wird auf eine der gängigsten Authentifizierungsarten, nämlich die Überprüfung der eingehenden IP-Adresse, verzichtet. Netzadministratoren, die schon genug mit dem Verlust und der Kompromittierung von systemspezifischen Benutzerpaßwörtern beschäftigt sind, müssen außerdem dafür sorgen, daß die erzeugten Schlüssel sowie der Gruppenname und Paßwörter der Tunnelbenutzer angemessen geschützt werden, da ausschließlich diese Daten zur Verifizierung von Verbindungen herangezogen werden. Wie bereits erwähnt, sollte der AltaVista Extranet Server als streng vertrauliches System verwaltet werden, da das virtuelle private Netz bei der Kompromittierung eines Tunnelschlüssels keinen Sinn mehr hat.

Arbeitsweise des AltaVista Tunnel

Ein AltaVista Tunnelnetz besteht aus zwei Seiten, und zwar der eingehenden (*inbound*) und der ausgehenden (*outbound*), die beide ans Internet angeschlossen sind. Die eingehende Seite besteht aus dem privaten Netz, das eine beliebige Anzahl von Rechnern enthält, und einem AltaVista Tunnel Extranet Server. Die ausgehende Seite kann entweder ein einzelner Computer oder ein anderes LAN sein. Im ersten Fall arbeitet der Benutzer mit dem AltaVista Telecommuter Client, und im zweiten Fall verfügt das ferne LAN über einen eigenen Extranet Server, damit die ein- und ausgehenden Tunnelnachrichten von Rechnern in seinem Netz verwaltet werden können. Der Extranet Server an der eingehenden Seite ist immer für die Authentifizierung, die dynamische Zuweisung der IP-Adressen und das Routing der Tunnelnachrichten für eingehende Verbindungen zuständig.

Ein einfaches VPN könnte zum Beispiel aus drei unabhängigen Benutzern bestehen, die über drei verschiedene ISPs ans Internet angeschlossen sind. Alle Benutzer arbeiten mit dem Telecommuter Client und besitzen Zugang zur Tunnelgruppe auf dem Extranet Server des fernen LANs. Die Benutzer verfügen über IP-Adressen, die im Netz ihres jeweiligen ISP eindeutig sind.

Auch dem Tunnelserver und den Rechnern im fernen LAN sind physische IP-Adressen zugeordnet. Auf dem Tunnelserver ist ein Bereich virtueller IP-Adressen zur Vergabe an eingehende Tunnelverbindungen verfügbar. Jede Verbindung erhält zwei virtuelle IP-Adressen, wobei die eine dem Clientende und die zweite dem Serverende des Tunnels zugewiesen wird.

Die Tunnelnachrichten, die für das virtuelle private Netz bestimmt sind, werden somit zuerst über die Tunnel-Clientsoftware geroutet, und zwar von der physischen IP-Adresse des Clients zu dessen virtueller IP-Adresse. Diese verweist auf die virtuelle IP-Adresse des Tunnelservers für diese Verbindung, welche wiederum zu einem internen

Rechner im physischen IP-Adreßbereich des lokalen Netzes geroutet wird. Auf diese Art können ferne Clients wie Knoten im lokalen Netz agieren.

Wenn ein ferner Benutzer eine Tunnelsitzung mit dem Tunnelserver beginnt, wird eine chiffrierte Verbindungsanforderung versendet. Diese wird nach dem Passieren des Firewall authentifiziert, wozu die Liste der berechtigten Clients auf dem Tunnelserver herangezogen wird. Nachdem die Anforderung zugelassen wurde, setzt der Tunnelserver eine Antwort ab, die mit dem öffentlichen Schlüssel des Client chiffriert ist. Der Client dechiffriert diese Nachricht, indem er zunächst seinen privaten Schlüssel und dann die beiden ausgetauschten Schlüsselteile verwendet. Diese Teile werden zu einem geheimen Sitzungsschlüssel kombiniert, der alle 30 bis 1440 Minuten neu generiert wird, solange die Verbindung besteht.

Die AltaVista Tunnel 98 Software wird an beiden Enden als unabhängiges Netzprotokoll installiert und zu einer sogenannten Pseudoschnittstelle geroutet. Die virtuelle IP-Adresse, die für die Tunnelverbindung vergeben wurde, wird dieser Pseudoschnittstelle zugeteilt, durch die alle Tunnelnachrichten geroutet werden. Da der AltaVista Tunnel eine unabhängige, wenngleich virtuelle Netzschnittstelle verwendet, beeinflußt er den übrigen Netzverkehr auf dem Clientrechner nicht. Somit kann der Client bei laufender Tunnelsitzung trotzdem im Web surfen, Mail herunterladen und alle erforderlichen Operationen im Tunnelnetz durchführen, ohne dabei die Tunnel- oder andere Netzverbindungen zu unterbrechen, die auf dem Clientrechner geöffnet sind. Diese Konstellation läßt sich auf alle drei Tunnelclients im vorigen Beispiel ausdehnen.

Systemeigenschaften

Wir haben bereits die Einschränkungen hinsichtlich der unterstützten Plattformen für den Telecommuter Client und den Extranet Server behandelt. Die Beispiele, die im Abschnitt »VPNs und AltaVista« in diesem Kapitel weiter hinten beschrieben werden, wurden mit folgenden Systemen und Netzkonfigurationen getestet:

Extranet Server

Plattform:

- Pentium 233 mit Windows NT 4.0, 64 MB RAM, 2 GB Festplatte, Ethernet-Verbindung mit 100 Mbit/s.
- Pentium 166 mit Digital Unix, 128 MB RAM, 2 GB Festplatte, Ethernet-Verbindung mit 10 Mbit/s.

Vernetzung:

- Das LAN für jeden Extranet Server wird über mehrere 2-Mbit-Leitungen ans Internet angeschlossen.

Telecommuter Client

Plattform:

- Mehrere Pentium 233 und 166 mit Windows 95 oder Windows NT Workstation 4.0, 32 bis 128 MB RAM, 1 - 5 GB Festplatte und Verbindungen von Ethernet mit 10 Mbit/s bis zu Modems mit 28,8 Kbit/s.

Vernetzung:

- Der AltaVista Extranet Server belegt etwa 3 MB Plattenspeicher und benötigt im Leerlauf etwa 3000 KB Speicher. Der Telecommuter Client belegt fast 2 MB Plattenspeicher und benötigt im Leerlauf oder bei einer Verbindung etwa 500 bis 700 KB.
- Die Extranet Edition ist für eingehende (*inbound*) wie ausgehende (*outbound*) Tunnelverbindungen vorgesehen und kann somit auch als Client verwendet werden. Dies wäre in einer VPN-Konfiguration zwischen LANs sinnvoll, wo die Tunnelnachrichten in zwei Richtungen gesendet werden.

Planung

Vor der Konfiguration teilen Sie die Benutzer in geeignete Gruppen ein, so daß Benutzer mit demselben Zugriff auf Rechner in Ihrem internen Netz in einer Gruppe zusammengefaßt sind.

Der interne Aufbau

AltaVista Tunnel Extranet Server

Der Tunnelserver besteht im wesentlichen aus drei Teilen, die seine Funktion als Router für Tunnelsitzungen bestimmen:

Routing-Tabellen

Die Routing-Tabelle bildet einen Bereich lokaler physischer IP-Adressen auf Rechner im lokalen Netz ab, die Tunnelnachrichten erhalten. Eine Route kann als Standardroute für alle Tunnelgruppen festgelegt oder dynamisch einer oder mehreren Gruppen zugewiesen werden. Eine Standardroute für alle Tunnelgruppen erlaubt diesen, auf dieselben Rechner im Firmen-LAN oder- WAN zuzugreifen, während bei einer dynamischen Konfiguration bestimmten Gruppen der Zugriff auf bestimmte IP-Adressen im Netz gewährt wird. Die Routing-Tabelle auf dem Tunnelserver besteht aus drei Teilen:

- *Subnet*: Teilnetz der Netzadressen im lokalen Netz, die zum Tunnel gehören. Nachrichten, die für diese IP-Adressen bestimmt sind, durchlaufen das Tunnelnetz.
- *Netmask*: Netzmaske für das zugeordnete Teilnetz.
- *Description*: Eindeutige Kennzeichnung für diese Route.

Dynamische IP-Adreßtabellen

Jeder dynamische IP-Adreßbereich kann zu den physischen IP-Adressen geroutet werden, die in der Routing-Tabelle des Tunnelservers aufgeführt sind. Die dynamischen IP-Adressen sind virtuell; der Server weist dem Client bei der Anforderung einer Tunnelsitzung eine IP-Adresse zu und eine zweite IP-Adresse dem Serverende der Tunnelsitzung. Das Serverende der Tunnelsitzung wird dann zu dem physischen IP-Adreßbereich geroutet, der in der Routing-Tabelle konfiguriert ist. Jede Tunnelgruppe besitzt einen eigenen Bereich dynamischer virtueller IP-Adressen, und jeder dieser Bereiche kann zu denselben oder unterschiedlichen physischen IP-Adressen geroutet werden. Ein dynamischer IP-Adreßbereich besitzt fünf definierbare Parameter:

- *Range Name*: Dieser Name ist variabel und wird vom Systemadministrator zugeteilt, um den IP-Adreßbereich leichter verwalten zu können.
- *Range Description*: Eine kurze Beschreibung des IP-Adreßbereichs (z.B. »IPs für den Vertriebstunnel«). Dies ist hilfreich, wenn auf einem Server mehrere dynamische IP-Adreßbereiche verwaltet werden.
- *First IP*: Die niedrigste und damit die erste verwendbare IP-Adresse des dynamischen Bereichs.
- *Total Tunnels*: Die Gesamtzahl der Tunnelsitzungen, die zu einer bestimmten Zeit verfügbar sind. Die Gesamtzahl der IP-Adressen, die dynamisch zugewiesen werden können, ist doppelt so groß wie der hier angegebene Wert (eine IP-Adresse pro Tunnelende).
- *Netmask*: Die Netzmaske für die verwendbaren IP-Adressen im dynamischen Bereich.

Authentifizierungstabellen

Jeder Tunnelgruppe wird ein Benutzername, ein Paßwort und ein Sitzungsschlüssel zugewiesen. Der Tunnelclient wird mit diesen Authentifizierungsdaten konfiguriert und sendet sie vor der Übertragung der Tunnelnachrichten zur Verifizierung an den Server. Der Extranet Server generiert den Authentifizierungsschlüssel, den Benutzernamen der Gruppe und das Paßwort als exportierbare Dateien, die dann im Telecommuter Client installiert werden (siehe nächster Abschnitt). Diese Dateien sollten wie vertrauliche Informationen behandelt und äußerst sorgfältig verwaltet werden.

Die drei hier aufgeführten Parameter werden für jede Tunnelgruppe konfiguriert. Um die Tunnelnachrichten erfolgreich routen zu können, muß außerdem der lokale Firewall entsprechend konfiguriert werden. Einzelheiten hierzu finden Sie im Abschnitt »VPNs und AltaVista«.

Sicherheitsprozeduren

Bei der Erstellung einer Tunnelgruppe muß am AltaVista Tunnel Extranet Server manuell ein eindeutiger Benutzername und ein eindeutiges Paßwort eingegeben werden. Nach der Konfiguration der Gruppe erzeugt der Tunnelserver dafür einen eindeutigen 1024 Bit langen RSA-Authentifizierungsschlüssel. Diese beiden zur Authentifizierung gehörenden Bestandteile können in getrennten ETA- und Schlüsseldateien gespeichert werden. Die ETA-Datei enthält den Namen der Gruppe sowie das Paßwort und heißt standardmäßig *gruppenname.eta*. Die Schlüsseldatei wird üblicherweise *gruppenname.key* genannt. Diese Autorisierungsdateien werden von fernen Clients für den Verbindungsaufbau zum Tunnelserver und die Berechtigung zu Tunnelsitzungen benötigt. Sie müssen nach der Erstellung an alle berechtigten fernen Clients verteilt werden. Sie sind wie streng vertrauliche Daten zu behandeln, da jeder, der über diese Dateien verfügt, Zugang zum virtuellen privaten Netz erhält. Die Verteilung per Diskette oder privatem FTP-Standort ist halbwegs sicher. In jedem Fall sollte jede Weitergabe vom Systemadministrator protokolliert werden, um die Integrität des Sicherheitssystems zu gewährleisten.

AltaVista Tunnel Telecommuter Client

Die Tunnel-Clientsoftware enthält eine Konfiguration für jede Tunnelgruppe, auf die der Client Zugriff hat. Der Benutzer könnte zum Beispiel Vertriebsleiter für einen Produktionsbetrieb sein und Zugriff auf die Gruppe *Verkauf* für Umsatzdaten und auf die Gruppe *Produktion* für Produktionsdaten haben. Zu jeder Gruppe gehören folgende Parameter:

Username
: Eindeutiger Name der Tunnelgruppe, wie er in den Authentifizierungstabellen des Tunnelservers erscheint. Dieser Parameter befindet sich in der vom Extranet Server angelegten ETA-Datei, kann aber auch manuell eingegeben werden.

Server key ID
: Auch der Serverschlüssel stammt aus den Authentifizierungstabellen des Tunnelservers. Jede Gruppe verfügt über einen speziellen Schlüssel, mit dem der Client Zugriff auf die Tunnelgruppe erhält. Dieser Schlüssel wird vom Extranet Server in der Schlüsseldatei gespeichert.

Tunnel Server
: Domain-Name oder IP-Adresse des Tunnelservers im Internet und der Port für die Tunnelnachrichten (Standardeinstellung 3265).

First Firewall
: Der erste Firewall wird normalerweise nicht für einzelne ferne PCs verwendet, da die Nachrichten transparent sind, bis sie vom fernen Firewall empfangen werden. Dieser erste Firewall ist normalerweise der ISP des Benutzers, den die ausgehenden Tunnelnachrichten transparent durchlaufen. Auf einem Extranet Server, der als ausgehender Tunnelclient agiert, würden hier die Adresse und der Port (Standardeinstellung 3265) des lokalen Firewall zwischen LAN und Internet angegeben.

Second Firewall

Die physische Adresse und der Tunnelport für das private Netz, auf das zugegriffen werden soll. Der zweite Firewall ist der erste Bestimmungsort für den Tunnelverkehr. Dieser wird zur Verifizierung vom Tunnelport auf dem Firewall zum Tunnelport auf dem Extranet Server weitergeleitet.

VPNs und AltaVista

Die Flexibilität von AltaVista ermöglicht es einem Unternehmen, mehrere Tunnelsitzungen zwischen dem virtuellen privaten LAN und einem fernen LAN oder einzelnen Rechnern durchzuführen. Die hier beschriebenen Konfigurationen sind nicht ganz einheitlich, da sich die PC-zu-LAN- und die LAN-zu-LAN/LAN-zu-WAN-Implementierungen des AltaVista Tunnel unterscheiden. Die LAN-zu-LAN/LAN-zu-WAN-Tunnelkonfigurationen sind für ein Unternehmen geeignet, das zwischen seinen zwei Netzen Tunnelnachrichten in beiden Richtungen benötigt, wobei ein Extranet Server an jedem Verbindungsende erforderlich ist. Damit lassen sich traditionelle private Standleitungen durch sichere Tunnelsitzungen über das Internet ersetzen. Mit der PC-zu-LAN-Konfiguration können viele Benutzer über das Internet sicher auf das private Netz zugreifen, ohne auf eine feste IP-Adresse oder einen bestimmten Zugangsanbieter angewiesen zu sein.

In den folgenden Abschnitten zeigen wir Beispiele für die verschiedenen Konfigurationen.

Implementierung eines LAN-zu-LAN-Tunnels

In dieser Konfiguration gibt es auf beiden Seiten einen Firewall.

Beispielkonfiguration

In der in Abbildung 6-1 gezeigten LAN-zu-LAN-Tunnelkonfiguration stellt LAN 1 ein Firmennetz dar, das über eine 2-Mbit-Leitung ans Internet angeschlossen und durch einen Firewall geschützt ist. In diesem LAN gibt es vier Rechner: den AltaVista Extranet Server, Finanzwesen, Personalwesen und Entwicklung. LAN 2 ist eine ferne Filiale mit einem zweiten AltaVista Extranet Server und drei weiteren Rechnern. Es ist über eine ISDN-Leitung mit 128 Kbit/s ans Internet angeschlossen und durch einen Firewall geschützt. Diese Konfiguration wurde eingerichtet, um die Fähigkeit des AltaVista Tunnelserver zu zeigen, entweder als ausgehender oder als eingehender Tunnelrouter zu agieren. In diesem Beispiel stellt LAN 1 die eingehende und LAN 2 die ausgehende Tunnelgruppe dar.

Konfiguration des Tunnelservers

LAN 1 ist das eingehende Tunnelnetz und wird daher so konfiguriert, daß es Tunnelnachrichten von LAN 2 empfangen kann. Es handelt sich um eine dedizierte Tunnelverbindung, d.h., sie wird automatisch begonnen und ständig aufrechterhalten.

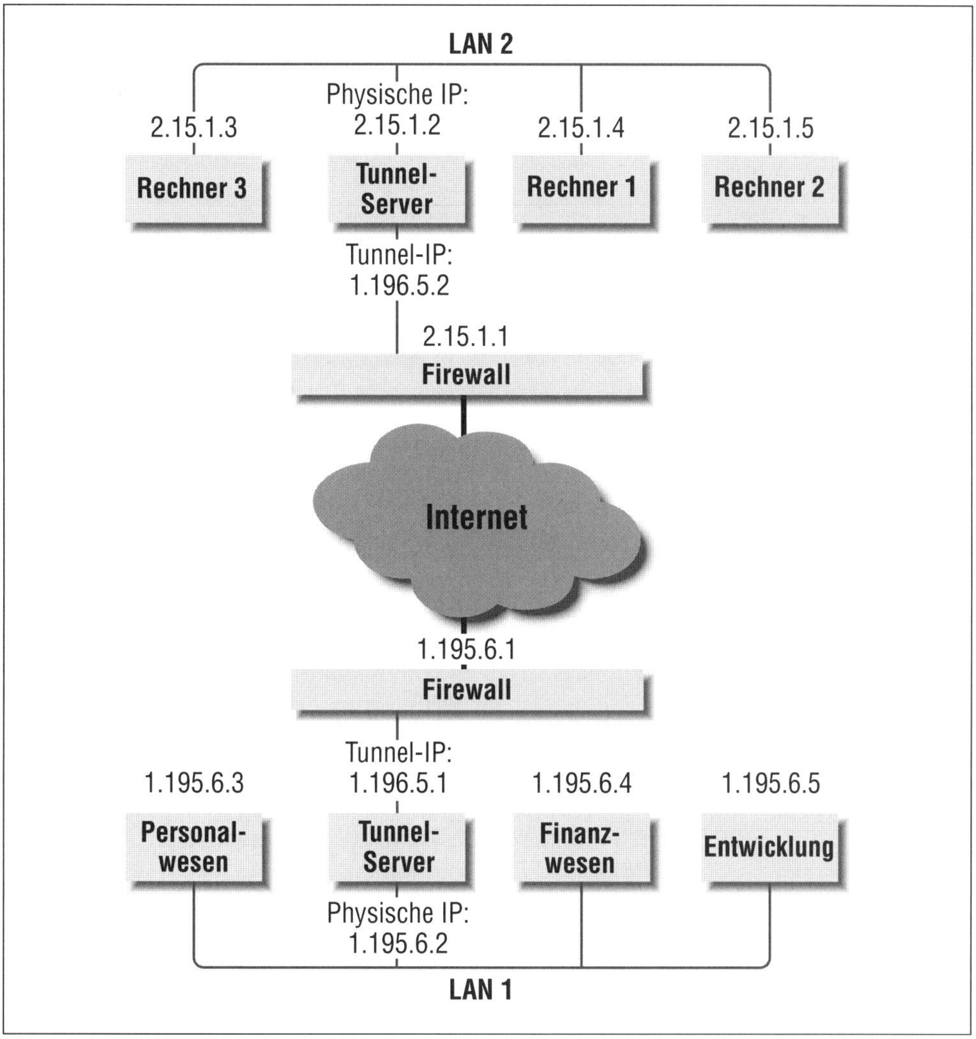

Abbildung 6-1: Zwei Firmennetze, die über einen AltaVista-Tunnel verbunden sind

Routing-Tabelle

Der eingehende Tunnelserver routet alle eintreffenden Tunnelnachrichten zu seinem lokalen Netzadreßbereich (1.195.6.*). Seine Routing-Tabelle wird wie folgt eingerichtet:

- *Subnet*: 1.195.6.*
- *Netmask*: 255.255.255.0
- *Description*: Lokale Tunnelclients

Dynamische IP-Adreßtabelle

In diesem Fall weist der Tunnelserver der Tunnel-Pseudoschnittstelle an seinem Ende die Adresse 1.196.5.1 und der Pseudoschnittstelle auf dem Tunnelserver von LAN 2 die Adresse 1.196.5.2 zu. Für mehrere ferne LAN- oder Einzel-PC-Verbindungen zu diesem Tunnel kann ein dynamischer Bereich festgelegt werden. Die dynamischen IP-Adreßtabellen werden wie folgt konfiguriert:

- *Range Name*: »Vertriebstunnel«
- *Range Description*: »Tunnel für ferne Filialen«
- *First IP*: 1.196.5.1
- *Total Tunnels*: Die Gesamtzahl der Tunnel für diese Tunnelgruppe wird auf 1 gesetzt. Es gibt einen Bereich von zwei dynamischen IP-Adressen. Der Tunnelserver von LAN 1 weist sich selbst und dem Tunnelserver des anderen LAN in der LAN-zu-LAN-Tunnelverbindung eine virtuelle IP-Adresse zu.
- *Netmask*: 255.255.255.252 für die virtuellen Netze mit zwei IP-Adressen

Authentifizierungstabelle

Der Benutzername der Gruppe lautet LAN 2, und das Paßwort heißt »WHO$there«. Diese beiden Parameter wurden in einer ETA-Datei namens *lan2.eta* gespeichert und über eine sichere FTP-Sitzung zum Tunnelserver in LAN 2 übertragen. Die zu dieser Tunnelgruppe gehörende Schlüsseldatei wurde vom Tunnelserver in LAN 1 erstellt und ebenfalls über eine sichere FTP-Sitzung zum Tunnelserver in LAN 2 übertragen. Sie wird standardmäßig *lan2.key* genannt.

LAN 2 steuert die ausgehende Tunnelsitzung und agiert für das lokale Netz als Tunnelclient. Der Tunnelverbindung selbst wird vom Tunnelserver in LAN 1 eine virtuelle IP-Adresse (1.196.5.2) zugewiesen. Der Tunnelserver in LAN 2 routet alle Tunnelnachrichten aus seinem lokalen Netz zu dieser virtuellen IP-Adresse. Der ausgehende Tunnel wurde für automatischen Verbindungsaufbau eingerichtet, d.h., die Tunnelverbindung bleibt aufrechterhalten, solange der Tunnelserver in Betrieb ist. Die ETA- und die Schlüsseldatei von LAN 1 wurden installiert und die ausgehende Tunnelsitzung wie folgt konfiguriert:

Tunnel Name

Der Name für diesen Tunnel lautet, wie in LAN 1, »Vertriebstunnel«.

Tunnel Description

Die Tunnelbeschreibung ist mit der in LAN 1 identisch: »Tunnel für ferne Filialen«.

Network Addresses

Dieser ausgehende Tunnel wird als Tunnel mit statischer Route eingerichtet, da die dem Tunnel zugewiesene virtuelle IP-Adresse vom Tunnelserver in LAN 1 stammt. Die lokale IP-Adresse für die Pseudoschnittstelle von LAN 2 wird mit 1.196.5.2 und die ferne IP-Adresse für die Pseudoschnittstelle von LAN 1 mit 1.196.5.1 besetzt.

Routing Tables

Am Tunnelende von LAN 2 muß der Tunnelserver die Nachrichten von seinem lokalen Rechner zur virtuellen IP-Adresse des Tunnels routen. Diese wird als Standardroute vom Netz 2.15.1.* mit der Netzmaske 255.255.255.0 konfiguriert.

Hostname

Die physische IP-Adresse des fernen Rechners ist 1.195.6.2, und der Standardport für Tunnelnachrichten ist 3265.

First Firewall

Diese Angabe erfolgt aus der Sicht von LAN 2, der ausgehenden Richtung des Tunnels. Der Firewall in LAN 2 wird von den Tunnelnachrichten als erster durchlaufen, so daß dieses Feld auf 2.15.1.1 und der Standardport auf 3265 gesetzt wird.

Second Firewall

Die Firewall-Adresse von LAN 1 zur Internet-Schnittstelle ist 1.195.6.1. Der Standardport ist auch hier 3265.

Server key ID

Die Serverschlüsselkennung für die Tunnelsitzung lautet *lan2.key*. Dieser Schlüssel ist in der Schlüsseldatei gespeichert, die vom Tunnelserver in LAN 1 erstellt wurde.

Firewall-Konfiguration

Die Firewalls in den jeweiligen Netzen sind so konfiguriert, daß sie alle tunnelspezifischen Nachrichten zum Tunnelserver des Netzes routen. Beim eingehenden Netz (LAN 1) sind das alle Nachrichten, die am Standardtunnelport 3265 eintreffen. Beim ausgehenden Netz werden alle Nachrichten, die für das Tunnelnetz bestimmt sind, zum Tunnelserver geroutet.

- LAN 1: Dieser Firewall gehört zum eingehenden Netz und leitet alle Tunnelnachrichten an den Tunnelserver von LAN 1 weiter. Tunnelnachrichten, die an Port 3265 eintreffen und für Netz 1.196.5.* bestimmt sind, werden an 1.195.6.2 (die physische IP-Adresse des Tunnelservers) weitergeleitet.
- LAN 2: Der Firewall von LAN 2 erhält von den lokalen Rechnern Nachrichten für den Tunnel, da diese standardmäßig nach 2.15.1.1 geroutet werden. Alle für das Tunnelnetz (1.196.5.*) eintreffenden Nachrichten werden an die physische IP-Adresse 2.15.1.2 des Tunnelservers von LAN 2 weitergeleitet.

Rechnerkonfiguration

Die Rechner in den beiden Netzen werden so eingerichtet, daß sie standardmäßig alle Tunnelnachrichten zum jeweiligen Firewall routen. Wie in der Firewall-Konfiguration oben gezeigt, werden solche Nachrichten vom Firewall zur physischen IP-Adresse des Tunnelservers geroutet.

- LAN 1: Die drei Rechner in diesem Netz (Finanzwesen, Personalwesen und Entwicklung) routen die Nachrichten zuerst zum Firewall (1.195.6.1), der die Tunnelnachrichten dann zum Tunnelserver weiterleitet.

- LAN 2: Die beiden Rechner in LAN 2 haben für alle Netznachrichten die Standardroute 2.15.1.1.

Routing über das VPN

Bei der vorangehenden Konfiguration ist der Nachrichtenverkehr im virtuellen privaten Netz mit einer Verbindung über Standleitung zwischen den beiden LANs vergleichbar. Wenn ein Rechner in LAN 2 eine Tunnelsitzung zum Server »Finanzwesen« in LAN 1 öffnen möchte, werden die für das Tunnelnetz (1.196.5.*) bestimmten Nachrichten direkt zum Firewall (2.15.1.1) geroutet, und zwar über eine statische Route, die auf Rechner 1 konfiguriert ist. Der Firewall in LAN 2 gibt alle Nachrichten für das Tunnelnetz zurück zum Tunnelserver in LAN 2 (2.15.1.2), wobei er eine Standardroute verwendet. Der Tunnelserver in LAN 2 routet alle für den Tunnel bestimmten Nachrichten zu seiner Pseudoschnittstelle für den Tunnel (1.196.5.2), wo sie ins Internet gelangen. Diese virtuelle IP-Adresse stellt seine Standardschnittstelle für alle Tunnelnachrichten dar. Der Firewall in LAN 1 empfängt die Nachrichten an Port 3265. Alle dort eintreffenden Nachrichten werden zur virtuellen IP-Adresse des Tunnelservers im lokalen Netz (1.196.5.1) zum Port 3265 geleitet.

Nach der Verifizierung generiert der Tunnelserver einen Sitzungsschlüssel, der alle 30 Minuten erneuert wird; die Tunnelkommunikation beginnt, ohne den Wechsel des Schlüssels wahrzunehmen.

Die Nachrichten vom Rechner in LAN 2 werden zur virtuellen IP-Adresse des Tunnelservers in LAN 1 und weiter zu dessen physischer IP-Adresse geroutet und schließlich zum Server »Finanzwesen« weitergeleitet. Der Rechner in LAN 2 fungiert nun als ein Netzknoten in LAN 1 und kann auf alle Dateien und Dienste auf dem Server »Finanzwesen« zugreifen, die auch einem normalen Benutzer verfügbar sind.

Implementierung eines PC-zu-LAN-Tunnels

Beispielkonfiguration

Abbildung 6-2 zeigt eine Tunnelverbindung, bei der einzelne PCs über das Internet an ein fernes Netz angeschlossen sind. Auf den PCs läuft Windows 95, die Internet-Anbindung erfolgt über eine ISDN-Leitung mit 64 Kbit/s. Außerdem ist der AltaVista Tunnel Telecommuter Client installiert. Das Firmen-LAN ist über eine Datendirektverbindung (256 Kbit/s) ans Internet angeschlossen und hat einen AltaVista Tunnel Extranet Server installiert, der Tunnelverbindungen zu zwei Rechnern (Rechner 1 und 2) bewerkstelligt. Es gibt zwar noch weitere Rechner im Firmen-LAN, die jedoch über den Tunnel nicht erreichbar sind.

Konfiguration des Tunnelservers

Routing-Tabelle

Die Routing-Tabelle wird so eingerichtet, daß alle Tunnelsitzungen zur physischen IP-Adresse 1.195.6.* des lokalen Netzes geroutet werden. Alle dynamischen IP-Adressen werden zu diesem Netz für Tunnelnachrichten gelenkt.

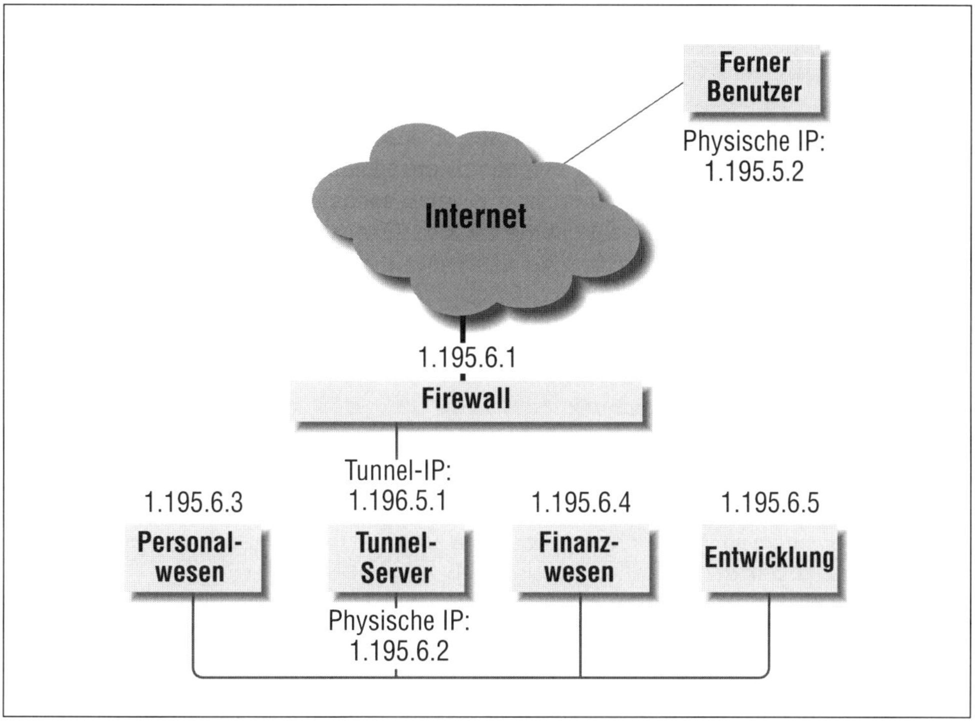

Abbildung 6-2: Typische Konstellation für einen PC-zu-LAN-Tunnel

- *Subnet*: 1.195.6.*
- *Netmask*: 255.255.255.0
- *Description*: Lokale Rechner

Dynamische IP-Adreßtabelle

Der dynamische IP-Adreßbereich beginnt bei 1.196.5.1 und umfaßt ein Netz der Klasse C (255 Adressen). Der Tunnelserver im lokalen Firmennetz ist so konfiguriert, daß er Tunnelverbindungen zu mehreren PCs herstellen kann und alle Tunnelnachrichten entsprechend der obigen Routing-Parameter zur physischen IP-Adresse seines lokalen Netzes lenkt.

- *Range Name*. »Vertricbstunncl«
- *Range Description*: »Ferne Tunnelclients«
- *First IP*: 1.196.5.1
- *Total Tunnels*: Die Gesamtzahl der Tunnel für diese Tunnelgruppe wird auf 128 gesetzt. Da jeder Tunnelsitzung zwei IP-Adressen zugewiesen werden, ergibt sich ein Bereich aus insgesamt 256 IP-Adressen.
- *Netmask*: 255.255.255.0 für das virtuelle Netz mit 256 IP-Adressen

Authentifizierungstabelle

Der Gruppenname für diesen Tunnel lautet »Verkauf«, das Paßwort heißt »WHO$there«. Diese beiden Parameter wurden in einer ETA-Datei namens *verkauf.eta* gespeichert und den verschiedenen Tunnelclients auf Diskette übergeben. Die zu dieser Tunnelgruppe gehörende Schlüsseldatei wurde vom Tunnelserver im lokalen Firmennetz erstellt und ebenfalls auf Diskette verteilt. Sie wird standardmäßig *verkauf.key* genannt.

Firewall-Konfiguration

Der lokale Firewall ist so konfiguriert, daß er alle externen Tunnelanforderungen (die bei 1.195.6.1 an Port 3265 eintreffen) zum Tunnelserver an dessen physische IP-Adresse 1.195.6.2, Port 3265, weiterleitet.

Konfiguration der lokalen Rechner

Die Rechner im lokalen Firmennetz besitzen die Standardroute 1.195.6.2, was der physischen IP-Adresse des Tunnelservers entspricht. Die für den Tunnel bestimmten Nachrichten durchlaufen das Tunnelende mit der virtuellen IP-Adresse des Tunnelservers, während alle anderen Nachrichten, die einen Bestimmungsort außerhalb des lokalen Netzes besitzen, auf dem Weg ins Internet den Firewall passieren.

Konfiguration der fernen PCs

Die Telecommuter-Clientsoftware auf den fernen PCs wird so konfiguriert, daß alle Tunnelnachrichten zu der dynamischen IP-Adresse geroutet werden, die vom fernen Tunnelserver zugewiesen wurde. Innerhalb der Tunnel-Clientsoftware wird die Tunnelgruppe wie folgt festgelegt:

Username

Der Name der Tunnelgruppe lautet »Verkauf«. Es gibt ein Paßwort (WHO$there), das beim Öffnen einer Tunnelsitzung manuell eingegeben werden muß.

Server key ID

Die lokale Schlüsseldatei heißt *verkauf.key*. Sie wird gemeinsam mit der ETA-Datei vom fernen Tunnelserver erstellt und von dort (in diesem Fall auf Diskette) bezogen.

Tunnel Server

Die physische IP-Adresse des Tunnelservers lautet 1.195.6.2, der Port für die Tunnelnachrichten ist 3265.

First Firewall

Wird in diesem Fall nicht verwendet.

Second Firewall

Der Firewall im fernen LAN besitzt die IP-Adresse 1.195.6.1, der Port für die Tunnelnachrichten ist 3265.

Übertragung der Pakete

Der ferne PC beginnt mit einer Tunnelanforderung an den Tunnelserver. Der PC ist über einen ISP ans Internet angeschlossen und hat die Tunnelverbindung mit seinem AltaVista Tunnel Telecommuter Client eingeleitet. Die Anforderung durchläuft den ISP des Benutzers transparent und ist an die IP-Schnittstelle des fernen Firewall zum Internet (1.195.6.1), Tunnelport 3265, gerichtet. Der ferne Firewall ist so konfiguriert, daß alle an diesem Port eintreffenden Nachrichten an die physische IP-Adresse des Tunnelservers (1.195.6.2) weitergeleitet werden.

Der Tunnelserver überprüft die Authentifizierungsdaten anhand seiner Authentifizierungstabellen und erstellt eine chiffrierte Antwort, wozu er den privaten Schlüssel des fernen Clients heranzieht. Die Antwort wird zum fernen Client gesendet, der sie mit seinem privaten Schlüssel dechiffriert. Die beiden Seiten tauschen nun Teile des Sitzungsschlüssels (*verkauf.key*) aus, die zu einem geheimen Sitzungsschlüssel kombiniert werden. Der Tunnelserver weist der Pseudoschnittstelle des fernen Clients die virtuelle IP-Adresse 1.196.5.2 zu. Diese fungiert als das Clientende des Tunnels, so daß alle für das ferne Netz bestimmten Nachrichten zu dieser Adresse geroutet werden. Der Tunnelserver verwendet 1.196.5.1 als Pseudoschnittstelle für die Tunnelsitzung, so daß alle an dieser IP-Adresse eintreffenden Nachrichten zum lokalen Netz (1.195.6.*) geroutet werden. Der ferne Client kommuniziert nun mit Knoten im lokalen Netz, als wäre er physisch an das Netz angeschlossen.

Damit können sich zum Beispiel Benutzer in einem Windows NT Netz in die Domäne einloggen und die Netzwerkumgebung durchsehen. Unter Unix können Protokolle und Dienste, die von außerhalb des Netzes normalerweise nicht zugreifbar sind, genutzt werden (zum Beispiel FTP zu einem sicheren Server, Zugriff auf die Web-Seiten des Firmen-Intranet usw.).

Wenn der zweite ferne PC eine Verbindung zum Tunnelserver herstellt, wird diesem neuen Tunnel ein zweites Paar IP-Adressen aus dem dynamischen Bereich des Tunnelservers zugewiesen. In diesem Fall erhält der ferne Client die Adresse 1.196.5.4, und der Tunnelserver verwendet 1.196.5.3 als sein Ende der Tunnelsitzung. Der ferne Client routet alle Tunnelnachrichten zu seiner Tunnel-Pseudoschnittstelle und der Tunnelserver alle eintreffenden Nachrichten zum lokalen Netzbereich für diesen Tunnel (wie oben beschrieben).

In beiden Fällen wird der geheime Sitzungsschlüssel vom Tunnelserver alle 30 bis 1440 Minuten neu generiert und transparent zu den fernen Clients übertragen.

Implementierung eines PC-zu-WAN-Tunnels

In dieser Konfiguration verbindet sich der Benutzer ohne Firewall direkt mit dem Internet.

Beispielkonfiguration

Bei der Konstellation mit einem PC-zu-WAN-Tunnel, die in Abbildung 6-3 gezeigt wird, besteht das Firmen-WAN aus zwei Teilnetzen mit einem Router, der die Nachrichten

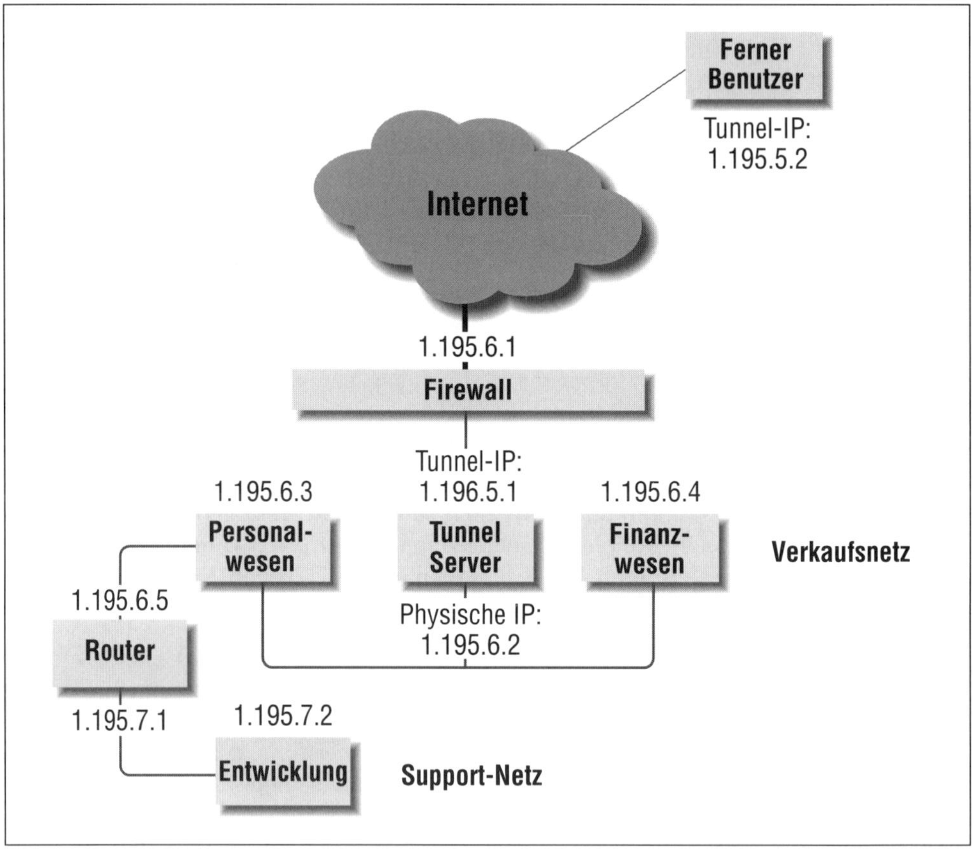

Abbildung 6-3: Eine PC-zu-WAN-Tunnelverbindung

zwischen ihnen routet. Jedes Teilnetz besteht aus mehreren Rechnern, eines davon verfügt über einen AltaVista Tunnel Extranet Server. Das WAN ist mit 2 Mbit/s ans Internet angeschlossen und durch einen Standard-Firewall geschützt. Die fernen Benutzer sind Clientrechner mit dem AltaVista Tunnel Telecommuter und über unabhängige ISPs ans Internet angeschlossen.

Konfiguration des Tunnelservers

Routing-Tabelle

Der Tunnelserver besitzt eigentlich zwei getrennte Routing-Tabellen, anhand derer er die Nachrichten zwischen den beiden Teilnetzen dirigiert. Beide Routing-Tabellen werden als Standardrouten für die dynamischen IP-Tunneladressen festgelegt (siehe Tabelle 6-1). Alle für das zweite Teilnetz (Support) bestimmten Nachrichten werden zur Schnittstelle des WAN-Routers weitergeleitet.

	Routing-Tabelle 1	Routing-Tabelle 2
Subnet	1.195.6.*	1.195.7.*
Netmask	255.255.255.0	255.255.255.0
Description	Verkaufs-Teilnetz	Support-Teilnetz

Tabelle 6-1: Routing-Tabellen für Abbildung 6-3

Dynamische IP-Adreßtabelle

Der dynamische IP-Adreßbereich beginnt bei 1.196.5.1 und umfaßt ein Netz der Klasse C (255 Adressen). Der Tunnelserver im lokalen Firmennetz ist so konfiguriert, daß er Tunnelverbindungen zu mehreren PCs herstellen kann und alle Tunnelnachrichten gemäß der obigen Routing-Parameter zu den zwei physischen Teilnetzen lenkt.

- *Range Name*: »Vertriebstunnel«
- *Range Description*: »Ferne Tunnelclients«
- *First IP*: 1.196.5.1
- *Total Tunnels*: Die Gesamtzahl der Tunnel für diese Tunnelgruppe wird auf 128 gesetzt. Da jeder Tunnelsitzung zwei IP-Adressen zugewiesen werden, ergibt sich ein Bereich aus insgesamt 256 IP-Adressen.
- *Netmask*: 255.255.255.0 für das virtuelle Netz mit 256 IP-Adressen

Authentifizierungstabelle

Der Gruppenname für diesen Tunnel lautet »Verkauf/Support«, und das Paßwort heißt »WHO$listenen«. Diese beiden Parameter wurden in einer ETA-Datei namens *versup.eta* gespeichert und den verschiedenen Tunnelclients auf Diskette übergeben. Die zu dieser Tunnelgruppe gehörende Schlüsseldatei wurde vom Tunnelserver im lokalen Firmennetz erstellt und ebenfalls auf Diskette verteilt. Sie wird standardmäßig *versup.key* genannt.

Konfiguration des WAN-Routers

Bei dieser Konstellation besteht die Funktion des WAN-Routers darin, die Netznachrichten zwischen den beiden Teilnetzen (Verkauf und Support) weiterzuleiten. Alle Rechner in den beiden Teilnetzen besitzen Standardrouten zu diesem Router, der die Nachrichten entweder zwischen den beiden Netzen oder ins Internet routet. Der WAN-Router ist ebenfalls so konfiguriert, daß er die Tunnelnachrichten vom virtuellen Netz (1.196.5.*) zum Tunnelserver an 1.195.6.2, Port 3265, routet.

Firewall-Konfiguration

Der lokale Firewall ist so konfiguriert, daß er alle externen Tunnelnachrichten (die an Adresse 1.195.6.1, Port 3265, eintreffen) zum WAN-Router an 1.195.6.5 weiterleitet. Der WAN-Router lenkt die Nachrichten dann zum Tunnelserver (wie im vorigen Abschnitt beschrieben).

Konfiguration der Netzrechner

Die Rechner in den Teilnetzen 1.195.6.* und 1.195.7.* werden mit Standardrouten konfiguriert, die zum WAN-Router führen.

Konfiguration der fernen Clients

Die fernen PC-Clients werden im wesentlichen so konfiguriert, wie es im Abschnitt »Implementierung eines PC-zu-LAN-Tunnels« beschrieben wurde. Der einzige Unterschied besteht in den Namen der ETA- und der Schlüsseldatei. In diesem Fall sind auf jedem PC für die Tunnelgruppe Verkauf/Support die Dateien *versup.eta* und *versup.key* installiert.

Übertragung der Pakete

Der ferne PC beginnt mit einer Tunnelanforderung an den Tunnelserver. Der PC ist über einen ISP ans Internet angeschlossen und hat die Tunnelverbindung mit seinem AltaVista Tunnel Telecommuter Client eingeleitet. Die Anforderung durchläuft den ISP des Benutzers transparent und ist an die IP-Schnittstelle des fernen Firewall zum Internet (1.195.6.1), Tunnelport 3265, gerichtet. Der ferne Firewall ist so konfiguriert, daß alle an diesem Port eintreffenden Nachrichten an die in seinem Teilnetz liegende Schnittstelle des WAN-Routers (1.195.6.5) weitergeleitet werden. Der WAN-Router lenkt die Nachrichten zur physischen IP-Adresse des Tunnelservers 1.195.6.2, Port 3265. Der Tunnelserver überprüft die Authentifizierungsdaten anhand seiner Authentifizierungstabellen und erstellt eine chiffrierte Antwort, wozu er den privaten Schlüssel des fernen Client heranzieht. Die Antwort wird zum fernen Client gesendet, der sie mit seinem privaten Schlüssel dechiffriert. Die beiden Seiten tauschen nun Teile des Sitzungsschlüssels (*versup.key*) aus, die zu einem geheimen Sitzungsschlüssel kombiniert werden. Der Tunnelserver weist der Pseudoschnittstelle des fernen Clients die virtuelle IP-Adresse 1.196.5.2 zu. Diese fungiert als das Clientende des Tunnels, so daß alle für das ferne Netz bestimmten Nachrichten zu dieser Adresse geroutet werden. Der Tunnelserver verwendet 1.196.5.1 als Pseudoschnittstelle für die Tunnelsitzung, so daß alle an dieser IP-Adresse eintreffenden Nachrichten zum WAN-Router geroutet werden, der sie in eines der beiden Teilnetze lenkt. Der ferne Client kommuniziert nun mit den Knoten im WAN, als wäre er physisch an das Netz angeschlossen.

Wenn der zweite ferne PC eine Verbindung zum Tunnelserver herstellt, wird diesem neuen Tunnel ein zweites Paar IP-Adressen aus dem dynamischen Bereich des Tunnelservers zugewiesen. In diesem Fall erhält der ferne Client die Adresse 1.196.5.4, und der Tunnelserver verwendet 1.196.5.3 als sein Ende der Tunnelsitzung. Der ferne Client routet alle Tunnelnachrichten zu seiner Tunnel-Pseudoschnittstelle und der Tunnelserver alle eintreffenden Nachrichten zum lokalen Netzbereich für diesen Tunnel, dessen Routing der WAN-Router übernimmt (wie oben beschrieben).

In beiden Fällen wird der geheime Sitzungsschlüssel vom Tunnelserver alle 30 bis 1440 Minuten neu generiert und transparent zu den fernen Clients übertragen.

In diesem Kapitel:
- *Inbetriebnahme*
- *Installation des AltaVista Tunnel*
- *Konfiguration der AltaVista Tunnel Extranet und Telecommuter Server*
- *Konfiguration des AltaVista Tunnel Telecommuter Client*
- *Fehlerbehebung*

7 Konfiguration und Test des AltaVista Tunnel

Inbetriebnahme

Nachdem wir uns die allgemeine Funktionsweise des AltaVista Tunnel angesehen haben, wenden wir uns nun der Praxis zu und zeigen, wie Sie den Tunnel für Ihr Unternehmen konfigurieren. In diesem Kapitel erklären wir schrittweise, wie Sie den AltaVista Tunnel Extranet Server und den Telecommuter Client installieren, konfigurieren und testen sowie eventuelle Fehler beheben. Dieses Produkt ist auch für Unix verfügbar, wir konzentrieren uns hier aber auf die Installation und Konfiguration unter Windows 95/98 bzw. Windows NT. Für die unterstützten Unix-Derivate bietet AltaVista eine umfassende Installations- und Konfigurationsanleitung. Die Dokumentation ist unter *http://altavista.software.digital.com/tunnel* erhältlich.

Bei den Installationsvoraussetzungen berücksichtigen wir alle Plattformen, für die der AltaVista Client und der Server verfügbar sind.

Installation des AltaVista Tunnel

Zur Installation des AltaVista Tunnel gibt es auf allen Plattformen ein Installationsprogramm mit graphischer Benutzeroberfläche, das das System entsprechend aktualisiert und die Pseudo-Netzschnittstelle sowie die Symbole installiert. Dieser Vorgang ist auf allen Plattformen zwar im Prinzip identisch, jede Plattform besitzt jedoch auch ihre Eigenheiten. Bevor Sie sich die Software besorgen, sollten Sie den nächsten Abschnitt deshalb aufmerksam durchgehen.

Für den AltaVista Tunnel Extranet Server gibt es eine Unix-Version, und zwar für Digital Unix. Tabelle 7-1 zeigt die Installationsanforderungen für dieses Betriebssystem. Überprüfen Sie vor der Installation, ob Ihr System diese Anforderungen erfüllt.

Anforderungen	Digital Unix
Hardware	alle Alpha-Systeme
Betriebssystem	ab Version 3.2c
Speicher	32 MB
Festplattenspeicher	25 MB
Root-Berechtigung	ja

Tabelle 7-1: Anforderungen an den AltaVista Tunnel für Digital Unix

Für Windows ist der AltaVista Tunnel als Extranet Server und als Telecommuter Client verfügbar (siehe Tabelle 7-2).

Anforderungen	Extranet Server	Telecommuter
Prozessor und RAM	siehe unten	ab Intel 80486; mindestens 8 MB RAM
Betriebssystem	ab NT 3.51 SP 3	Windows 95 bzw. ab NT 3.51
Festplattenspeicher	10 MB	5 MB
Administratorberechtigung	ja	–

Tabelle 7-2: Anforderungen an den AltaVista Tunnel auf Windows-Systemen

Die Prozessor- und Speicheranforderungen für den Extranet Server hängen von der Anzahl der Tunnel ab, die für das virtuelle private Netz benötigt werden. Tabelle 7-3 zeigt die Minimalanforderungen.

Anzahl der Tunnel	Prozessor	RAM
50	Intel Pentium 90	48 MB
100	Intel Pentium 133	64 MB
200	Intel Pentium 200 oder Alpha-Prozessor von Digital	64 MB

Tabelle 7-3: Anforderungen an den AltaVista Tunnel Extranet Server

Installationsvorbereitung

Bei der Installation des AltaVista Tunnel wird unter Windows NT die Registry und unter Digital Unix die License-Datenbank geändert. Im Betriebssystem wird auf allen Plattformen zudem eine Pseudo-Netzschnittstelle installiert. Vor der Installation sollten Sie eine Gesamtsicherung durchführen, damit im Falle eines Datenverlusts die ursprünglichen Daten wiederhergestellt werden können. Außerdem benötigen Sie auf dem NT-Server Administratorberechtigung bzw. auf Unix-Plattformen Root-Berechtigung.

Installation des AltaVista Tunnel Extranet Server unter Windows NT

Die Windows NT Version des AltaVista Tunnel Extranet Server ist als ZIP-Datei auf dem Web-Server von AltaVista oder auf CD-ROM erhältlich. Vor Installationsbeginn sollten alle Anwendungen geschlossen werden.

Die Installationsprozedur bietet Standardeinstellungen, die auf den meisten Systemen übernommen werden können. An manchen Stellen müssen sie unter Umständen angepaßt werden. Sofern nicht anders festgelegt, werden alle Dateien im Standardverzeichnis *C:\AltaVista\Tunnel* installiert. Folgende Komponenten werden an folgenden Orten installiert:

- AltaVista Tunnel Dienst (*itnd*) in der Systemsteuerung unter *Dienste*
- AltaVista Tunnel Pseudo-Schnittstelle in der Systemsteuerung unter *Netzwerk*
- AltaVista Management-Programm TunMan (*tunman.exe*) im AltaVista-Ordner
- Hilfedatei Etunnel (*etunnel.hlp*) im AltaVista-Ordner
- Tunnel-Datenbankdatei (*tunnel.dat*) im Verzeichnis *\AltaVista\Tunnel\Data*
- Der Master-Key zur Verschlüsselung (*master.key*) im Verzeichnis *\AltaVista\Tunnel\Data\Keys*

HINWEIS Die Dateien *tunnel.dat* und *master.key* sollten nicht aus ihren Installationsverzeichnissen entfernt werden. Wenn Sie die Dateien verschieben, müssen Sie die Registry manuell bearbeiten, damit der AltaVista Tunnel Extranet Server funktioniert.

Der AltaVista Tunnel aktiviert das IP-Routing (IP-Forwarding) und setzt alle Tunnelports auf 3265. Die Tunnelports können zwar auch manuell über die Registry konfiguriert werden, eine Deaktivierung des IP-Routing kommt jedoch einer Deaktivierung des Tunnelservers gleich.

Zur Installation des Tunnelservers gehen Sie wie folgt vor:

1. Melden Sie sich beim Windows-Server als Administrator oder Benutzer mit vergleichbaren Zugriffsrechten an.
2. Legen Sie die AltaVista Tunnel CD-ROM ein, oder extrahieren Sie das Tunnelserver-Archiv mit WINZIP oder PKUNZIP in einem temporären Verzeichnis.
3. Wählen Sie in der Systemsteuerung das Symbol *Netzwerk*.
4. Wählen Sie die Registerkarte *Dienste*.
5. Klicken Sie auf die Schaltfläche *Hinzufügen...* .
6. Das System zeigt die Liste der Netzwerkdienste an. Klicken Sie auf die Schaltfläche *Diskette...* .

7. Geben Sie den Pfad für die zu installierenden Dateien ein. Das Verzeichnis muß die Datei *oemsetup.inf* enthalten.

8. Wählen Sie im Dialogfeld *OEM-Option auswählen* den AltaVista Tunnel.

9. Die Installationsprozedur wird gestartet. Sie brauchen nun einfach nur noch die Anweisungen zu befolgen. Außerdem müssen Sie ein Paßwort für den Server eingeben.

10. Nach abgeschlossener Installation erscheint wieder das Fenster *Netzwerk*, das jetzt auch den AltaVista Tunnel als Dienst anzeigt. Klicken Sie auf OK.

11. Abschließend fordert das System Sie zum Neustart auf.

Installation des AltaVista Tunnel Telecommuter Client unter Windows

Der Telecommuter Client wird auf Diskette oder als ZIP-Datei über das Internet ausgeliefert. Nach Empfang der Installationsdateien starten Sie die Datei *setup.exe* und befolgen die Anweisungen. Die Tunneldateien werden standardmäßig im Ordner *C:\AltaVista\Tunnel\Program* installiert, Sie können bei der Installation aber auch einen anderen Pfad angeben.

Bei der Installation unter Windows NT müssen Sie in der Systemsteuerung zuerst das Symbol *Netzwerk*, dann die Registerkarte *Dienste* und danach die Schaltfläche *Hinzufügen...* wählen. Sie geben das Laufwerk und das Verzeichnis für die Installationsdateien ein und klicken dann auf OK. Ein Dialogfeld mit dem AltaVista Tunnel als Installationsoption erscheint. Durch Auswahl dieser Option starten Sie das Installationsprogramm.

Der Ordner *Program* enthält folgende Dateien:

etunnel.exe
: Startet den AltaVista Tunnel Telecommuter Client.

krm.exe
: Der Keyring Manager ist eine Datenbank mit Chiffrierschlüsseln, die dem Client zur Verfügung stehen.

etunnel.hlp
: Eine umfassende Hilfedatei mit Informationen zur Konfiguration und Verwendung des Tunnelclients.

Installation des AltaVista Tunnel Telecommuter Client unter MacOS

Der Telecommuter Client unter MacOS stellt folgende Anforderungen an das System: PowerPC-Prozessor, MacOS ab Version 7.5, Open Transport 1.1.1 oder höher, 16 MB RAM und 1 MB freier Festplattenspeicher.

Sie erhalten den Client auf Diskette oder im Binhex-Format über die Download-Site von AltaVista. Nach der Dekomprimierung doppelklicken Sie auf das Symbol *AltaVista*

Tunnel Install. Ziehen Sie im Installationsfenster das Symbol *Tunnel* auf das Start-Volume. Das Installationsprogramm fordert Sie zum Neustart auf.

Zum Start der Tunnel-Anwendung doppelklicken Sie einfach auf Ihrem Start-Volume im Ordner *AltaVista Tunnel* auf das Symbol *AltaVista Tunnel Setup*. Die Konfiguration des AltaVista Tunnel Client wird im Abschnitt »Konfiguration des AltaVista Tunnel Telecommuter Client« in diesem Kapitel weiter hinten beschrieben.

Konfiguration der AltaVista Tunnel Extranet und Telecommuter Server

Die Konfiguration der AltaVista Tunnel Extranet und Telecommuter Server ist im wesentlichen für alle Plattformen identisch. Die Installation der beiden Server unterscheidet sich nicht. Dieser Abschnitt bezieht sich in erster Linie auf die Konfiguration unter Windows NT. Auf Eigenheiten der Unix-Konfiguration wird hingewiesen.

Zuerst einmal müssen Sie entscheiden, welche Server oder Rechner im lokalen Netz Tunnelnachrichten bearbeiten sollen. Dann legen Sie einen dynamischen Adreßbereich an. Es müssen doppelt so viele IP-Adressen wie Tunnel zum Tunnelserver vorhanden sein. Jedem Ende einer Tunnelverbindung wird eine IP-Adresse zugewiesen, es ist also eine Adresse für die Schnittstelle des Servers und eine für den Benutzer erforderlich. Es ist zu beachten, daß Versionen des Extranet/Telecommuter Servers für Windows NT nur eine begrenzte Anzahl von Tunneln herstellen können.

Überprüfen Sie deshalb die Anzahl der erforderlichen Tunnel. Nachdem diese Punkte abgehakt sind, muß der Administrator entscheiden, welche Tunnelgruppen benötigt werden. Wie in Kapitel 6, *Implementierung des AltaVista Tunnel 98*, beschrieben, können auf dem Tunnelserver verschiedene Gruppen konfiguriert werden. Jeder Gruppe lassen sich andere Benutzer- und Verbindungseigenschaften zuordnen. Ein Benutzer kann je nach Aufgaben und Anforderungen zu einer oder mehreren Gruppen gehören. Netzadministratoren sollten zum Beispiel zu allen Gruppen gehören, damit sie beim Test und bei der Fehlerbehebung nicht eingeschränkt werden.

Eintragen von Routen und dynamischen Adressen

Im folgenden geben Sie dem AltaVista Tunnel Ihre Netzkonfiguration bekannt.

Konfigurationsbeginn

Nach der Konzeption der Tunnelgruppen kann die Konfiguration beginnen. Beim ersten Aufruf des Tunnel-Managers werden Sie zur Eingabe des zu routenden Netzes und des dynamischen Bereichs für den Tunnelserver aufgefordert. Zuerst tragen Sie das Netz, das den Tunnelgruppen zugänglich ist, in den Server ein. Im Dialogfeld in Abbildung 7-1 sind folgende Werte einzugeben:

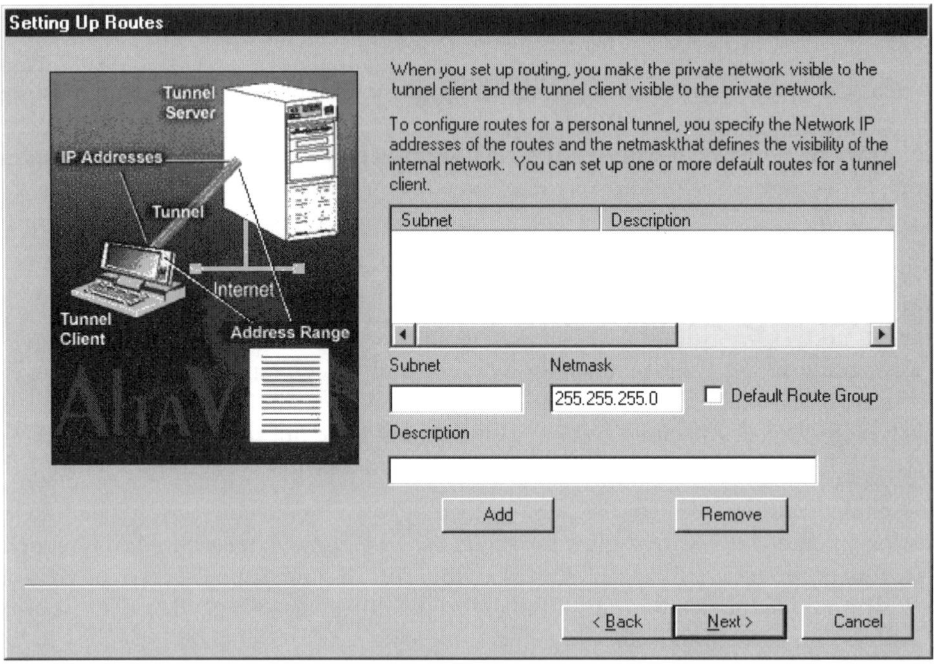

Abbildung 7-1: Das erste Konfigurationsfenster

Subnet

Das Teilnetz mit den Adressen des lokalen Netzes, die zum Tunnel gehören. Alle für diese IP-Adressen bestimmten Nachrichten durchlaufen das Tunnelnetz. Wenn diese Route das gesamte lokale Netz umfassen soll, steht an letzter Position der IP-Adresse eine Null, zum Beispiel 205.196.222.0.

Netmask

Netzmaske für dieses Teilnetz.

HINWEIS Bei der Auswahl der IP-Adressen für den dynamischen Bereich dürfen Sie keine Adressen verwenden, die in Ihrem Netz bereits in Gebrauch sind. Am besten verwenden Sie ein Teilnetz des Firmennetzes. Beim Firmennetz 1.196.0.0 beispielsweise könnte das Teilnetz 1.196.5.0 für Tunnelverbindungen reserviert werden.

Das Feld *Description* ist für die Konfiguration nicht unmittelbar erforderlich, kann zur Übersicht aber hilfreich sein.

Achten Sie darauf, daß Sie auch zu allen Computern Routen eintragen, auf die über die Tunnelverbindungen zugegriffen werden muß. Sie können beliebig viele Routen eingeben und eine der Routing-Gruppen als Standardroute auswählen. Damit lassen sich weitere Tunnelgruppen einfacher konfigurieren (siehe Abschnitt »Hinzufügen von Tunnelgruppen«).

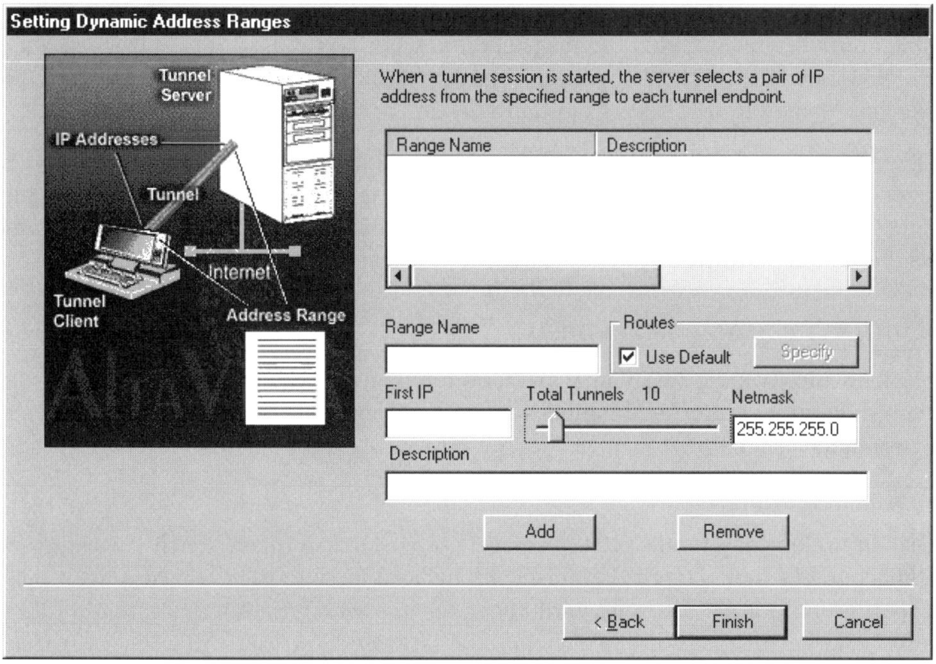

Abbildung 7-2: Hinzufügen des dynamischen Adreßbereichs

Nach dem Hinzufügen der Route geben Sie Ihren dynamischen Adreßbereich ein. Abbildung 7-2 zeigt das Konfigurationsfenster. Die Felder *Range Name* und *Description* sind optional, aber wie gesagt nützlich, um verschiedene dynamische Adreßgruppen genauer zu bezeichnen. Das Feld *First IP* steht für die erste IP-Adresse im dynamischen Bereich. Mit dem Schieberegler unter *Total Tunnels* können Sie festlegen, wie viele Tunnel der Server für diese IP-Adreßgruppe maximal erlaubt. Der Eintrag *Netmask* entspricht der Netzmaske der IP-Adreßgruppe. Nach Beendigung dieses mühseligen Unterfangens können Sie mit dem Eintragen der Tunnelgruppen beginnen.

Verwaltung von Routen und dynamischen IP-Adressen

Wählen Sie im Hauptfenster *AltaVista Tunnel Management – tunman* im Menü *Tunnels* den Befehl *Configuration*. Das Konfigurationsfenster erscheint, in dem Sie die Routen und dynamischen Adressen verwalten können. Die dazu erforderlichen Informationen entsprechen denen, die im Abschnitt »Konfigurationsbeginn« beschrieben wurden.

Hinzufügen von DNS- und WINS-Servern

Das Domain Name System (DNS) bildet TCP/IP-Rechnernamen und WINS-Server bilden NetBIOS-Namen auf IP-Adressen ab. Beide Arten der Namensauflösung werden vom AltaVista Tunnel unterstützt.

Zur Konfiguration der DNS- und WINS-Eigenschaften öffnen Sie das Fenster *AltaVista Tunnel Configure* und wählen die Registerkarte *Name Server*. Sowohl bei DNS als auch bei WINS gibt es Felder für den primären und sekundären Server. Tragen Sie die Internet-Rechnernamen für die Server ein und klicken Sie dann auf OK.

Es ist zu beachten, daß eingehende Tunnel Zugriff auf interne DNS- und WINS-Server besitzen müssen, sofern diese Server privat sind (d.h., dem öffentlichen Internet nicht zugänglich sind). Die Serveradressen müssen dann allen eingehenden Tunneln in der Konfiguration der Tunnelgruppen zugänglich gemacht werden.

Hinzufügen von Tunnelgruppen

Die funktionale Gruppierung von Benutzern vereinfacht die Verwaltung erheblich. Sie können die Gruppen hier unabhängig von den Gruppen auf Ihren Systemen und Netzen zusammenstellen.

Gruppenkonfiguration

Sie haben zudem die Möglichkeit, Tunnelgruppen hinzuzufügen. Nach Auswahl der Schaltfläche *Add* durchlaufen Sie verschiedene Konfigurationsfenster. Im ersten Fenster, das in Abbildung 7-3 gezeigt wird, legen Sie die Art des zu konfigurierenden Tunnels fest. Sie haben die Wahl zwischen *inbound*, *outbound* und *inbound/outbound*. Das bedeutet, daß der Extranet Server als Tunnelserver und/oder Tunnelclient arbeitet. Hier wurde ein eingehender Tunnel (inbound) gewählt. Nach Klicken auf *Next* werden Sie zur Eingabe eines Paßworts für die Tunnelgruppe aufgefordert. Dieses Paßwort sowie die anschließend erzeugte Schlüsseldatei wird von den Clients zum Verbindungsaufbau benötigt.

Im nächsten Fenster besetzen Sie die Felder *Tunnel Name* und *Description*. Der Tunnelname ist unbedingt erforderlich und wird auch von den Clients benötigt. Außerdem legen Sie hier fest, ob der dynamische IP-Adreßbereich, den Sie für Ihre Tunnel konfiguriert haben, dynamisch oder statisch zugewiesen wird. Der Client erhält bei jedem Verbindungsaufbau zur Gruppe entweder eine zufällig zugewiesene virtuelle oder eine feste IP-Adresse. Durch Auswahl von *Next* gelangen Sie ins Fenster *Dynamic IP Address*. Dort können Sie auswählen, welcher Bereich für diese Tunnelgruppe verwendet wird. Wenn Sie nur über einen einzigen dynamischen Bereich verfügen, wird dieser automatisch ausgewählt. Es folgt das Fenster *Specify Routes to Internal Network*. Dort wählen Sie aus, welche Routing-Gruppe zur Tunnelgruppe zugelassen wird. Sie können entweder *Default Route* (sofern Sie eine Standardroute definiert haben) oder *Specific Route* wählen. Im zweiten Fall können Sie eine andere Routing-Gruppe aus Ihren Routing-Tabellen wählen.

Das letzte Fenster heißt *Server Definition*. Der Rechnername und die Portnummer sind beliebig konfigurierbar. *Hostname* wird automatisch mit dem Namen des Rechners vorbesetzt, auf dem sich die Serversoftware befindet. Die Portnummer ist standardmäßig 3265.

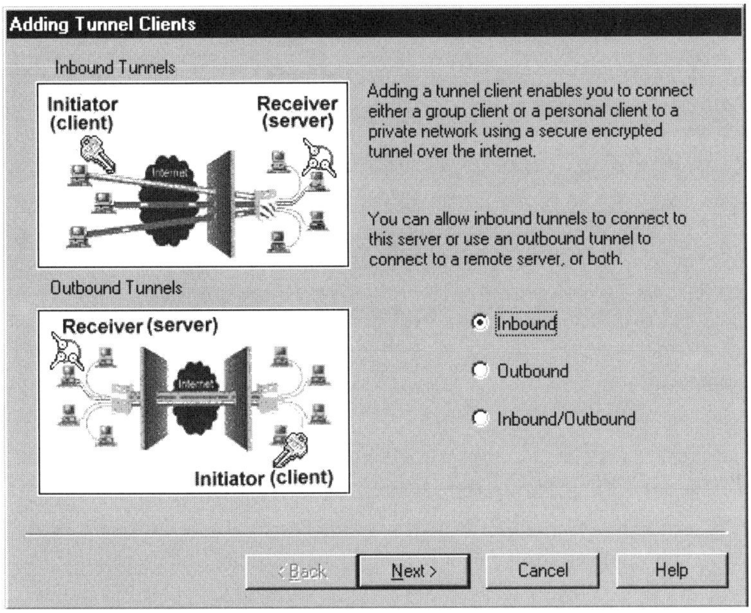

Abbildung 7-3: Hinzufügen einer Tunnelgruppe (erstes Fenster)

Sie müssen, sofern benötigt, die IP-Adressen der zwischenliegenden Firewalls eintragen. Die Firewalls müssen, ausgehend vom Client, in Richtung Serverende angegeben werden. *First Firewall* enthält somit die IP-Adresse des Firewalls, den die Nachrichten vom Client auf dem Weg zum Tunnelserver als erstes durchlaufen. *Second Firewall* bezeichnet den Firewall im lokalen Netz. Die Portnummern für den AltaVista Tunnel sind standardmäßig 3265. Stellen Sie vor der Eingabe sicher, daß diese Portnummern von keinem anderen Dienst beansprucht werden.

Abbildung 7-4 zeigt die Eigenschaften einer Beispiel-Tunnelgruppe. Nach der Konfiguration einer Tunnelgruppe können Sie sich diese Informationen ansehen, indem Sie im Fenster *AltaVista Configure* die Registerkarte *Tunnels* wählen und dann auf die Schaltfläche *Properties* klicken. Das Fenster *Tunnel Properties* gibt eine komplette Übersicht über die Tunnelgruppe. Dazu gehört der Gruppenname, der Name für den dynamischen IP-Adreßbereich und die Routing-Gruppen, der Name des Tunnelservers (Endpunkt) und die Firewall-Adressen. Um die angezeigten Daten zu ändern, klicken Sie entweder auf die Schaltfläche *Modify Wizard*, oder Sie geben einfach andere Daten ein und klicken dann auf die Schaltfläche *Update*.

Informationen für den Tunnelclient

Nach Konfiguration der Tunnelgruppe müssen Sie die Informationen für die Endbenutzer extrahieren, die diese Daten für Tunnelverbindungen benötigen:

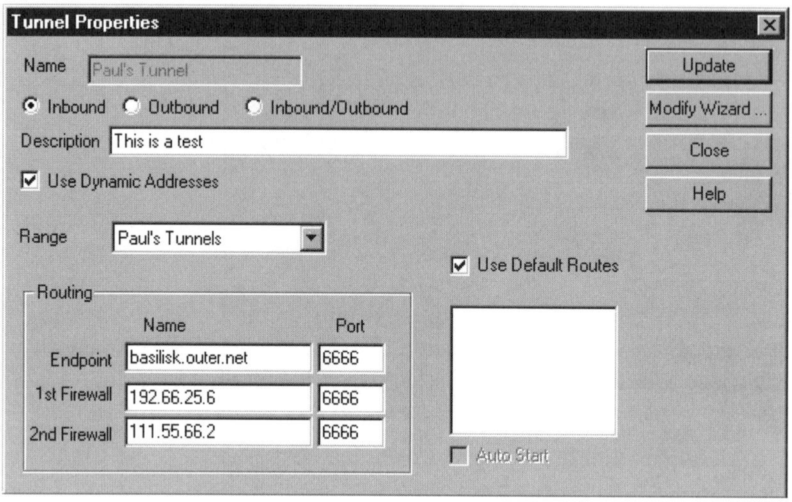

Abbildung 7-4: Das Fenster mit den Tunneleigenschaften

Schlüsseldatei
: Diese Datei mit der Endung *.key* enthält den öffentlichen Schlüssel für die Tunnelgruppe. Dieser Schlüssel wird zwischen Client und Server zur Chiffrierung ausgetauscht.

ETA-Datei
: Diese Datei mit der Endung *.eta* enthält Verbindungsdaten einschließlich Tunnelgruppenname und Paßwort.

Die Schlüssel- und die ETA-Datei werden am Ende der Tunnelgruppenkonfiguration erzeugt. Wenn Sie sich nicht sicher sind, ob die Konfiguration tatsächlich abgeschlossen ist, klicken Sie im Fenster *AltaVista Configure* auf die Registerkarte *Key Management*. Dort sollte ein Eintrag mit dem Tunnelgruppennamen und ein langer String mit Zahlen und Buchstaben zu sehen sein, der den Schlüssel darstellt. Die Schlüsseldatei wird im Verzeichnis *\AltaVista\tunnel\data\key* gespeichert. Um Sicherungskopien oder Kopien für andere Benutzer zu erstellen, extrahieren Sie die Dateien, indem Sie im Fenster *AltaVista Configure* die Registerkarte *Tunnels* wählen und dort auf die Schaltfläche *Extract* klicken. Beim Extrahieren der Dateien wird zwar nur die ETA-Datei genannt, es wird aber auch die Schlüsseldatei kopiert. Die beiden Dateien können auf Diskette oder einen anderen beschreibbaren Datenträger extrahiert und bei Bedarf an Benutzer verteilt werden.

Tools zur Tunnelverwaltung

Außer einem handlichen Konfigurations-Frontend enthält die Anwendung *tunman* jede Menge Tools zur Verwaltung und Protokollierung, so daß selbst Leute auf ihre Kosten kommen, denen die Möglichkeiten anderer Netzdienste in dieser Hinsicht nicht ausreichen. Abbildung 7-5 zeigt das Hauptfenster von *tunman* mit den angeschlossenen Tunneln. Auf dieser graphischen Oberfläche können Sie sich eine tabellarische Übersicht aktueller Verbindungen anzeigen lassen sowie ein Protokoll abgeschlossener oder bestehender Tunnelverbindungen und den Status des Tunnelservers ansehen. Die Oberfläche ist intuitiv bedienbar. Durch gelegentliches Herumprobieren läßt sich schnell herausfinden, welche Informationen für die eigenen Zwecke nützlich sind. Die Protokolle dienen in erster Linie dazu, Sie bei der Behebung von Verbindungsproblemen und der Verfolgung von Sicherheitsverstößen zu unterstützen. Ferner haben Sie einen handfesten Beweis für die Vorgesetzten, daß auch wirklich Protokoll geführt wird, und auch in Meetings zum Thema Netzbetrieb läßt sich ein wenig Abwechslung bringen.

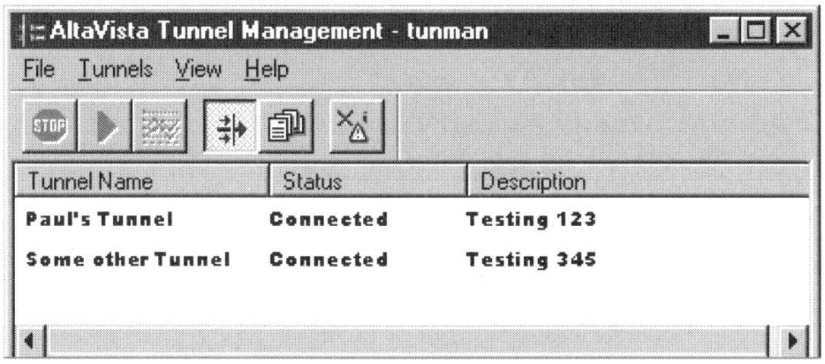

Abbildung 7-5: Das Hauptfenster von tunman

Ändern der Porteinstellungen

Beim AltaVista Tunnel kann der Systemadministrator die TCP-Porteinstellungen für die Tunnelkommunikation ändern. Wie bereits erwähnt, wird standardmäßig Port 3265 verwendet. Ist ein anderer Port erforderlich, muß der Systemadministrator die Datei *Services* im Verzeichnis *\drivers\etc* des Systemverzeichnisses des Servers bearbeiten. Unter Windows NT lautet der Pfad *\system32\drivers\etc*.

Ändern Sie mit Notepad oder einem anderen Texteditor die Datei *Services*. Suchen Sie die folgende Zeile, und ersetzen Sie dort 3265 durch die gewünschte Portnummer:

```
altav-tunnel          3265/tcp
```

Nach dem Speichern der Datei starten Sie den Tunneldienst erneut.

Einstellungen für Schlüsselerzeugungsintervall und Mindestverschlüsselung

Der AltaVista Tunnel generiert standardmäßig alle 30 Minuten neue Schlüssel. Somit wird der von zwei Tunnelenden verwendete Chiffrierschlüssel jede halbe Stunde ungültig und durch einen neu erzeugten Schlüssel ersetzt. Diese Einstellung kann in der Registry von Windows NT verändert werden.

Der Registry-Eintrag *Rekey Time* befindet sich unter:

```
HKEY_LOCAL_MACHINE\SOFTWARE\DigitalEquipmentCorporation\
AltaVistaTunnel\CurrentVersion
```

Es können Werte zwischen 30 und 1440 Minuten (24 Stunden) angegeben werden.

Die Art der Verschlüsselung der Tunnelkommunikation wird dynamisch ermittelt und hängt davon ab, welcher Level von beiden Tunnelenden unterstützt wird. Dabei wird die stärkstmögliche Verschlüsselung gewählt. Wenn der Tunnelserver 128-Bit-Verschlüsselung, der Client aber nur 40 Bit unterstützt, arbeitet der Tunnel mit einer Verschlüsselung von 40 Bit. Es ist jedoch möglich, in der Windows NT Registry auf dem Server eine Mindestverschlüsselung festzulegen. Ändern Sie dazu den DWORD-Wert für *Minimum Encryption* unter:

```
HKEY_LOCAL_MACHINE\SOFTWARE\DigitalEquipmentCorporation\
AltaVistaTunnel\CurrentVersion
```

Beachten Sie, daß Ihre Mindestanforderung auf manchen PCs unter Umständen nicht unterstützt wird. Für solche PCs sollten Sie den Tunnel deaktivieren.

Tunnelkonfiguration zwischen Unix und Windows NT

Tunnelverbindungen zwischen Unix und Windows NT sind möglich, aber nur mit Version 1.0 der Extranet Server Software für Unix. Der Windows NT Tunnelserver muß die ausgehende Seite des Tunnels darstellen, das heißt, daß der Windows NT Server mit der Verbindung zum Unix-Server beginnt. Bei der Konfiguration gibt es auf beiden Seiten im Vergleich zu homogenen Netzen nur wenige Abweichungen.

Auf der Digital-Unix-Seite muß das IP-Forwarding (in den Startup-Dateien) mit folgenden Befehlen aktiviert werden:

```
iprsetup -s
rcmgr set ROUTER yes
```

Auf der Windows NT Seite muß der Tunnel als ausgehender (*outbound*) Tunnel eingerichtet werden.

Konfiguration des AltaVista Tunnel Telecommuter Client

Die Konfiguration des Tunnelclients ist auf allen vier Plattformen (Windows 95/98/NT und MacOS) einfach. Sie übergeben folgende Informationen, die Sie sich vom Administrator besorgen müssen:

Username

Name der Tunnelgruppe auf dem Tunnelserver, für den Sie Zugriffsrechte besitzen. Bei diesem Namen wird zwischen Groß- und Kleinschreibung unterschieden. Er muß exakt dem Namen entsprechen, der vom Administrator auf dem Tunnelserver eingerichtet wurde.

Server key ID
: Gruppenspezifischer Chiffrierschlüssel

Tunnel Server
: IP-Adresse und Tunnelportnummer

First Firewall
: Wenn zwischen Ihrem Verbindungspunkt und dem Internet ein Firewall liegt, werden die IP-Adresse und die Tunnelportnummer benötigt. Firewalls, die Nachrichten am Verlassen eines Netzes hindern, werden zwar nur selten eingesetzt, sicherheitshalber sollten Sie sich aber bei Ihrem Internet Service Provider oder Netzadministrator erkundigen.

Second Firewall
: Die IP-Adresse und die Tunnelportnummer sind erforderlich, damit Ihre Tunnelnachrichten in das ferne private Netz übertragen werden können. Diese Daten werden Ihnen in der Regel vom Netzadministrator des fernen privaten Netzes zur Verfügung gestellt.

Schlüsseldatei
: Die ETA- und die Schlüsseldatei werden vom Netzadministrator im fernen privaten Netz erstellt und verteilt. Wer diese Dateien besitzt, erhält Zugriff auf das private Netz. Sie müssen deshalb äußerst vertraulich behandelt werden. Ein Verlust oder Diebstahl sollte sofort dem Tunnelnetzadministrator gemeldet werden.

Diese Daten müssen Sie sich für jedes Tunnelnetz besorgen, zu dem Sie Zugang benötigen. Erst dann können Sie Ihren Tunnelclient konfigurieren und testen.

Fehlerbehebung

Insbesondere im Zusammenhang mit dem Internet ist es oft nicht einfach, die Fehlerursachen bei Netzdiensten zu finden. Der AltaVista Tunnel stellt da keine Ausnahme dar. Zu den üblichen Internet-Problemen, wie z.B. mangelnde Bandbreite, Netzausfälle beim eigenen oder einem Transit-Provider und Fehlern von Benutzern, gesellen sich Verschlüsselung und Verifizierung, die Auflösung virtueller Adressen und eine Menge anderer Faktoren, die genau auf den Tunnel abgestimmt werden müssen. Natürlich geht es bei der Fehlersuche meist nicht um ausgefallene Fehlerquellen. Gibt es mit dem Tunnel Schwierigkeiten, sollten Sie zuerst die Konfiguration auf den Client- und Serverrechnern sowie den Internet-Anschluß an beiden Enden überprüfen. Bei Computer-Problemen zeigt sich immer wieder, daß manchmal die einfachsten Dinge übersehen werden. Vergewissern Sie sich, daß beide Enden über eine Internet-Anbindung verfügen und Tunnelclient und -server gestartet wurden.

Sind die Internet-Anschlüsse in Ordnung, gibt es im Prinzip noch vier Problemfelder: die Konfiguration des Tunnelservers, die Konfiguration des Tunnelclients, das lokale Netz und die Konfiguration des Internet-Gateways im Netz des Tunnelservers.

Überprüfung der Konfiguration von Tunnelserver und -client

Wenn Probleme auftreten, so liegen diese überwiegend am Tunnelserver. Dies ist insbesondere dann der Fall, wenn dort auch andere Netzdienste wie Mail- oder Web-Server ausgeführt werden. Wenn ein Client oder eine Clientgruppe sich nicht mit dem Tunnel verbinden kann, sollten Sie zuerst die Konfiguration der Tunnelserversoftware überprüfen. Mögliche Fehlerursachen sind ein falscher dynamischer Adreßbereich, ein nicht korrekt eingegebener Tunnelname oder falsche Schlüsselextrahierung. Die Richtigkeit des dynamischen Adreßbereichs überprüfen Sie, indem Sie die Liste der Bereiche auf der Registerkarte *Dynamic Address* (Befehl *Configuration* im Menü *Tunnels*) mit den auf dem Server verfügbaren Bereichen vergleichen. Der Bereich wird im Fenster *Tunnel Properties* festgelegt. Danach überprüfen Sie, ob der Tunnelname mit dem vom Benutzer eingegebenen Namen übereinstimmt. Bei den Tunnelnamen wird zwischen Groß- und Kleinschreibung unterschieden, so daß Sie sich vom Benutzer genau buchstabieren lassen müssen, was er eingegeben hat. Das ist natürlich nichts Neues für Leute, die bereits Fehler bei Benutzernamen und Paßwörtern behoben haben. Zuletzt extrahieren Sie die Schlüsseldateien noch einmal und verteilen diese erneut an die Benutzer.

Außerdem muß das IP-Forwarding auf dem Tunnelserver aktiviert sein, da er sonst nicht funktioniert. Unter Digital Unix geben Sie dazu folgende Befehle ein:

```
iprsetup -s
rcmgr set ROUTER yes
```

Beachten Sie, daß bei diesen Befehlen zwischen Groß- und Kleinschreibung unterschieden wird. Um die Befehle auszuführen, benötigen Sie Root-Berechtigung.

Unter Windows NT wird das IP-Forwarding in der Netzwerk-Systemsteuerung in den Eigenschaften für das TCP/IP-Protokoll aktiviert. Klicken Sie dort einfach auf das Kontrollkästchen *IP-Forwarding aktivieren*.

Ist soweit alles in Ordnung, kann der Fehler noch bei den Benutzern liegen. Diese fallen in der Regel in eine der beiden Kategorien: »Davon hab' ich keine Ahnung« oder »Ich weiß, ich bin immer ein Problem«. Natürlich müssen Sie beide Lager geschickt und freundlich anleiten. Lassen Sie sich die genaue Konfiguration Feld für Feld langsam aufsagen. Oft werden IP-Adressen falsch geschrieben, genauso Servernamen und Paßwörter. Stellen Sie sicher, daß der Benutzer 3265 als Portnummer für den Firewall eingetragen hat, wenn ein Firewall dazwischenliegt. Überprüfen Sie außerdem, ob in der Systemsteuerung für das Netzwerk die AltaVista Tunnel Pseudoschnittstelle installiert ist. Bei unseren Tests gab es zum Beispiel einen Benutzer, der den Tunnelclient zwar installiert, aber den Rechner nicht neu gestartet hatte, was unbedingt erforderlich ist. Sieht alles gut aus, könnte ein Fehler in der Konfiguration des lokalen Netzes oder des Internet-Gateways vorliegen.

Überprüfung der Konfiguration des lokalen Netzes und des Internet-Gateways

Um die Konfiguration des lokalen Netzes und des Internet-Gateways zu überprüfen, ist es am einfachsten, den Benutzer erst einmal per Telnet auf Port 3265 des Firewall im Netz des Tunnelservers zugreifen zu lassen. Unter Windows 95 wählt er dazu im Startmenü den Befehl *Ausführen* und gibt folgende Zeile ein:

```
telnet firewall 3265
```

Die Verbindung zum Firewall an diesem Port sollte nun aufgebaut werden. Bei Tastatureingaben zeigt der Firewall jedoch eine Fehlermeldung an. Wenn der Port nicht aktiviert ist, setzt er sofort die Meldung »connection failed« ab. Dieser Port muß aktiviert sein, damit Tunnelnachrichten gesendet werden können. Außerdem muß er für Weiterleitung konfiguriert sein, damit alle Nachrichten für Port 3265 an die Pseudoschnittstelle des Tunnelservers weitergeleitet werden. Wenn sich der Benutzer zunächst mit dem Tunnel verbinden kann, die Verbindung dann aber geschlossen wird, spricht das ziemlich eindeutig für einen falsch konfigurierten Firewall-Port.

Kann sich der Tunnelclient mit dem Tunnelserver verbinden und erfolgreich authentifizieren, aber nicht zu anderen Rechnern im internen Netz gelangen, gibt es zwei mögliche Ursachen: entweder ist auf dem Tunnelserver kein IP-Forwarding aktiviert, oder der Tunnel stellt eine »Endlosschleife« dar. Eine solche Schleife kann zwischen der virtuellen und der physischen IP-Adresse des Tunnelservers entstehen. In diesem Fall ist das Routing in der Tunnelserverkonfiguration fehlerhaft.

Um die richtige Fehlerursache herauszubekommen, lassen Sie den Benutzer mit Ping auf die Adresse der Pseudo-Schnittstelle des Tunnelservers zugreifen. Dazu muß er in einem DOS-Fenster folgende Zeile eingeben:

```
ping virtuelle_IP
```

wobei *virtuelle_IP* die Adresse der Pseudoschnittstelle bezeichnet. Ist Ping erfolgreich, versuchen Sie es mit der echten IP-Adresse des Tunnelservers. Scheitert Ping dieses Mal, stellt der Tunnel eine Endlosschleife dar. Wenn das erste Ping scheitert und das zweite erfolgreich ist, ist das IP-Forwarding auf dem Tunnelserver nicht korrekt aktiviert. Ist keiner der beiden Ping-Aufrufe erfolgreich, kann der Clientrechner überhaupt nicht auf den Server zugreifen. Das könnte an einem Firewall- oder Router-Problem auf der Serverseite der Verbindung liegen und erfordert weitergehende Untersuchungen.

Wenn alle Tests durchlaufen sind und IP-Forwarding auf dem Server korrekt eingerichtet ist, sollte der Benutzer versuchen, mit *traceroute* einen Rechner im lokalen Netz zu erreichen.

Unter Windows 95 lautet der Befehl

```
tracert anderer_rechner
```

und unter Unix

```
traceroute anderer_rechner
```

wobei *anderer_rechner* den Domänennamen des internen Rechners bezeichnet, zu dem die Nachrichten verfolgt werden sollen. Wenn dieser Versuch erfolgreich verläuft, ist bewiesen, daß der Clientrechner Pakete durch die Pseudoschnittstelle des Tunnelservers zum internen Rechner im Netz des Servers senden kann. Anderenfalls ist das Routing auf den Tunnelserver falsch konfiguriert. Überprüfen Sie die Routen auf der Registerkarte *Routing* (Befehl *Configuration* im Menü *Tunnels*).

Dann wiederholen Sie den Versuch auf dem Rechner, der im Netz des Tunnelservers liegt. Verfolgen Sie die Verbindung zum Domänennamen des Clients. Ist dieser Versuch erfolgreich, das Problem aber immer noch vorhanden, liegt die Ursache in einer anderen Anwendung oder einem anderen Dienst. Scheitert der Versuch, ist das Routing für das interne Netz falsch konfiguriert. Sehen Sie sich noch einmal die Beispiele für die interne Netzkonfiguration in Kapitel 6, *Konfiguration und Test des AltaVista Tunnel*, an.

Zum Testen ist es unter Umständen auch hilfreich, die Read/Write-Zähler im Tunnel-Manager zu überprüfen. Diese Zähler geben an, wie viele Bytes von einem Tunnelclient in den Tunnel geschrieben und davon gelesen wurden.

Es kann einige Zeit in Anspruch nehmen, Systemadministratoren und Benutzer mit diesen neuen Aspekten bei der Fehlersuche vertraut zu machen. Unter Berücksichtigung der hier angeführten Punkte und mit ein wenig gesundem Netzwerkverstand sollte die Einrichtung des AltaVista Tunnel aber zügig zu schaffen sein.

In diesem Kapitel:
- *Die SSH-Software*
- *Erzeugung und Installation der SSH*
- *SSH-Komponenten*
- *Aufbau eines VPN mit PPP und SSH*
- *Fehlerbehebung*
- *Leistungsanalyse*

8 Aufbau eines VPN mit der Secure Shell unter Unix

Unix ist seit langem *die* Entwicklungsplattform für Internet-Produkte. Zahlreiche Protokolle von TCP/IP bis HTTP sind unter Unix entstanden. Auch die Entwicklung von privaten LAN-zu-LAN-Verbindungen einschließlich IPSec und IPv6 findet hauptsächlich unter Unix statt.

Inzwischen stellt auch das Betriebssystem Linux eine wichtige Plattform für Internet-Server und Internet-Programmierung dar. Das Unix-Derivat Linux ist im Internet frei verfügbar und für einen bescheidenen Preis auch auf CD erhältlich. Es wurde von Linus Torvalds als nicht-kommerzielle Alternative zu den anderen Unix-Derivaten für Intel-Plattformen entwickelt. Linux wurde durch ISPs, Anbieter von Web-Seiten und Universitäten bekannt, die es als Plattform für ihre Internet-Dienste wählten. Nachdem es anfangs bei großen Unternehmen wegen mangelndem Support kaum Akzeptanz fand, wird es mittlerweile auch von Firmen wie Corel und Netscape unterstützt. Linux wird derzeit weltweit von schätzungsweise 7 Millionen Personen verwendet. Mit der wachsenden Verbreitung von Linux kommen in Netzwerken verstärkt Unix-Varianten als Web-Server, Router oder Proxy-Server zum Einsatz.

Die Secure Shell (SSH) stellt eine Alternative zu unsicheren Zugriffsmethoden auf ferne Unix-Rechner dar. Sie wird statt der üblichen Unix-Tools *rsh*, *rcp* und *rlogin* und in vielen Fällen auch statt *telnet* verwendet. Aufgrund ihrer immensen Vielseitigkeit ist sie für sichere X11-Verbindungen und zur fernen Dateiübertragung (mit dem Zusatztool *scp*) geeignet. Außerdem kann man mit der SSH durch Tunneling einer PPP-Verbindung ein sicheres virtuelles privates Netz aufbauen. Diese Verbindung ist den Aufwand auf jeden Fall wert und zudem ebenso sicher und effizient wie kostspieligere Lösungen.

Die Secure Shell gibt es seit 1995; sie wird in vielen Unix-Umgebungen weltweit eingesetzt. Sie stammt wie Linux aus Finnland und wurde ursprünglich von dem Informatiker Tatu Ylönen entwickelt. Dessen Home-Page zur SSH (*http://www.cs.hut.fi/ssh/*) ist eine ausgezeichnete Informationsquelle und enthält außerdem Links auf SSH-Freeware. Die Weiterentwicklung der SSH wurde von SSH Communications Security, Ltd., übernommen (*http://www.ipsec.com*), die außerdem IPSec-Toolkits anbietet, mit denen Entwickler IPSec in ihre TCP/IP-Produkte einbinden können.

Die SSH verfügt über umfangreiche Funktionen und ist im Vergleich zu den *r*-Tools in vielerlei Hinsicht sicherer. Sie bietet sichere Authentifizierung, einschließlich RSA-Rechnerschlüssel, RSA-Benutzerschlüssel und Paßwörter. Mit RSA-Authentifizierung lassen sich IP- und DNS-Spoofing sowie Man-in-the-Middle-Angriffe abwehren. Zur Datenübertragung stehen verschiedene Verschlüsselungsverfahren wie 3DES, Blowfish und IDEA zur Auswahl. Damit können Sie genau die Methode verwenden, die der Vertraulichkeit Ihrer Daten, der Geschwindigkeit Ihrer Systeme und den Patentbeschränkungen in Ihrem Land angemessen ist. Weitere Informationen über Authentifizierung und Verschlüsselung finden Sie in diesem Kapitel weiter hinten.

Die SSH läßt sich zudem für sichere X11-Sitzungen einsetzen. Dazu wird auf dem Rechner mit dem SSH-Client ein Pseudo-X-Server erzeugt. Dieser übernimmt die Verbindung und leitet sie über einen sicheren Kanal zum tatsächlichen X-Server (mit dem SSH-Dämon) weiter. Außerdem gibt es die Möglichkeit, beliebige TCP/IP-Ports umzuleiten (bei privilegierten Ports ist dies aber nur als *root* erlaubt). Dabei kann ein lokaler Port auf einen fernen oder ein ferner Port auf einen lokalen umgeleitet werden. Ist eine solche Verbindung eingerichtet, werden alle Daten zwischen den umgeleiteten Ports über die sichere Verbindung gesendet.

Ferner gibt es eine SSH-Version, die als Quellcode frei verfügbar ist und auf fast allen Unix-Derivaten wie Linux, FreeBSD, Solaris, AIX und HP-UX kompiliert werden kann. Kommerzielle Versionen für diese Unix-Plattformen sowie für Windows 3.x/95/NT und Macintosh sind bei DataFellows erhältlich. Dort ist auch ein fertiges VPN-Produkt im Angebot, das auf der SSH basiert.

Für unsere Beispiele in diesem Kapitel benutzen wir die frei erhältliche Unix-Version der SSH. Als Unix-Variante haben wir uns für Linux entschieden, weil es ebenfalls frei verfügbar und außerdem weit verbreitet ist. Unsere Beispiele lassen sich normalerweise problemlos auf andere Unix-Plattformen übertragen. Wo das nicht der Fall ist, wird es explizit angemerkt. In den folgenden Abschnitten werden die Funktionalität, die Installation und die Komponenten der SSH beschrieben. Danach konzentrieren wir uns darauf, wie durch Tunneling einer PPP-Verbindung ein sicheres Netz aufgebaut werden kann. Außerdem geben wir einige Tips zur Fehlerbehebung und führen Informationsquellen an. Abschließend betrachten wir kurz die Leistungsmerkmale dieser Lösung.

Die SSH-Software

Die SSH ist sowohl eine Anwendung als auch ein sicheres Kommunikationsprotokoll, das sich mittlerweile zum De-facto-Sicherheitsstandard für den Fernzugriff unter Unix entwickelt hat. Die IETF-Arbeitsgruppe SECSH hat inzwischen eine neue Version des Protokolls namens SSH 2 vorgestellt. Die Protokollentwürfe sind auf der Web-Seite der

IETF, der Web-Seite von SSH Security Communications oder unter *http://www.ssh.fi/drafts* verfügbar.

Die SSH arbeitet im Prinzip wie folgt: Der SSH-Serverdämon *sshd* wartet am reservierten TCP/IP-Port 22 auf Verbindungsanforderungen von einem SSH-Client, zum Beipiel vom Programm *ssh*. Die Authentifizierung erfolgt mit RSA-Schlüsselaustausch für Client und Server (in Verbindung mit *.rhosts*) oder für einzelne SSH-Benutzer. Die Rechner- und Benutzerschlüssel sind normalerweise 1024 Bit lang. Das SSH-Serverprogramm verfügt über einen eigenen RSA-Schlüssel, der in Kombination mit dem Rechnerschlüssel zum Austausch des Sitzungsschlüssels verwendet wird. Dieser Schlüssel wird standardmäßig jede Stunde neu generiert und niemals in einer Datei gespeichert. Da sich der Schlüssel ständig ändert, nutzt die Kenntnis der gerade aktuellen Server- und Rechnerschlüssel nichts, um früher oder später abgefangene Pakete zu entschlüsseln. Die Länge des Serverschlüssels liegt üblicherweise bei 768 Bit.

Wenn Benutzer den SSH-Client mit einem Befehl als Parameter aufrufen, wird dieser auf dem fernen Server ausgeführt. Wird kein Befehl angegeben, wird auf dem fernen Server ein Pseudo-Terminal eingerichtet und eine interaktive Login-Sitzung begonnen. Ein Pseudo-Terminal (oder TTY) ist das virtuelle Standard-Device, das auf Unix-Systemen beim Fern-Login eines Benutzers generiert wird. Pseudo-Terminals werden unter Linux häufig »ttyp« oder »pty« genannt, worauf noch ein eindeutiger Bezeichner folgt. Wenn *ssh* nur zur fernen Ausführung eines Programms verwendet wird, wird normalerweise kein Pseudo-Terminal erzeugt. Wie wir später noch sehen, kann dieses Verhalten mit einem speziellen Parameter geändert werden.

Verschlüsselungsalgorithmen

Die SSH-Version 1.2.25 unterstützt die Verschlüsselungsalgorithmen Blowfish, IDEA, 3DES, DES und arcfour (ein frei verfügbares RC4-Äquivalent), die auf dem *ssh*-Client normalerweise aktiviert sind. Auf dem *sshd*-Server dagegen sind standardmäßig nur einige davon aktiv, während andere bei der Kompilierung mit dem Skript *configure* durch Flags aktiviert werden können (siehe Abschnitt »Erzeugung und Installation der SSH«). Technische Einzelheiten über diese Algorithmen finden Sie in Kapitel 2, *Grundlegende Verfahren im VPN*. Sie haben also folgende Möglichkeiten:

Blowfish
: Die SSH-Implementierung von Blowfish arbeitet mit einem 128-Bit-Schlüssel und gilt neben IDEA als eine der besten Chiffrierungen für die SSH. Blowfish ist im *sshd* standardmäßig aktiv. Zur Deaktivierung führen Sie das Skript *configure* mit dem Flag *--without-blowfish* aus.

IDEA
: Der IDEA-Algorithmus ist im *sshd* standardmäßig aktiv und wird von *ssh* standardmäßig verwendet, sofern keine andere Chiffrierung festgelegt ist. Er arbeitet mit einem 128-Bit-Schlüssel. Zur Deaktivierung benutzen Sie das Flag *--without-idea*. Beachten Sie, daß IDEA in den Vereinigten Staaten und Europa patentiert ist und dort legal nicht ohne Lizenz für kommerzielle Zwecke eingesetzt werden darf, ob-

wohl er auch in der frei verfügbaren SSH-Version implementiert ist. Bei der kommerziellen SSH-Version ist IDEA standardmäßig deaktiviert. Für seinen Einsatz ist eine gesonderte Lizenz erforderlich, die bei der Ascom Systec AG in der Schweiz erhältlich ist (*http://www.ascom.com*).

3DES
: Triple-DES ist in der SSH automatisch aktiv und kann nicht deaktiviert werden, da er auch zur Chiffrierung privater Schlüssel dient. Er arbeitet mit einem 112-Bit-Schlüssel. Wenn der Client einen Algorithmus anfordert, den der Server nicht unterstützt, wird auf Triple-DES zurückgegriffen.

DES
: Der DES-Algorithmus arbeitet mit einem 56-Bit-Schlüssel, der für kommerzielle Zwecke gemeinhin als zu kurz gilt. Er ist deshalb auf dem Server standardmäßig deaktiviert. Zur Aktivierung verwenden Sie das Flag *--with-des*.

arcfour
: Der arcfour-Algorithmus ist äquivalent zu RC4. Er arbeitet mit einem 128-Bit-Schlüssel und ist die schnellste von SSH unterstützte Chiffrierung. Er ist auf dem Server standardmäßig deaktiviert, da seine Implementierung in SSH 1.x eine Sicherheitslücke aufweist. In SSH 2.x wurde dieses Problem behoben. Wird arcfour vom Client angefordert, aber vom Server nicht unterstützt, wechselt der Server automatisch auf Blowfish. Zur Aktivierung auf dem Server verwenden Sie das Flag *--with-arcfour*.

None
: *None* steht für »keine Chiffrierung« und ist standardmäßig deaktiviert. Diese Option dient eigentlich nur zu Testzwecken und sollte in der Regel auch deaktiviert bleiben. Zur Aktivierung verwenden Sie das Flag *--with-none*.

Erzeugung und Installation der SSH

Auf den meisten Unix-Systemen ist die Installation der SSH denkbar einfach. Sie laden die mit GNU-ZIP komprimierte tar-Datei von einem der FTP-Spiegelserver, die unter *http://www.ssh.fi/sshprotocols* aufgeführt sind, zum Beispiel *ssh-1.2.25.tar.gz*. (Beachten Sie dabei, daß alle paar Monate eine neue SSH-Version herauskommt.) Zur Kompilierung der SSH benötigen Sie einen ANSI-C-Compiler, zum Beispiel *gcc*. Im einfachsten Fall wird die SSH durch folgende Eingabe erzeugt und installiert:

```
# ./configure
# make
# make install
```

Das Skript *configure* sollte Ihren Systemtyp erkennen, wesentliche Informationen über Ihre Installationsumgebung ermitteln und danach ein entsprechendes *Makefile* anlegen. Das Programm *make* erzeugt dann anhand dieses Makefiles die Software. Der Befehl *make install* installiert die SSH-Komponenten und Manual-Seiten an den richtigen

Stellen und generiert das erste 1024 Bit lange Rechnerschlüsselpaar (sofern es nicht bereits vorhanden ist).

Abschließend müssen Sie *sshd* noch in eine *rc*-Datei stellen, damit er beim Systemstart ebenfalls gestartet wird. Unter Linux nehmen Sie in der Datei */etc/rc.d/rc.local* in etwa folgenden Eintrag vor:

```
# Start von SSH
echo "SSH-Daemon wird gestartet ..."
/usr/local/sbin/sshd;
```

Sie können *sshd* mit verschiedenen Parametern aufrufen, von denen einige im Abschnitt »SSH-Komponenten« beschrieben werden.

Außerdem müssen Sie den Port aktivieren, auf dem die SSH arbeitet. In unserem Fall verwenden wir den Standardport 22 und fügen folgende Zeile in der Datei */etc/services* ein:

```
ssh            22/tcp
```

Momentan läßt sich die SSH auf mindestens 36 verschiedenen Unix-Derivaten kompilieren, so daß es dabei in der Regel keine Komplikationen gibt. Wir haben sie problemlos auf vier unterschiedlichen Unix-Systemen erzeugt. Wenn Sie bei der Konfiguration, Kompilierung oder Installation Schwierigkeiten haben, liegt das unter Umständen daran, daß das *configure*-Skript Ihren Systemtyp nicht erkannt hat, daß Sie die Konfiguration an einigen Stellen manuell ändern oder einige der Tools in Ihrer Installationsumgebung aktualisieren müssen. In diesem Fall sollten Sie die Textdatei *INSTALL* nach Besonderheiten hinsichtlich Ihres Systems oder Ihrer Umgebung durchsehen. Es gibt zum Beispiel Probleme bei der Kompilierung mit *gcc* vor Release 2.7.2.3. Es können auch Schwierigkeiten mit Mechanismen auftreten, die nicht in allen Unix-Systemen standardisiert sind, zum Beispiel mit shadow-Paßwörtern. Wenn Ihr Problem im *INSTALL*-Text nicht erwähnt wird und Sie mit Ihrer Weisheit am Ende sind, sollten Sie es bei den Informationsquellen versuchen, die im Abschnitt »Informationsquellen zur SSH« aufgeführt werden.

SSH-Komponenten

Die SSH-Software besteht aus mehreren Dienstprogrammen verschiedener Funktionalität, die wir hier nur teilweise beschreiben. Wir konzentrieren uns im wesentlichen auf Funktionen und Parameter, die man kennen muß, um mit der SSH ein VPN betreiben zu können – dabei werden nicht nur die notwendigen, sondern auch diejenigen berücksichtigt, die Sie besser nicht verwenden sollten. Weitere Informationen finden Sie auf den Manual-Seiten zu den entsprechenden Tools.

sshd

sshd ist der SSH-Serverdämon. Wie in Abschnitt »Erzeugung und Installation der SSH« beschrieben, wird er in der Regel aus einer *rc*-Datei gestartet. Er sollte möglichst nicht über *inetd* aufgerufen werden, da er dann bei jedem Verbindungsaufbau neu startet und ein neues Serverschlüsselpaar erzeugt. Durch die Generierung der Serverschlüssel verzögert sich das Login, abhängig von der Rechnergeschwindigkeit, seiner Belastung und der Länge des Serverschlüssels, um bis zu einige Zehntelsekunden. Dies aber ist in manchen Situationen nicht hinnehmbar oder zumindest störend.

Zum *sshd* gibt es die Konfigurationsdatei */etc/sshd_config*, in der Sie einige Laufzeit- und Sicherheitsparameter festlegen können, die standardmäßig verwendet werden. Dazu gehören der Port, die Länge des Serverschlüssels und die zulässige Authentifizierung.

Zweckmäßige sshd-Parameter

Der SSH-Dämon kann ohne Parameter gestartet werden. Es gibt jedoch einige Parameter, deren Änderung in bestimmten Situationen nützlich ist.

-b *bits*

Mit dieser Option können Sie die Länge des Serverschlüssels festlegen. Die Standardlänge des Serverschlüssels beträgt 768 Bit. Wenn Ihnen die damit verbundene Sicherheit als zu gering erscheint, können Sie die Schlüssellänge heraufsetzen. 768 Bit gelten momentan als relativ sicher, eine Schlüssellänge von 1024 Bit sollte aber in jedem Fall auch für die nächsten Jahre ausreichen. Sie können genauso eine geringere Schlüssellänge einstellen. Wenn Sie den SSH-Dämon wirklich über *inetd* starten wollen, ist es unter Umständen sinnvoll, die Schlüssellänge und damit auch die für die Generierung und das Login insgesamt erforderliche Zeit herabzusetzen. Für kommerzielle Internet-Transaktionen gilt eine Schlüssellänge unter 512 Bit jedoch als unzureichend. Alternativ dazu kann die Schlüssellänge in der Datei *sshd_config* mit dem Parameter *ServerKeyBits* festgelegt werden.

-k *sekunden*

Mit dieser Option können Sie das Zeitintervall einstellen, in dem der Serverschlüssel geändert wird. Normalerweise wird der Schlüssel alle 3600 Sekunden (einmal pro Stunde) neu generiert; das Intervall kann aber auch erhöht oder herabgesetzt werden. Der Wert 0 bedeutet, daß der Schlüssel überhaupt nicht geändert wird. Dies ist jedoch nicht empfehlenswert, da die Serverschlüsselgenerierung ein wesentliches Sicherheitsmerkmal der SSH darstellt. Auch das Zeitintervall kann alternativ in der Datei *sshd_config* festgelegt werden, und zwar mit dem Parameter *KeyRegenerationInterval.*

-p *port*

sshd läuft auf Unix-Systemen normalerweise als *root* am TCP-Port 22. Er kann jedoch auch unter einer anderen Kennung ausgeführt werden. Dazu müssen Sie Port 22 durch einen nicht reservierten Port (über 1023) ersetzen und einen anderen Ort für die Rechnerschlüsseldatei festlegen (die standardmäßig eingestellte Datei */etc/ssh_host_key* kann nur als *root* gelesen werden). In VPN-Anwendungen gibt es normalerweise keinen Grund, den Dämon unter einer von *root* verschiedenen Kennung auszuführen. In anderen Situationen kann dies aber durchaus zweckmäßig sein, zum Beispiel, wenn Sie eine sichere Verbindung zu einem System einrichten, auf dem Sie keine Superuser-Rechte besitzen und der Dämon noch nicht ausgeführt wird. Den Standardport können Sie auch in der Datei *sshd_config* mit dem Parameter *Port* festlegen.

Die zulässigen Authentifizierungsarten – Paßwort, *.rhosts*, Rechnerschlüssel oder Benutzerschlüssel – können in der Datei *sshd_config* festgelegt werden. Weitere Informationen hierzu finden Sie in Abschnitt »Aufbau eines VPN mit PPP und SSH«.

ssh

ssh ist das Clientprogramm, das auch als *slogin* aufgerufen werden kann. Mit dem Client können Sie sich entweder bei einem Rechner anmelden oder ein Programm auf einem fernen Rechner ausführen, sofern auf diesem *sshd* läuft. Der Client ist bedienerfreundlich konzipiert und soll von jedem Benutzer ausführbar sein. Sie können *ssh* einfach wie folgt aufrufen:

```
ssh rechnername
```

Damit melden Sie sich bei einem Rechner an, auf dem *sshd* läuft. Mit folgendem Aufruf führen Sie einen Befehl auf einem fernen Rechner aus:

```
ssh rechnername befehl
```

SSH-Authentifizierung

Wie die *r*-Tools von Unix bietet auch die SSH die Möglichkeit des paßwortfreien Zugriffs auf ein System, wobei auf eine Kombination aus Rechner- und Benutzername in den Dateien *hosts.equiv* oder *.rhosts* zurückgegriffen wird. Um IP- und DNS-Spoofing zu verhindern, stützt sich die SSH zur Authentifizierung nicht ausschließlich auf Netzinformationen. Zuerst wird die Datei */etc/hosts.equiv* überprüft, die vom Systemadministrator eingetragene Rechner- und Benutzernamen enthält. Außerdem können Benutzer in ihren Home-Verzeichnissen *.rhosts*-Dateien anlegen, die Einträge mit Rechner- und Benutzernamen für Systeme enthalten, von denen sie sich üblicherweise anmelden. Diese Datei wird nach */etc/hosts.equiv* überprüft, wobei diese im Zweifelsfall Vorrang besitzt. (Beachten Sie dabei, daß der paßwortfreie Zugriff für *root* nicht in *hosts.equiv*, sondern nur in der *.rhosts*-Datei von *root* festgelegt werden kann.) Im Gegensatz zu den *r*-Tools ist es bei der SSH in der Regel nicht zulässig, sich ohne Paßwort lediglich auf Basis des Rechner- oder Benutzernamens anzumelden. Dies kann zwar theoretisch bei der Kompilierung so eingerichtet werden, ist jedoch nicht empfehlenswert, da es der SSH jegliche Authentifizierungsmöglichkeiten nimmt. Normalerweise führt die SSH eine weitere und sicherere Authentifizierung durch.

Die SSH arbeitet standardmäßig mit RSA-Authentifizierung und Rechnerschlüsseln. Diese Schlüssel werden in der Systemdatei */etc/ssh_known_hosts* oder in der Benutzerdatei *$HOME/.ssh/known_hosts* gespeichert.

Ein weiteres Verfahren ist RSA-Authentifizierung mit einem benutzerspezifischen Schlüsselpaar aus öffentlichem und privatem Schlüssel, wobei dem Server der öffentliche und dem Client-Programm des Benutzers der private Schlüssel bekannt ist. Der Benutzer speichert seinen öffentlichen Schlüssel auf dem fernen Rechner in der Datei

$HOME/.ssh/authorized_keys. Stellt er mit *ssh* eine Verbindung zum System her, wird dem Server mitgeteilt, welches Schlüsselpaar verwendet werden soll. Der Server überprüft, ob sich das Schlüsselpaar in der Datei *authorized_keys* befindet. Ist dies der Fall, chiffriert er eine Challenge-Nachricht mit dem öffentlichen Schlüssel und sendet sie zum SSH-Client des Benutzers. Der Client dechiffriert die Nachricht mit dem privaten Schlüssel des Benutzers und schickt sie zum Server zurück. Damit wird auch ohne Übertragung des privaten Schlüssels sichergestellt, daß es sich tatsächlich um den vorgeblichen Benutzer handelt.

Die Authentifizierung kann auch mit einem TIS-Authentifizierungsserver (Trusted Information Systems, kürzlich von Network Associates übernommen) durchgeführt werden. Wir werden uns in diesem Kapitel nicht näher mit dieser Art der Authentifizierung beschäftigen. Weitere Informationen hierzu finden Sie in der Datei *README.TIS*, die im Lieferumfang der SSH enthalten ist.

Aufruf von ssh im Batch-Modus

Um die sichere Befehlsausführung auf einem fernen System zu automatisieren, kann *ssh* auch im Batch-Modus aus einem Skript heraus aufgerufen werden (siehe entsprechenden Parameter in diesem Abschnitt weiter hinten). Im Batch-Modus fragt *ssh* nur nach einem Paßwort oder einer Paßphrase, wenn eine Paßwort-Authentifizierung (wie zum Beispiel bei der RSA-Benutzerauthentifizierung) erforderlich ist oder eine Paßphrase zum Schutz des privaten Benutzerschlüssels verwendet wird. Diese Methode ist zwar weniger sicher, in Skripten aber durchaus nützlich, wenn kein Benutzer für entsprechende Eingaben zur Verfügung steht. Da nur der rechtmäßige Benutzer als Eigentümer der *identity*-Datei die Dateizugriffsrechte besitzt, um den privaten Schlüssel zu lesen, ist hier immer noch ein gewisser Schutz gewährleistet.

Zweckmäßige ssh-Parameter

Wie *sshd* besitzt auch *ssh* eine Konfigurationsdatei, und zwar die Datei */etc/ssh_config*. Standardmäßig sind alle Einträge auskommentiert. Außerdem gibt es für *ssh* eine Reihe von Kommandozeilenparametern. Es folgt eine Auswahl:

-l *benutzername*
: Der SSH-Client bietet die nützliche Möglichkeit, sich unter einem anderen Login-Namen bei einem fernen Rechner anzumelden. Wie auch bei *rsh* wird normalerweise der Name benutzt, unter dem Sie sich bei dem System angemeldet haben, von dem aus Sie eine Verbindung aufbauen. Mit diesem Parameter können Sie den Namen ändern.

-c *chiffrierung*
: Mit diesem Parameter können Sie das Verschlüsselungsverfahren ändern, das vom Client verwendet wird. Wie bereits erwähnt, wird standardmäßig IDEA eingesetzt. Sie haben die Wahl zwischen *idea*, *blowfish*, *des*, *3des*, *arcfour* und *none*. Alternativ dazu können Sie das Verschlüsselungsverfahren mit dem Parameter *Cipher* in der Datei *ssh_config* ändern.

-p *port*
: Mit diesem Parameter können Sie, wie es auch bei *sshd* möglich ist, den Standardport von 22 auf eine andere Nummer setzen. Alternativ dazu verwenden Sie den Parameter *Port* in der Datei *ssh_config*.

-o *option*
: Mit diesem Parameter können Sie einen Befehl eingeben, der eine der Optionen in der Datei *ssh_config* enthält, für die hier kein eigener Parameter vorhanden ist. Mit der Option *BatchMode yes* wird zum Beispiel verhindert, daß der Client nach einem Paßwort oder einer Paßphrase fragt. Dieses Verhalten ist bei der Ausführung von Skripten sinnvoll.

-t
: Dieser Parameter veranlaßt den Server, selbst dann ein Pseudo-Terminal einzurichten, wenn der Client nur zur Fernausführung eines Befehls verwendet wird. Er ist für den Aufbau unseres VPNs wichtig.

ssh-keygen

Mit dem Tool *ssh-keygen* können SSH-Benutzer RSA-Benutzerschlüsselpaare oder Administratoren ein Rechnerschlüsselpaar generieren. Es wird in der Kommandozeile aufgerufen, und in den meisten Fällen sind keine Parameter erforderlich. *ssh-keygen* erzeugt für den privaten Schlüssel die Datei *$HOME/.ssh/identity* und für den öffentlichen Schlüssel die Datei *$HOME/.ssh/identity.pub*. Außerdem fragt es nach einer Paßphrase, die zur Chiffrierung des privaten Schlüssels mit 3DES herangezogen wird. Damit wird verhindert, daß eine Person Ihren Schlüssel lesen kann, wenn sie sich Ihre private Schlüsseldatei unrechtmäßig angeeignet hat. Denn dazu müßte sie zusätzlich noch Ihre Paßphrase kennen. 3DES gilt als sicher gegenüber Brute-Force-Angriffen. Für *ssh-keygen* gibt es unter anderem folgende Parameter:

-b *bits*
: Mit diesem Parameter können Sie die Anzahl der für das Schlüsselpaar verwendeten Bits setzen. Standardmäßig beträgt die Schlüssellänge 1024 Bit, was auch empfehlenswert ist.

-f *datei*
: Mit diesem Parameter können Sie eine andere Schlüsseldatei festlegen.

ssh-agent und ssh-add

Das Tool *ssh-agent* wird vom Benutzer auf dem lokalen Rechner ausgeführt und kommt in Kombination mit RSA-Benutzerauthentifizierung zum Einsatz. Es hat den Zweck, die privaten Identitätsschlüssel für einen bestimmten Benutzer zu speichern. Das Tool *ssh-add* fügt diese Identitätsschlüssel zum Agenten hinzu. Wenn Sie *ssh-agent* und *ssh-add* vor dem Start von *ssh* ausführen, müssen Sie nicht bei jedem Aufruf des Clients eine Paßphrase eingeben. Die Paßphrase wird von *ssh-add* abgefragt, der daraufhin den privaten Schlüssel dechiffriert und im Speicher ablegt. Solange der Agent läuft, brauchen Sie die Paßphrase nicht erneut einzugeben. Diese Tools können außerdem verwendet werden, um sich ohne Zusatzaufwand auf verschiedenen Systemen anhand unterschiedlicher Identitäten anzumelden. Dies wäre zum Beispiel sinnvoll, wenn die Sicherheitsvorkehrungen im Büro einen 1024-Bit-Schlüssel erfordern, während zu Hause oder am Ausbildungsplatz ein 512-Bit-Schlüssel ausreicht. In diesem Fall ist für jede Sicherheitsstufe eine andere Identität wünschenswert. Unterschiedliche Identitäten haben zudem den Vorteil, daß nicht alle von Ihnen zugänglichen Systeme beeinträchtigt sind, wenn eine Ihrer Identitäten kompromittiert wird. Bei mehreren Identitäten probiert *ssh* alle im Speicher abgelegten öffentlichen Schlüssel durch, bis es einen gefunden hat, den der Server akzeptiert und mit einer challenge-Nachricht beantwortet.

Das Tool *ssh-agent* kann mit einem Befehl als Parameter aufgerufen werden. Dabei handelt es sich gewöhnlich um eine Shell oder einen Befehl zum Starten einer X-Window-System-Umgebung. *ssh-agent* führt diesen Befehl aus, und alle darauffolgenden Befehle werden zu Kindprozessen des Agenten. Sie besitzen somit Zugriff auf die vom Agenten gespeicherten Schlüssel, wobei diese sofort nach Abschluß des ersten Befehls aus dem Speicher gelöscht werden. *ssh-agent* kann auch in einer *eval*-Anweisung innerhalb eines Shell-Skripts aufgerufen werden. In diesem Fall ist keine Shell als Parameter erforderlich.

Wird *ssh-add* ohne Parameter aufgerufen, lädt es die Datei *$HOME/.ssh/identity*. Sie können auch andere (mit *ssh-keygen* erzeugte) Schlüsseldateien verwenden. Dazu geben Sie den entsprechenden Pfad und den Namen an. Angenommen, Sie besitzen jeweils einen privaten Schlüssel für den Ausbildungsplatz, für zu Hause und fürs Büro. In diesem Fall können Sie folgende Befehle verwenden:

```
# ssh-agent $SHELL
# ssh-add ~/.ssh/home
# ssh-add ~/.ssh/work
# ssh-add ~/.ssh/school
```

scp

Das Programm *scp* zum sicheren Kopieren von Dateien dient als Ersatz für *rcp*. Es kann zur sicheren Dateiübertragung zwischen Rechnern mit dem SSH-Protokoll verwendet werden. Es besitzt viele der Funktionen von *rcp* und kann auch Verzeichnishierarchien kopieren. *scp* wird normalerweise wie folgt aufgerufen:

```
# scp datei1 rechner2:datei2
```

make-ssh-known-hosts

Mit dem Skript *make-ssh-known-hosts* kann eine Domäne nach allen Rechnern mit dem SSH-Dämon durchsucht und deren öffentliche Rechnerschlüssel abgerufen werden. Daraus wird dann automatisch die Datei */etc/ssh_known_hosts* erzeugt. Das Skript kann mit zahlreichen Parametern aufgerufen werden. Beim Aufruf ohne Parameter wird die Domäne durchsucht, zu der der Rechner gehört.

Aufbau eines VPN mit PPP und SSH

Durch eine PPP-Verbindung innerhalb einer SSH-Verbindung läßt sich ein routing-fähiges sicheres Netz über das Internet aufbauen. Dazu werden Linux-Server an jedes Netz angeschlossen, das zum VPN gehört. Solche Server agieren entweder als Router/Firewalls, oder es handelt sich schlicht um Router, die hinter einem Firewall plaziert sind. Wir wollen ein möglichst einfaches Beispiel beschreiben, in dem die Linux-Systeme als Router hinter dem Firewall zum Einsatz kommen. Als Firewalls stehen verschiedene Produkte zur Auswahl, auf die wir hier nicht näher eingehen. Wir konzentrieren uns statt dessen auf den Aufbau des VPNs.

Abbildung 8-1 zeigt unsere Beispielkonstellation, auf die in diesem Kapitel immer wieder zurückgegriffen wird. Es gibt zwei Unix-Systeme, das »Master-System« und das »Slave-System«, die mit der SSH, PPP und weiteren nötigen Anwendungen versehen sind. Es ist unerheblich, welches der Systeme als Master und welches als Slave fungiert. Wichtig ist lediglich zu unterscheiden, welches System die SSH-Verbindung einleitet (Master) und welches die Verbindung akzeptiert (Slave). Jeder Rechner könnte auch beide Rollen übernehmen und VPN-Verbindungen sowohl einleiten als auch akzeptieren. Veranschaulichen läßt sich diese Konstellation anhand einer Filiale mit einem Master-Server, der eine VPN-Verbindung zum Slave-Server einer Zentrale herstellt. Andere Filialen können sich in eigenen VPNs bei demselben Slave-Server anmelden.

In unserem Beispiel sind folgende Schnittstellen definiert:

master-lan (192.168.3.1)
: IP-Adresse für das Master-System in seinem internen Netz. Sie ist Bestandteil eines nicht registrierten CIDR-Blocks (Classless Inter-Domain Routing) der Klasse C (192.168.0.0/16 aus RFC 1918).

master-gw (1.0.0.1)
: IP-Adresse für die Netzkarte des Master-Systems im Perimeternetz (auch demilitarisierte Zone, DMZ genannt). Sie kann im Internet geroutet werden.

master-vpn (192.168.1.1)
: IP-Adresse für die PPP-Schnittstelle des Master-Systems. Sie gehört zu einem nicht registrierten Block.

slave-lan (192.168.4.1)
: IP-Adresse für das Slave-System in seinem internen Netz.

slave-gw (2.0.0.1)
: IP-Adresse für das Slave-System im Perimeternetz. Sie gehört zu einem Adreßbereich, der geroutet werden kann.

slave-vpn (192.168.1.2)
: IP-Adresse für die PPP-Schnittstelle des Slave-Systems.

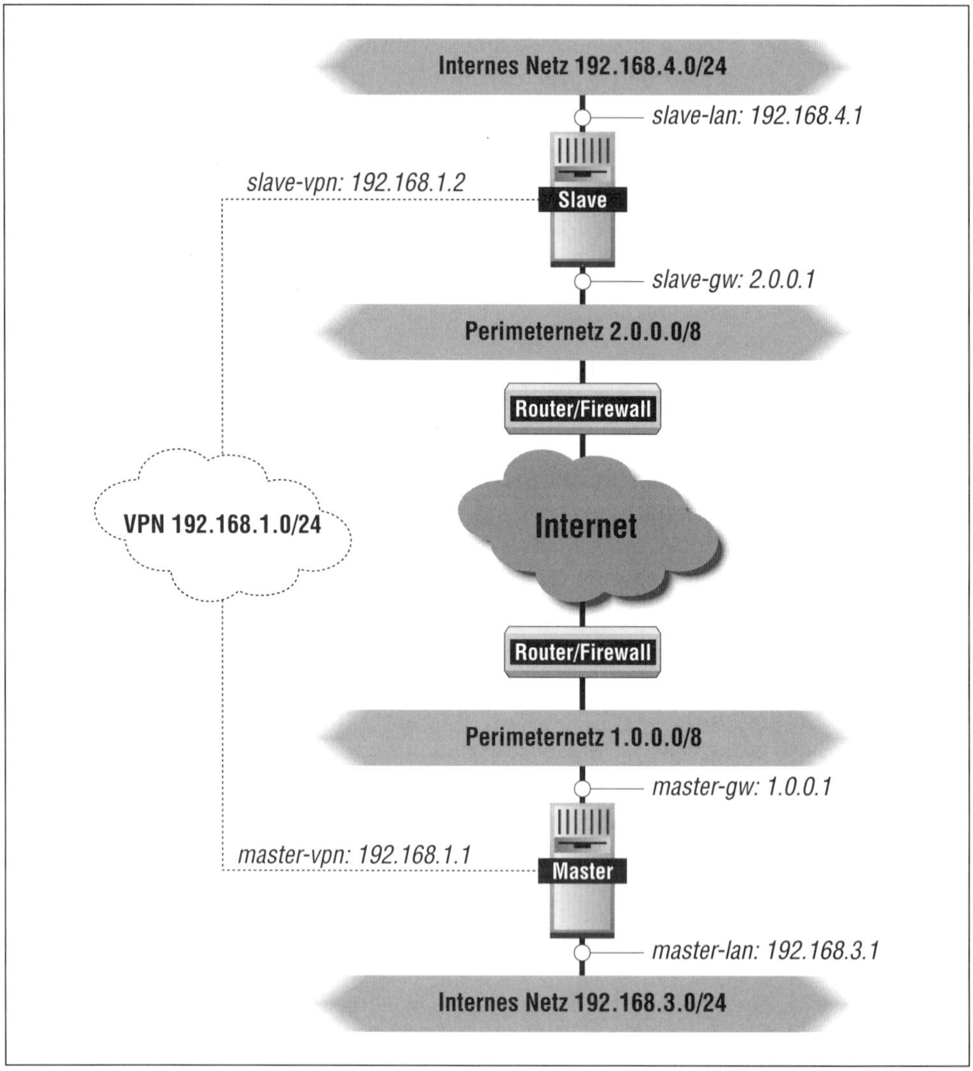

Abbildung 8-1: Aufbau eines VPNs mit Master- und Slave-System in der Domäne ora-vpn.com

Wenn bei dieser Konstellation jemand im internen Netz des Master-Systems (192.168.3.0/24) mit *master-lan* als Gateway-Adresse eine Verbindung zu einem Rechner im internen Netz des Slave-Systems (192.168.4.0/24) herstellt, werden die Nachrichten durch die VPN-Verbindung zwischen Master- und Slave-System gelenkt. Alle anderen Nachrichten werden blockiert (d.h., es wird kein anderer Internet-Verkehr geroutet), da Adressen des Netzes 192.168.0.0 nicht geroutet werden können. Auf Linux-Routern kann alternativ dazu mit IP-Masquerading gearbeitet werden, bei dem auch die nicht registrierten Adressen das Linux-System passieren und Zugang zum Internet erlangen können.

Die Router/Firewalls auf der Master- und Slave-Seite werden so eingerichtet, daß über Port 22 SSH-Nachrichten für Master- und Slave-Rechner zulässig sind. Diese Rechner befinden sich in der Domäne *ora-vpn.com*.

Zum Aufbau eines VPN mit PPP und der SSH sind auf dem Master- und Slave-System folgende Aktionen erforderlich:

1. Auf dem Slave muß PPP ausgeführt werden. Wir arbeiten hier mit *pppd*. Wird dieser von einem Pseudo-Terminal ohne Parameter für ein anderes Device (wie einer seriellen Leitung) aufgerufen, wird automatisch die Ein-/Ausgabe des Terminals verwendet, von dem aus er gestartet wurde. Wenn Sie mit *telnet* eine Verbindung zu einem Rechner mit *pppd* herstellen und diesen von der Befehlszeile starten, erscheinen die (scheinbar unsinnigen) Zeichenfolgen des PPP-Protokolls in Ihrem Telnet-Fenster.

2. Da die Verbindung sicher sein soll, installieren wir *sshd* statt *telnet* auf dem Slave-System und führen *ssh* auf dem Master-System aus. Durch eine SSH-Verbindung vom Master- zum Slave-System und die Ausführung von *pppd* auf dem Slave ist die Verbindung zwar sicher, der PPP-Anschluß aber noch nicht komplett. Dazu muß der PPP-Dämon auch noch auf dem Master-System laufen.

3. Wir müssen den *ssh*-Befehl, der *pppd* auf dem Slave-System ausführt, von einem anderen Pseudo-Terminal absetzen, damit weitere Befehle von einem Skript zum Aufbau des VPNs ausgeführt werden können. Läuft *pppd* auf demselben Terminal, erscheint nur der PPP-Unsinn, und andere Befehle sind ohne Bedienung schlecht ausführbar. Zur Einrichtung des neuen Pseudo-Terminals benutzen wir das Programm *pty-redir*. Der Terminalbezeichner (zum Beispiel *ttyp1*) muß für *pppd* außerdem zum späteren Gebrauch auf dem Master-System gespeichert werden.

4. Der PPP-Dämon muß auf dem Master-System mit einem Parameter aufgerufen werden, der ihn veranlaßt, die Ein-/Ausgabe zu dem Pseudo-Terminal zu dirigieren, das wir mit *pty-redir* generiert haben, um mit *ssh* eine Verbindung zum Slave-System herzustellen und *pppd* auszuführen. *pppd* stellt auf dem Master-System über das Terminal der SSH-Verbindung eine PPP-Verbindung zum *pppd* auf dem Slave-System her. Das *pppd*-Programm auf dem Master-System erhält zudem die lokale und die ferne IP-Adresse der PPP-Schnittstellen als Parameter.

5. Auf dem Master- und Slave-System müssen geeignete Routen eingerichtet werden.

Wenden wir uns nun ganz konkret der Installation dieser VPN-Konfiguration zu. Die folgende Beschreibung beruht auf der Linux-Dokumentation VPN HOWTO von Arpad Magosanyi (*http://sunsite.unc.edu/LDP/HOWTO/mini/VPN.html*) und unseren eigenen Erfahrungen.

Die VPN-Komponenten

Zum Aufbau unseres VPNs mit der SSH kommen das Betriebssystem Linux und einige Softwarekomponenten zum Einsatz, die im folgenden aufgeführt werden und im Internet frei verfügbar sind:

Linux

Für unsere Konstellation haben wir die Slackware-Distribution von Linux für x86-Prozessoren mit der Kernel-Version 2.0.33 verwendet. Es gibt zahlreiche andere Distributionen, zum Beispiel von Red Hat, Debian und Caldera. Wenn Sie noch kein Linux besitzen, können Sie sich auf der Linux-Website (*http://www.linux.org*) über Bezugsquellen informieren.

Beim Verfassen dieses Kapitels galten die Kernelversionen 2.0.x als stabil, während die Entwicklerversionen die Nummern 2.1.x trugen. In jedem Fall sollten Sie zumindest die Kernelversion 2.0.33 wählen, da diese über Sicherheitsvorkehrungen gegen Angriffsarten wie *TCP SYN flooding* (Überflutung mit SYN-Paketen) und *denial of service* (Lahmlegen von Diensten) verfügen. Sie benötigen außerdem den Kernelquellcode.

pppd

Wir haben PPP, Version 2.3.5, verwendet. Dieses Paket enthält Kernelcode und den Code für *pppd*. Damit läßt sich PPP für Linux, Solaris, SunOS, FreeBSD, OSF und einige andere Systeme erzeugen. Es ist unter *ftp://cs.anu.edu.au/pub/software/ppp/* erhältlich.

SSH

Wir haben mit Version 1.2.25, über die wir bereits sprachen, gearbeitet. Sie sollten diese oder eine höhere Version verwenden, da hier eine Sicherheitslücke behoben wurde, die eine bestimmte Art von Man-in-the-Middle-Angriffen ermöglichte.

sudo

Ein handliches kleines Tool, mit dem ein Benutzer (bei entsprechenden Zugriffsrechten) ein Programm als Superuser ausführen kann. Wir haben Sudo Version 1.5.4 verwendet, das unter *ftp://ftp.uu.net/pub/security/sudo/* erhältlich ist.

pty-redir

Dieses Programm dient zur Einrichtung eines neuen Pseudo-Terminals auf dem Master-System, auf dem der SSH-Client ausgeführt und der Name des Terminals (zum Beispiel *ttyp1*) zur späteren Verwendung durch das *pppd*-Programm auf der Master-Seite ausgegeben werden soll. Dieses Tool (oder eine entsprechende Variante) ist für die PPP-Verbindung innerhalb der SSH erforderlich. Arpad Magosanyi, Autor der Linux-Dokumentation VPN HOWTO, hat den Redirector geschrieben, den wir in der Version 0.1 verwendet haben. Der Redirector ist unter *http://www.hal.vein.hu/~mag/works* erhältlich. Die Version für unser VPN finden Sie auch unter *http://www.vpn.outer.net* im Abschnitt *Tools*.

VPN-Startskript

Wir starteten das VPN nicht manuell, sondern mit einer geänderten Fassung des Startskripts *VPN*, das sich in der Linux-Dokumentation VPN HOWTO befindet. Dieses Skript beruht auf einem Gerüst, das zum Aufbau von Unix-Startskripten dient. Das Originalskript finden Sie in der HOWTO-Dokumentation und die von uns geänderte Fassung unter *http://www.vpn.outer.net/* im Abschnitt *Tools*.

Skripten für das Slave-System
Diese sehr einfach aufgebauten Skripten richten PPP und Routing auf dem Slave-System ein. Unsere Fassungen können vom VPN-Webserver bezogen werden.

Einrichten des VPN

Der VPN-Aufbau gilt als nicht gerade benutzerfreundlich. Wenn Sie mit der Kompilierung von Programmen und der Bearbeitung von Konfigurationsdateien unter Unix vertraut sind – und die Zeit und den Aufwand in Kauf nehmen –, sollte es aber keine allzu großen Probleme geben. Im einzelnen sind folgende Schritte erforderlich:

1. Installieren Sie Linux auf dem Master- und dem Slave-System.
2. Richten Sie *pppd* auf beiden Systemen ein.
3. Erstellen Sie eine Benutzerkennung auf dem Slave-System.
4. Richten Sie auf beiden Systemen die SSH mit RSA-Authentifizierung ein.
5. Konfigurieren Sie *sudo* auf dem Slave-System.
6. Installieren und konfigurieren Sie *pty-redir* auf dem Master-System (eventuell sind Änderungen erforderlich).
7. Richten Sie das VPN-Skript auf dem Master-System ein.
8. Richten Sie ein Routing- und PPP-Skript auf dem Slave-System ein.

In den folgenden Abschnitten werden die einzelnen Schritte ausführlich erläutert.

Einrichten von Linux auf Master- und Slave-System

Sie sollten sowohl das Master- als auch das Slave-System auf ein Minimum reduzieren. Es ist immer noch besser, eine fehlende Komponente später hinzuzufügen, als einem Eindringling unbeabsichtigt eine Hintertür offenzulassen. Entfernen Sie deshalb folgende Dienste aus der Datei */etc/inetd.conf*: *systat*, *netstat*, *finger*, *tftp* und die *r*-Tools. Nach abgeschlossener Systemkonfiguration können Sie auch den *telnet*- und den *ftp*-Dämon streichen. Damit ist sichergestellt, daß das System wirklich nur über die SSH zugreifbar ist. *sendmail* sollte besser nicht installiert oder zumindest umbenannt werden, damit es nicht ausführbar ist. Überprüfen Sie abschließend, ob wirklich alle überflüssigen Programme (zum Beispiel BIND, NIS, NFS, X11, Samba usw.) entfernt wurden. Denken Sie absolut minimalistisch.

Erforderlich sind Entwicklungs-Tools, nämlich ein C-Compiler (wir haben *gcc* verwendet), *make* und C-Bibliotheken. Sie benötigen darüber hinaus die Quellen des Linux-Kernels und die TCP/IP-Netzprogramme (zum Beispiel *netstat*, *ifconfig*, *route* usw.). Bei der Kernel-Konfiguration für die Kompilierung (zum Beispiel bei *make config* unter Linux) sollten Sie nur die Netzprotokolle TCP/IP und PPP berücksichtigen. Außerdem sollte das Konfigurationsprogramm angewiesen werden, das System als Router und nicht als Netzrechner zu optimieren. Ob Sie mit IP-Masquerading arbeiten oder den Rechner als Firewall verwenden, hängt von Ihren speziellen Anforderungen ab.

Überfrachten Sie den Kernel nicht mit unnötiger Funktionalität wie zum Beispiel Multimedia-Soundkartentreibern.

Einrichten des PPP-Dämons

Auch der PPP-Dämon ist auf beiden Systemen erforderlich. Nachdem Sie den Verzeichnisbaum mit den Quelltexten entpackt haben, müssen Sie die *README*-Datei für Ihr System finden. Auf einem Linux-System kopieren Sie die *Makefiles* mit dem Programm *configure* an die richtige Stelle. Danach installieren Sie mit *make kernel* die aktualisierten PPP-Treiber in Ihrem Kernel-Verzeichnisbaum. Sie müssen mit diesen Treibern nun einen neuen Kernel erstellen, diesen installieren und neu starten. (Wenn Sie noch nie einen neuen Kernel eingerichtet haben, sollten Sie zunächst die *README*-Datei im Kernel-Verzeichnisbaum – normalerweise */usr/src/linux* – sorgfältig durchgehen. Eine detaillierte Beschreibung zur Kernelerstellung finden Sie auch im Buch *LINUX – Wegweiser zur Installation & Konfiguration* von Matt Welsh und Lar Kaufman, das im O'Reilly-Verlag erschienen ist.)

Unter Linux können die PPP-Treiber auch als Kernelmodul eingerichtet werden. Anhand von Modulen wird der Kernel möglichst schlank gehalten, da die Treibermodule nur bei Bedarf geladen werden. In unserem Beispiel ist der Kernel nicht sehr umfangreich, so daß wir PPP direkt eingebunden haben. Nach erfolgreichem Neustart begeben Sie sich wieder in das Verzeichnis mit den Quelltexten für den PPP-Dämon, erstellen mit *make* das *pppd*-Programm, die Hilfsprogramme sowie die Manual-Seiten und kopieren sie mit *make install* an die richtige Stelle.

HINWEIS Die von uns verwendete *pppd*-Version 2.3.5 enthielt einen Fehler in den aktualisierten Linux-Kerneltreibern, durch den die Kompilierung für 2.0.x-Kernel nicht möglich war. Wir gehen zwar davon aus, daß dieses Problem in späteren Versionen behoben ist, wollten es hier aber doch erwähnen. Wenn die Kompilierung von *ppp.c* mit dem Hinweis auf zu wenige Argumente in *dev_kfree_skb* scheitert, ändern Sie in *ppp.c*, Zeile 3079, VERSION auf Ihre Kernelversion (zum Beispiel 2,0,33 statt 2,1,86). Eine gute Informationsquelle bei solchen Problemen sind die USENET-Gruppen *comp.os.linux.networking* und *linux.dev.ppp*.

Ist alles soweit eingerichtet, starten Sie *pppd* auf dem Master- und dem Slave-System von der Kommandozeile. Auf dem Slave-System erstellen Sie im Home-Verzeichnis von *vpn1* die Datei *.ppprc*, die nur das Wort *passive* enthält. Nach dem Start sollten jede Menge unsinniger Zeichen auf dem Bildschirm erscheinen, wobei die Ausgabe nach etwa 30 Sekunden zum Stillstand kommt. Sie können dazu auch die Tastenfolge `ENTER`, - und `CTRL-Z` drücken. Beenden Sie den Prozeß mit *kill %1*.

Erscheint kein unsinniger Text, ist vermutlich mit dem PPP-Dämon selbst etwas nicht in Ordnung. Auf einem Linux-System überprüfen Sie die Dateien */var/adm/messages* und */var/adm/syslog* nach entsprechenden Hinweisen (oder Sie sehen in */etc/syslog.conf* nach, wo sich die Dateien befinden). Aus der Datei *messages* sollten Sie erfahren, ob der Dämon erfolgreich gestartet wurde, während *syslog* protokollspezifische Fehlermeldungen enthält. Wenn der Dämon davon ausgeht, daß die PPP-Treiber nicht in den Kernel eingebunden wurden, erhalten Sie eine entsprechende Meldung. Mit dem Befehl *dmesg* erfahren Sie, ob die PPP-Treiber geladen wurden.

Erstellen einer Benutzerkennung auf dem Slave-System

Da wir das VPN-Skript auf dem Master-System beim Systemstart ausführen, läuft es unter *root*, so daß hier keine eigene VPN-Kennung erforderlich ist. Auf dem Slave-System dagegen sollte die Anmeldung nicht unter der *root*-Kennung erfolgen, sondern eine eigene Kennung für die VPN-Verbindung eingerichtet werden. Wenn sich mehrere Master-Systeme mit demselben Slave-System verbinden, können somit auch für mehrere VPNs unterschiedliche Kennungen erstellt werden. Diese Situation wäre zum Beispiel gegeben, wenn die Master-Systeme verschiedener Filialen VPNs mit dem Slave-System der Zentrale bilden. In unserem Beispiel ist die Benutzerkennung *vpn1*. Das Paßwort muß schwer zu knacken und braucht nicht leicht zu merken sein, da wir beim SSH-Login mit RSA-Authentifizierung arbeiten.

Einrichten der SSH-Authentifizierung

Wir haben bereits besprochen, wie die SSH auf einem System installiert wird. Nachdem Sie den SSH-Dämon so eingerichtet haben, daß er beim Systemstart aufgerufen wird, erstellen Sie die SSH-Authentifizierung wie folgt:

1. Generieren Sie auf dem Master-System mit dem Programm *ssh-keygen* ein Schlüsselpaar für die *root*-Kennung. Wenn dieses bereits existiert, stellen Sie sicher, daß es von keinem der vorhandenen Dienste verwendet wird. Wird es bereits benutzt, sollte man ein neues Schlüsselpaar erstellen, um jegliche Kompromittierung auszuschließen. *ssh-keygen* erstellt für *root* die Dateien *$HOME/.ssh/identity* und *$HOME/.ssh/identity.pub*. Wenn Sie nach einer Paßphrase gefragt werden, drükken Sie lediglich ENTER. Da das VPN-Skript unter Umständen auch ausgeführt wird, wenn kein Benutzer zur Stelle ist (zum Beispiel nach einem fernen Systemstart), muß eine Verbindung mit dem SSH-Client auch ohne Benutzereingabe möglich sein.

2. Melden Sie sich beim Slave-System als *vpn1* an, oder wechseln Sie mit *su* zu dieser Benutzerkennung. Führen Sie *ssh-keygen* für diesen Benutzer aus. Erstellen Sie im Home-Verzeichnis des Benutzers die Datei *.rhosts* mit dem Rechnernamen des Master-Systems (*master-gw*) und der Kennung, die vom Master-System zur Anmeldung verwendet wird – in unserem Fall also *vpn1*.

3. Der öffentliche Rechnerschlüssel des Slave-Systems muß auf dem Master-System in die Datei *known_hosts* von *root* eingetragen werden. Am einfachsten verbinden Sie sich dazu über *ssh* mit dem Slave-System. Dabei werden Sie von *ssh* automatisch gefragt, ob Sie den öffentlichen Schlüssel des Slave-Systems in die Datei eintragen lassen möchten. Beantworten Sie die Frage mit *yes*. Um den öffentlichen Rechnerschlüssel des Master-Systems in *known_hosts* von *vpn1* einzutragen, kön-

nen Sie entweder versuchen, mit dem SSH-Client eine Verbindung herzustellen, oder den Schlüssel aus */etc/ssh_host_key.pub* kopieren.

4. Kopieren Sie den öffentlichen Schlüssel von *root* aus *identity.pub* auf dem Master-System in die Datei *authorized_keys* von *vpn1*.

Damit sind *.rhosts*-, RSA-Rechner- und RSA-Benutzerauthentifizierung für diese Verbindung aktiviert, was höchste Sicherheit gewährleistet. Um die Sicherheitsvorkehrungen noch zu verstärken, können wir auf beiden Systemen in der Datei */etc/sshd_config* folgende Einträge anpassen:

```
PermitRootLogin no
StrictModes yes
RhostsAuthentication no
RhostsRSAAuthentication no
RSAAuthentication yes
PasswordAuthentication no
AllowHosts master-gw.ora-vpn.com slave-gw.ora-vpn.com admin.ora-vpn.com
```

Mit *PermitRootLogin* auf *no* wird verhindert, daß sich *root* bei einem der Systeme mit der SSH anmelden kann. Ist *StrictModes* auf *yes* gesetzt, gibt der SSH-Dämon eine Meldung aus, wenn das Home-Verzeichnis eines Benutzers allgemein schreibbar ist.

Die nächsten vier Einträge steuern, welche Art der Authentifizierung zulässig ist:

- Bei *RhostsAuthentication* auf *no* (Standardeinstellung) kann ein Benutzer nicht allein durch *.rhosts*-Authentifizierung eine SSH-Verbindung aufbauen.
- Bei *RhostsRSAAuthentication* auf *no* reichen selbst *.rhosts*- plus RSA-Rechner-authentifizierung noch nicht aus.
- Bei *RSAAuthentication* auf *yes* (ebenfalls Standardeinstellung) ist RSA-Benutzer-authentifizierung zulässig.
- Bei *PasswordAuthentication* auf *no* ist keine Paßwortauthentifizierung erlaubt (wenn RSA-Authentifizierung scheitert).

Die Option *AllowHosts* ist meist auskommentiert, kann jedoch aktiviert werden, um SSH-Verbindungen nur von bestimmten Rechnern zuzulassen. In diesem Fall erlaubt das Slave-System nur Verbindungen von *master-gw.ora-vpn.com*. Auf dem Master-System wäre *AllowHosts* dementsprechend auf *slave-gw.ora-vpn.com*. gesetzt. Damit akzeptieren die beiden Rechner nur Verbindungen vom jeweils anderen.

Wenn Sie *telnet* vollständig deaktivieren und nur dem jeweils anderen VPN-Rechner SSH-Verbindungen erlauben, ist das natürlich auch das einzige System, von dem aus eine Fernadministration möglich ist. Alle Arbeiten müssen dann auf diesem fernen System oder direkt an der Konsole durchgeführt werden. Alternativ dazu können Sie weitere Rechner, wie in unserem Beispiel *admin.ora-vpn.com*, festlegen oder mit dem Platzhalter **.ora-vpn.com* alle Rechner in Ihrer Domäne zulassen.

Sie sollten nun in der Lage sein, als *vpn1* mit dem SSH-Client auf dem Master-System eine Verbindung zum Slave-System herzustellen. Für den Fall, daß Probleme auftreten, können Sie beim Verbindungsversuch auf dem Slave-System eine *telnet*-Sitzung geöffnet halten. Versuchen Sie, auf dem Master-System in etwa folgenden Befehl einzugeben, wobei Sie unseren durch Ihren Slave ersetzen:

```
# ssh -l vpn1 slave-gw.ora-vpn.com
```

Damit sollten Sie sich ohne Paßworteingabe beim Slave-System anmelden können. Scheitert der Versuch, liegt das aller Wahrscheinlichkeit nach an einem Authentifizierungsfehler. Führen Sie denselben Befehl aus, verwenden Sie aber zusätzlich die Option *-v*. Diese bewirkt eine ausgezeichnete Debug-Ausgabe, die ihnen aufzeigt, ob der Fehler bei der *.rhosts-*, der RSA-Rechner- oder der RSA-Benutzerauthentifizierung liegt.

Konfiguration von sudo auf dem Slave-System

Das Programm *sudo* wird im wesentlichen wie andere Programme mit *configure*, *make* und *make install* eingerichtet und nach */usr/local/bin* gestellt. Um die *sudo*-Konfigurationsdatei *sudoers* zu ändern, benötigen Sie das Tool *visudo*, das nur unter der *root*-Kennung ausgeführt werden kann. *visudo* arbeitet mit dem von Ihnen gewählten Editor (standardmäßig *vi*), sperrt die Datei aber, damit sie nur von einer Person gleichzeitig geändert werden kann. Außerdem wird die Syntax der Benutzereingabe überprüft. Beim Aufruf öffnet der Editor automatisch die Datei *sudoers*.

sudo muß nur auf dem Slave-System und für die Kennung *vpn1* installiert werden, da das VPN-Skript auf dem Master-System unter *root* ausgeführt wird. *sudo* wird benötigt, da *vpn1* auch den Befehl *route add* ausführen muß, was nur mit entsprechenden Privilegien möglich ist. Sie müssen in der Datei *sudoers* folgende Zeilen hinzufügen:

```
# Befehls-Alias-Spezifikation
Cmnd_Alias VPN=/usr/sbin/pppd,/sbin/route
# Benutzer-Spezifikation
vpn1 ALL=NOPASSWD: VPN
```

Die mit dem Gatter (#) beginnenden Zeilen sind Kommentare und werden ignoriert. Der erste Befehl legt ein Kommando namens VPN für die Programme *pppd* und *route* fest. Dieser Parameter bietet eine bequeme Möglichkeit zur Gruppierung mehrerer Programme, die von bestimmten Benutzern oder Gruppen als Superuser ausgeführt werden dürfen. Der nächste Eintrag besagt, daß der Benutzer *vpn1* alle im Alias festgelegten Befehle von jedem Rechner ohne Paßwort ausführen darf. Normalerweise fordert *sudo* die Eingabe des Paßworts, bevor der Befehl unter *root* ausgeführt werden kann.

Sie sollten nun in der Lage sein, *sudo* als Benutzer *vpn1* auf dem Slave-System zu testen. Versuchen Sie es mit folgendem Befehl:

```
# sudo /usr/sbin/pppd
```

sudo sollte *pppd* jetzt unter der *root*-Kennung für Sie starten, und auf dem Bildschirm solltedie PPP-Protokollausgabe erscheinen. Wenn Probleme auftreten, Sie aber sicher sind, daß PPP fehlerfrei funktioniert, ist unter Umständen die Datei *sudoers* nicht in Ordnung. Überprüfen Sie in diesem Fall, ob in der Datei */var/adm/sudo.log* Fehler aufgezeichnet sind.

Sind keine entsprechenden Meldungen vorhanden, versuchen Sie es auf dem Master-System mit folgender Zeile, nachdem Sie sich als *root* angemeldet haben:

```
# ssh -l vpn1 slave-gw.ora-vpn.com sudo /usr/sbin/pppd
```

Auch jetzt sollte die unsinnige Ausgabe erscheinen. Diesmal wird sie über die SSH-Verbindung auf Ihrem lokalen Terminal angezeigt.

Einrichten von pty-redir auf dem Master-System

Mit dem Programm *pty-redir* können Sie auf dem Master-System ein neues Pseudo-Terminal für die PPP-Nachrichten erzeugen. Es verfügt über ein *Makefile*, so daß Sie lediglich *make* ausführen und die Binärdatei ins Verzeichnis */usr/local/bin* stellen müssen. Diese Datei ist nur auf dem Master-System erforderlich.

HINWEIS Zeile 84 von *pty-redir.c* v0.1 steuert den Namen des Pseudo-Terminals. Er muß den Namenskonventionen Ihres Systems entsprechen. Im Originalquellcode hat die Zeile folgendes Aussehen:

```
fprintf(stderr, "/dev/pty%c%c",a,b);
```

Für unsere Slackware-Linux-Konfiguration war die Zeile wie folgt zu ändern:

```
fprintf(stderr, "/dev/tty%c%c",a,b);
```

Unter Umständen müssen Sie die Zeile also an Ihr Unix-Derivat anpassen.

Sie sollten nun in der Lage sein, alle Nachrichten über *pty-redir* umzuleiten:

```
# pty-redir /usr/local/bin/ssh -l vpn1 slave-gw.ora-vpn.com sudo /usr/sbin/pppd
```

Sie erhalten hier keine Ausgabe, so daß es am besten ist, die Logdateien durchzusehen und auf dem Slave-System mit *ps* zu überprüfen, ob *pppd* läuft. Wenn Sie *ps* auf dem Master-System ausführen, sollten Sie den vollständigen Befehl sehen.

Anpassen des VPN-Skripts

Wenn Sie hier angelangt sind, haben Sie es fast geschafft. Sie brauchen jetzt bloß noch das Skript anzupassen, das die VPN-Verbindung leistet. Es befindet sich auf dem Master-System und führt folgende Aufgaben durch:

- Neues Pseudo-Terminal auf dem Master-System bereitstellen
- SSH-Verbindung auf dem Slave-System öffnen
- *pppd* auf dem Slave-System starten
- *pppd*, der auch die IP-Adressen zuweist, über das umgeleitete Pseudo-Terminal auf dem Master-System starten
- Routing-Tabelle auf dem Slave-System einrichten (über eine zweite SSH-Verbindung)
- Routing-Tabelle auf dem Master-System einrichten

Das VPN-Skript, das in der Linux-HOWTO-Dokumentation enthalten ist, führt all diese Aufgaben aus. Ein Listing des Skripts einschließlich unserer geänderten Fassung finden Sie im Abschnitt *Tools* auf unseren Web-Seiten (*www.vpn.outer.net*).

Im VPN-Skript müssen Sie erst einmal die Grundeinstellungen an Ihre Umgebung anpassen. In unserem Fall sind folgende Einträge zu ändern:

PPPAPP
: Hier setzen Sie den Pfad des *ppp*-Skripts, das sich im Home-Verzeichnis der Master-Kennung auf dem Slave-Server befindet. In unserem Fall ist das */home/vpn1/ppp*.

ROUTEAPP
: Ebenso ändern Sie hier den Eintrag für den Pfad des Routing-Skripts, in unserem Fall zu */home/vpn1/route*.

MYPPPIP
: IP-Adresse der VPN-Schnittstelle auf dem Master-System, die wir auf 192.168.1.1 setzen.

TARGETIP
: IP-Adresse der VPN-Schnittstelle auf dem Slave-System, in unserem Fall 192.168.1.2.

TARGETNET
: Netzadresse (nicht die IP-Adresse) der LAN-Seite des Slave-Systems, in unserem Fall 192.168.4.0.

MYNET
: Netzadresse der LAN-Seite des Master-Systems (192.168.3.0).

SLAVEWALL
: Rechnername des Slave-Systems. Wir müssen ihn auf *slave-gw.ora-vpn.com* setzen.

SLAVEACC
: Login-Name für die Master-Kennung auf dem Slave-System, in unserem Fall *vpn1*.

PPPD, REDIR, SSH
: Überprüfen Sie, ob die Pfade dieser Tools mit denen auf Ihrem System übereinstimmen.

Nach diesen Änderungen sehen unsere Einstellungen wie folgt aus:

```
PATH=/usr/local/sbin:/sbin:/bin:/usr/sbin:/usr/bin:/usr/bin/X11/:
PPPAPP=/home/vpn1/ppp
ROUTEAPP=/home/vpn1/route
PPPD=/usr/sbin/pppd
NAME=VPN
REDIR=/usr/local/bin/pty-redir
SSH=/usr/local/bin/ssh
MYPPPIP=192.168.1.1
TARGETIP=192.168.1.2
TARGETNET=192.168.4.0
MYNET=192.168.3.0
```

```
SLAVEWALL=slave-gw.ora-vpn.com
SLAVEACC=vpn1
```

Als nächstes sollten Sie sich die Zeile ansehen, in der *pppd* auf dem Slave-System gestartet wird:

```
$REDIR $SSH -o 'Batchmode yes' -t -l $SLAVEWALL \
sudo $PPPAPP >/tmp/device
```

Dieser Eintrag ähnelt dem Aufruf, den wir bereits manuell durchgeführt haben. Mit der Option *-o Batchmode yes* wird dem *ssh*-Client zudem mitgeteilt, daß er in einem Skript aufgerufen wird und keine Paßwort- oder Paßphrase-Abfrage durchführen soll. Die Option *-t* veranlaßt *ssh* zur Einrichtung eines Pseudo-Terminals auf dem Slave-System. Wie bereits erwähnt, ist das normalerweise nicht der Fall, wenn *ssh* lediglich zur Fernausführung eines Befehls verwendet wird. Das Pseudo-Terminal wird auf dem Slave-System zur Ein-/Ausgabe von *pppd* benötigt. Das Programm *pty-redir* generiert auf dem Master-System ein neues Pseudo-Terminal, auf dem *ssh* eigentlich ausgeführt wird. Der Name des Pseudo-Terminals wird in die Datei */tmp/device* umgeleitet, die später von *pppd* auf der Master-Seite im Skript verwendet wird. Zu beachten ist hier allerdings, daß *pty-redir* den Terminalnamen über *STDERR* ausgibt. Damit das Skript die *STDERR*-Ausgabe in die Datei */tmp/device* umleitet, mußten wir die Zeile wie folgt anpassen (2 ist die Nummer für die Standardfehlerausgabe):

```
$REDIR $SSH -o 'Batchmode yes' -t -l $SLAVEWALL \
sudo $PPPAPP 2>/tmp/device
```

Außerdem ist anzumerken, daß nach Ausführung des Befehls eine Unterbrechung von 10 Sekunden eintritt, damit genug Zeit bleibt für das Öffnen der SSH-Verbindung und das Starten des PPP-Dämons auf dem Slave-System. Bei Bedarf können Sie diesen Wert ändern.

Nach der Konfiguration des VPN-Skripts stellen Sie es in ein Startverzeichnis, zum Beispiel */etc.rc.d*. Die Zugriffsrechte sollten so geändert werden, daß es nur unter der *root*-Kennung ausführbar ist (*rwx*------). Es kann aus der Datei *rc.local* oder auch manuell wie folgt aufgerufen werden:

```
/etc/rc.d/VPN start
```

Erstellen der Skripten auf dem Slave-System

Auf dem Slave-System gibt es nur die beiden Skripten *ppp* und *route*, die sehr einfach aufgebaut sind. Sie befinden sich im Home-Verzeichnis der Master-Kennung für das Slave-System, in unserem Fall in */home/vpn1*.

Das *ppp*-Skript besteht nur aus einer einzigen Zeile:

```
#!/bin/bash
/usr/sbin/ppp
```

Wie Sie sich erinnern, haben wir bereits die Datei *.ppprc* mit dem Eintrag *passive* im Home-Verzeichnis des Benutzers *vpn1* erzeugt.

Das *route*-Skript enthält die Route, die hinzugefügt werden soll, um dem Slave-System den Weg zurück zum LAN des Master-Systems bekanntzumachen. In unserem Fall lautet der Eintrag wie folgt:

```
#!bin/bash
/sbin/route add -net 192.168.3.0 gw 192.168.1.1
```

Für beide Skripten sollten die Zugriffsrechte so geändert werden, daß *vpn1* zum Eigentümer wird und nur er uneingeschränkten Zugriff auf die beiden Dateien erhält:

```
-rwx------    1  vpn1    users          27  Jun 6 01:30 ppp*
-rwx------    1  vpn1    users           1  Jun 6 01:40 route*
```

Testen der Verbindung

Nachdem alles soweit eingerichtet ist, steht der Test Ihrer VPN-Verbindung an. Dazu starten Sie zunächst manuell das VPN-Skript. Sie sollten in etwa folgende Anzeige erhalten:

```
# VPN start

setting up vpn
tty is /dev/ttyp1

#
```

Das war's auch schon, es sollte nun alles laufen. Versuchen Sie jetzt, auf dem Master-System mit *ping* auf die VPN-Schnittstelle des Slave-Systems 192.168.1.2 zuzugreifen. Im Normalfall erhalten Sie eine Antwort. Als nächstes greifen Sie mit *ping* auf die LAN-Schnittstelle auf dem Slave-System zu, woraufhin Sie ebenfalls eine Antwort bekommen sollten. Abschließend versuchen Sie, mit *ping* auf einen anderen Rechner im LAN des Slave-Systems zuzugreifen. Ist alles in Ordnung, erhalten Sie auch hier eine Antwort.

Mit *ifconfig* auf dem Master- oder Slave-System können Sie sich die PPP-Schnittstelle ansehen, die für das VPN verwendet wird. Auf unserem Master-System wird beispielsweise folgendes ausgegeben:

```
ppp0        Link encap:Point-Point Protocol
            inet addr:192.168.1.1  P-t-P:192.168.1.2  Mask:255.255.255.0
            UP POINTOPOINT RUNNING NOARP MULTICAST  MTU:1500  Metric:1
            RX packets:61 errors:1 dropped:0 overruns:0
            TX packets:61 errors:0 dropped:0 overruns:0
```

Genauso sollte der Befehl *route* alle Routen anzeigen, die zum System hinzugefügt wurden.

Fehlerbehebung

Gehen wir einmal davon aus, daß nicht alles wie gewünscht geklappt hat. Es gibt einige Fehlerquellen, aber auch brauchbare Möglichkeiten, die Ursachen zu ermitteln.

Fehlermeldungen vom VPN-Skript

Im folgenden werden die Fehlermeldungen beschrieben, die bei der Ausführung des VPN-Skripts auftreten können. Alle Meldungen sollten unmittelbar auf dem Bildschirm erscheinen. Vor der Durchsicht der möglichen Fehler sollten Sie noch einmal rekapitulieren, was das VPN-Skript leistet: Es leitet ein Pseudo-Terminal um, startet anhand von SSH den PPP-Dämon auf dem Slave-System, startet den PPP-Dämon auf dem Master-System und richtet die Routen auf dem Master- und dem Slave-System ein.

`FAILED!`

Wenn diese Meldung erscheint, konnte *pty-redir* kein Pseudo-Terminal erzeugen. Überprüfen Sie, ob die Datei */tmp/device* einen Eintrag enthält. Wenn die Datei zwar existiert, aber leer ist, und Sie sicher sind, daß *pty-redir* bei der manuellen Ausführung einen Device-Namen ausgegeben hat, wurde die *STDERR*-Ausgabe wahrscheinlich nicht nach */tmp/device* umgeleitet. Wie im Abschnitt »Anpassen des VPN-Skripts« gezeigt, müssen Sie in diesem Fall noch den Wert 2 einfügen.

`SIOCADDRT: Network is unreachable`

Diese Meldung stammt von einem der *route*-Befehle und bedeutet, daß eine IP-Adresse oder ein Netz im VPN- oder *route*-Skript für das Slave-System falsch angegeben wurde. Es wäre auch möglich, daß keine PPP-Verbindung aufgebaut werden konnte. In diesem Fall müssen Sie die Logdateien durchsehen (siehe Abschnitt »Probleme beim Verbindungsaufbau«).

`SIOCADDRT: Operation not permitted`

Auch diese Meldung stammt von einem der *route*-Befehle, vermutlich vom Slave-System. Sie bedeutet, daß der Befehl *route* zum Eintragen einer Route nicht ausgeführt werden darf. Sie müssen überprüfen, ob der Master-Kennung in der Datei *sudoers* die Berechtigung erteilt wurde, den Befehl *route* als *root* auszuführen.

Probleme beim Verbindungsaufbau

Wenn das VPN-Skript den Fehler *Network is unreachable* meldet, können Sie auf dem Slave-System mit dem Befehl *ps* in der Prozeßliste nachsehen, ob der PPP-Dämon tatsächlich gestartet wurde. Wenn *pppd* nicht läuft, konnte entweder keine SSH-Verbindung aufgebaut oder der PPP-Dämon nicht ausgeführt werden. Zur Lösung beider Probleme sehen Sie sich am besten die Datei */var/adm/messages* auf dem Slave-System an. Der Start von *ssh* und *pppd* wird in den Logdateien normalerweise in etwa wie folgt aufgezeichnet:

```
Jun 6 04:01:40 slave-lan sshd[18745]: log: Connection from 1.0.0.1  port 1
Jun 6 04:01:41 slave-lan sshd[18745]: log: RSA authentication for vpn1 accepted
Jun 6 04:01:41 slave-lan sshd[18747]: log: executing remote command as user vpn1
Jun 6 04:01:41 slave-lan sudo: vpn1:  TTY=ttyp1 ; PWD=/home/vpn1 ; USER=root
Jun 6 04:01:41 slave-lan pppd[18747]: pppd 2.2.0 started by vpn1, uid 0
Jun 6 04:01:41 slave-lan pppd[18747]: Using interface ppp0
Jun 6 04:01:41 slave-lan pppd[18747]: Connect: ppp0 <--> /dev/ttyp1
Jun 6 04:01:53 slave-lan pppd[18747]: local IP address 192.168.1.2
Jun 6 04:01:53 slave-lan pppd[18747]: remote IP address 192.168.1.1
```

An dieser Ausgabe zeigt sich, daß der SSH-Dämon Authentifizierung akzeptiert und *sudo* den PPP-Dämon für *vpn1* erfolgreich unter der *root*-Kennung startet. Der PPP-Dämon wird erst auf dem Slave-System und dann (durch Kommunikation mit *ttyp1*, der SSH-Verbindung) auf dem Master-System gestartet, wo auch die IP-Adressen zugeordnet werden.

Fehlerbehebung an der SSH-Verbindung

Bei einer fehlerhaften SSH-Verbindung erscheint in der Logdatei *messages* die Fehlermeldung:

```
fatal: Connection closed by remote host.
```

In diesem Fall sollten Sie versuchen, vom Slave-System mit *ssh -l vpn1 -v* eine Verbindung zum Master-System herzustellen. Durch die Option *-v* (*verbose*) erhalten Sie eine ausführliche Ausgabe über die Vorgänge beim Verbindungsversuch. Hier einige typische Fehler:

`server refused our key`
: Der öffentliche Schlüssel der Master-Kennung (zum Beispiel *root*), die die Verbindung aufzubauen versucht, ist in der Datei *authorized_keys* der Kennung auf dem Slave-System (zum Beispiel *vpn1*) nicht eingetragen. In diesem Fall muß der öffentliche Schlüssel aus der Datei *identity.pub* von *root* in die Datei *authorized_keys* von *vpn1* kopiert werden.

`server refused our rhosts authentication or host key`
: Der Server wurde nicht in die Datei *.rhosts* eingetragen oder in keiner Datei *known_hosts* gefunden. Tragen Sie den Server in einer oder beiden Dateien ein.

Wie im Abschnitt »Erzeugung und Installation der SSH« erwähnt, funktionieren manche Implementierungen von shadow-Paßwörtern nicht mit der SSH. Die SSH ist zwar zu den meisten der verbreiteten Implementierungen kompatibel, einschließlich derer von Solaris, Ultrix, SCO, Irix und Linux, es gibt jedoch einige, die nicht erkannt werden oder nicht bearbeitet werden können. Das Problem zeigt sich nicht unbedingt bei der Kompilierung, sondern wird unter Umständen erst sichtbar, wenn Sie eine Verbindung mit Paßwort-Authentifizierung aufzubauen versuchen und das Login verweigert wird. In diesem Fall haben Sie zwei Möglichkeiten. Entweder fügen Sie den richtigen Code selbst hinzu (in den Dateien *configure.in* und *auth-passwd.c*), oder Sie senden eine Anfrage an die SSH-Mailing-Liste bzw. den Entwickler des Programms. Weitere Informationen hierzu finden Sie im Abschnitt »Informationsquellen zur SSH«.

Fehlerbehebung an der PPP-Verbindung

Wenn zwar die SSH, aber PPP nicht erfolgreich startet, müssen Sie *sudo* und *pppd* überprüfen. Sehen Sie zunächst in der Datei *messages* nach, ob *sudo* erfolgreich ausgeführt wurde. Weitere Fehlerhinweise finden Sie gegebenenfalls in der Datei *syslog*, die üblicherweise wie folgt aussieht:

```
Jun 6 04:33:26 slave-lan sudo: vpn1 : user NOT in sudoers ; TTY=ttyp0 ;
PWD=/home/vpn1 ; USER=root ; COMMAND=/sbin/route
```

```
Jun 6 05:32:26 slave-lan sudo: vpn1 : command not allowed ; TTY=ttyp0 ;
PWD=/home/vpn1 ; USER=root ; COMMAND=/sbin/route
```

Der erste Eintrag besagt, daß der Benutzer in der Datei *sudoers* nicht gefunden wurde und eingetragen werden muß. Im zweiten Eintrag war der Benutzer zwar vorhanden, er durfte den Befehl aber nicht unter der *root*-Kennung ausführen. Auch in diesem Fall muß *sudoers* bearbeitet und der Befehl in die bereits beschriebene `Cmnd_Alias`-Zeile eingetragen werden.

Überpüfen Sie auch, ob der PPP-Dämon korrekt ausgeführt wird. Wenn sich aus der Datei *messages* nicht ablesen läßt, daß er auf dem Slave-System gestartet wurde, sollten Sie versuchen, ihn manuell zu starten. Im Normalfall wird die erfolgreiche Ausführung in *messages* aufgezeichnet. Sie können auch die Datei *syslog* nach einem Fehler wie `This system lacks kernel support for PPP` durchsehen. Bei dieser Fehlermeldung müssen Sie PPP in den Kernel einbinden.

Auch auf dem Master-System sollten Sie *syslog* nach entsprechenden Fehlern bezüglich des PPP-Dämons durchsehen, insbesondere nach folgender Meldung:

```
Jun 4 20:51:41 master-lan pppd[19786]: Failed to open /dev/ptyp1: I/O error
```

Diese Meldung besagt, daß der PPP-Dämon auf einem nicht existenten Terminal zu starten versucht. Als Ursache kommt in Frage, daß Ihr System mit anderen Namenskonventionen für Pseudo-Terminals arbeitet als *pty-redir*. Lesen Sie hierzu den Hinweis im Abschnitt »Einrichten von pty-redir auf dem Master-System«. Es ist auch möglich, daß das Öffnen der SSH-Verbindung zwischen Master- und Slave-System und das Starten des PPP-Dämons auf dem Slave-System nicht abgeschlossen wurde. In diesem Fall sollten Sie die im VPN-Skript festgelegten 10 Sekunden Unterbrechung erhöhen. Eine weitere Fehlerursache besteht darin, daß die SSH-Verbindung vor dem Starten des PPP-Dämons auf dem Master-System bereits wieder geschlossen wurde. Da der Timeout für den PPP-Dämon über 10 Sekunden liegt, sollten Sie bei der SSH selbst nach der Ursache forschen.

Informationsquellen zur SSH

Die SSH erfreut sich so großer Beliebtheit, daß unter den zahllosen SSH-Benutzern auch jemand zu finden sein sollte, der eine Lösung speziell für Ihr Problem kennt. Am besten eignet sich die SSH-Mailing-Liste *ssh@clinet.fi*. Um in diese Liste aufgenommen zu werden, senden Sie eine Mail an *majordomo@clinet.fi* mit dem Nachrichtentext »subscribe ssh« im Body. Sie können sich auch zuerst das Listenarchiv unter *http://www.cs.hut.fi/ssh-archive/* ansehen. Es gibt auch eine USENET-Newsgruppe, und zwar *comp.security.ssh*, die mit der Mailing-Liste verbunden ist. Weitere Informationsquellen finden Sie auf der SSH-Home-Page. Wenn Sie auf einen Fehler in der SSH gestoßen sind, können Sie ihn unter *ssh-bugs@cs.hut.fi* melden.

Leistungsanalyse

Um Ihnen eine Vorstellung von den Leistungseinbußen zu geben, die mit einem VPN dieser Art verbunden sind, haben wir getestet, wie sich die Verschlüsselungsverfahren der SSH und die PPP-Verbindung auf die Leistung auswirken. Für unseren Test verwendeten wir zwei Rechner mit 133-MHz-Pentium (das ist nach dem heutigen Standard recht langsam, es ging uns aber in erster Linie um relative Werte), die beide mit 10Base-T-Ethernet-Karten (10 Mbit/s) ausgestattet und an denselben Switched-Ethernet-Backbone angeschlossen waren.

Um eine Vergleichsbasis zu schaffen, übertrugen wir mit FTP zunächst zehnmal eine 7 MB große komprimierte Binärdatei. Dann richteten wir das VPN ein und führten die Übertragung zehnmal ohne Verschlüsselung durch. Anschließend wiederholten wir die Versuche jeweils zehnmal mit IDEA, Blowfish und 3DES. Dann wurde für jede Art der Übertragung aus dem höchsten und niedrigsten Wert der Durchschnitt berechnet. DES und arcfour wurden nicht berücksichtigt, da sie standardmäßig deaktiviert sind und von den SSH-Entwicklern nicht empfohlen werden.

Tabelle 8-1 zeigt die Mittelwerte der Testergebnisse. In der ersten Spalte wird die Verbindungs- bzw. Verschlüsselungsart aufgeführt. Darauf folgen die pro Sekunde übertragene Datenmenge, die Effizienz im Vergleich zu FTP in Prozent sowie die Effizienz im Vergleich zum VPN ohne Verschlüsselung. Der Begriff »VPN« steht hier für die PPP-Verbindung innerhalb der SSH mit der in Klammern angegebenen Verschlüsselungsart.

Verbindungsart (Verschlüsselung)	KB/s	Effizienz vs. FTP (in %)	Effizienz vs. VPN ohne Verschlüsselung (in %)
FTP (keine)	480	–	233%
VPN (keine Verschl.)	206	43%	–
VPN (Blowfish)	174	36%	85%
VPN (IDEA)	124	26%	60%
VPN (3DES)	96	20%	47%

Tabelle 8-1: Durchschnittliche Leistung des VPN und Effizienzvergleich

Wie sich zeigt, vermindert sich die Leistung bereits durch die PPP-Verbindung innerhalb der SSH und den damit einhergehenden Protokoll-Overhead beträchtlich. Es ist interessant, daß die durch das Hinzufügen der Verschlüsselung bedingten Leistungseinbußen wesentlicher geringer ausfallen. Die Chiffrierungen sind allerdings unterschiedlich effizient, wobei Blowfish vor IDEA an erster Stelle steht und 3DES weit abgeschlagen hinter sich läßt.[1]

1 Unser Effizienzvergleich mit dem VPN ohne Verschlüsselung liefert im wesentlichen dieselben Ergebnisse wie die Tests, die von den SSH-Entwicklern in der zum SSH-Lieferumfang gehörenden Datei *README.CIPHERS* angeführt werden.

In diesem Kapitel:
- *VPN-Funktionalität des PIX*
- *Der PIX in Aktion*
- *Konfiguration des PIX als Gateway*
- *Konfiguration der anderen VPN-Funktionen*

9

Der Cisco PIX Firewall

Eine sehr effiziente und praktische Möglichkeit zum Aufbau eines VPNs besteht darin, im Perimeternetz ein Netzsicherheitsgerät einzurichten. Damit lassen sich LAN-zu-LAN-Tunnel, Fernzugriff mobiler Benutzer (Roaming) und Authentifizierung realisieren. Die wichtigsten Anbieter im Vernetzungs- und Routing-Bereich bieten dazu inzwischen eine ganze Reihe von Produkten an. Um Ihnen eine Vorstellung vom Einsatz und der Funktionalität solcher Geräte zu vermitteln, werden wir uns in diesem Kapitel mit der Konfiguration des Cisco PIX Firewall befassen. Wir haben uns aus mehreren Gründen für dieses Produkt entschieden. Der PIX Firewall war eines der ersten Produkte, die in dieser Richtung auf den Markt kamen, und wurde zudem von einem der größten und zuverlässigsten Hersteller (Cisco Systems) unterstützt. Damals, als wir mit der Arbeit an diesem Buch begannen, waren integrierte VPN-Produkte noch selten, und IPSec war von der IETF (Internet Engineering Task Force) noch nicht einmal vollständig definiert.

VPN-Funktionalität des PIX

Der PIX erfüllt drei wesentliche Anforderungen an ein VPN: Er trennt die Paketfilter-Funktionalität vom Haupt-Gateway-Router, er verwaltet einen Pool von Internet-Adressen, die von vielen internen Benutzern gemeinsam genutzt werden, und außerdem können mit mehreren PIX-Firewalls VPN-Tunnel zwischen Standorten aufgebaut werden. In diesem Kapitel untersuchen wir die Einsatzmöglichkeiten des PIX-Firewall im VPN und beschreiben die grundlegenden Installations- und Konfigurationsverfahren.

Der PIX ist mit zwei Ethernet-Ports ausgestattet: ein Port für das interne (oder private) und einer für das externe (öffentliche) Netz, normalerweise das Internet. Der PIX enthält zwei Intel-10/100-Ethernet-Karten, so daß auch Standorte mit hohem Durchsatz bedient werden können. Er unterscheidet sich von anderen Cisco-Routern im wesentlichen nur darin, daß er nicht das Cisco-Betriebssystem IOS verwendet. Ferner kann durch redundanten Einsatz des PIX ein ausfallsicherer Router aufgebaut werden, so daß beim Ausfall des einen PIX-Geräts Nachrichten automatisch zum anderen PIX-Gerät umgeleitet werden.

Der Firewall-Schutz des PIX besteht in einer vollständigen Abtrennung des privaten (oder internen) vom externen Netz. Das interne Netz benutzt private Adressen, beispielsweise aus dem in RFC 1918 definierten Adreßbereich 192.168.*n.n*. Diese werden vom PIX dynamisch auf einen Bereich externer im Internet verwendeter Adressen abgebildet.

Neueste Informationen zum Cisco PIX Firewall finden Sie auch unter:

http://www.cisco.com/warp/public/751/pix/.

Der PIX in Aktion

In Abbildung 9-1 wird gezeigt, wo sich der PIX-Firewall in einer üblichen Netzkonstellation befindet.

Von der Funktion her wird der PIX-Firewall ähnlich wie ein Paketfilter-Router eingerichtet. Die beiden Ethernet-Schnittstellen werden als »outside« und »inside« für die beiden Netze bezeichnet, zu denen eine Verbindung erforderlich ist. In Abbildung 9-1 befindet sich der PIX-Firewall im Perimeternetz zwischen dem internen und externen Router. Der PIX-Firewall ist das einzige System, das an beide Netze angeschlossen ist. Werden alle Nachrichten durch den PIX geschleust, ist ein effektives Sicherheits-Gateway aufgebaut.

Abbildung 9-2 zeigt eine Netzkonstellation, die wir in diesem Kapitel als Grundlage für unsere Beispielkonfigurationen verwenden.

Vom ISP zugeteilte Adressen (Globaler Pool)

Für die oben erwähnte dynamische Adreßumsetzung (*dynamic address translation*), die interne auf externe Adressen abbildet, müssen wir uns vom NIC ein registriertes Netz zuteilen lassen und dieses zum PIX-Firewall routen. In Abbildung 9-2 besteht der globale Pool, den uns der Internet Service Provider für die Tests zugeteilt hat, aus einem kleinen Netz mit acht Systemen. In unserem (äußeren) Perimeternetz befinden sich ebenfalls acht Rechner. Wir werden gleich darauf eingehen, wie dieses Netz in die PIX-Konfiguration einbezogen wird. Zunächst aber beschreiben wir, wie der globale Pool vom Konzept her funktioniert und welchen Zweck er erfüllt.

Wie man sieht, sind dem PIX-Firewall zwar drei verschiedene Netzadreßbereiche, aber nur zwei Schnittstellen zugeordnet. Mit der hier verwendeten Notation für Netzbereiche werden CIDR-Netze (Classless Inter-Domain Routing) dargestellt. Die Zahl nach dem Schrägstrich zeigt an, wie viele Bits für den Netzanteil des Bereichs benutzt werden. Der Rechneranteil des Bereichs ergibt sich durch Subtraktion dieser Zahl von 32 (der Gesamtzahl der Bits in einer IP-Adresse). In einem mit /29 definierten Netz gibt es beispielsweise 29 Bit für das Netz und 3 Bit für die Rechner. Da 2^3 gleich 8 ist, wurde

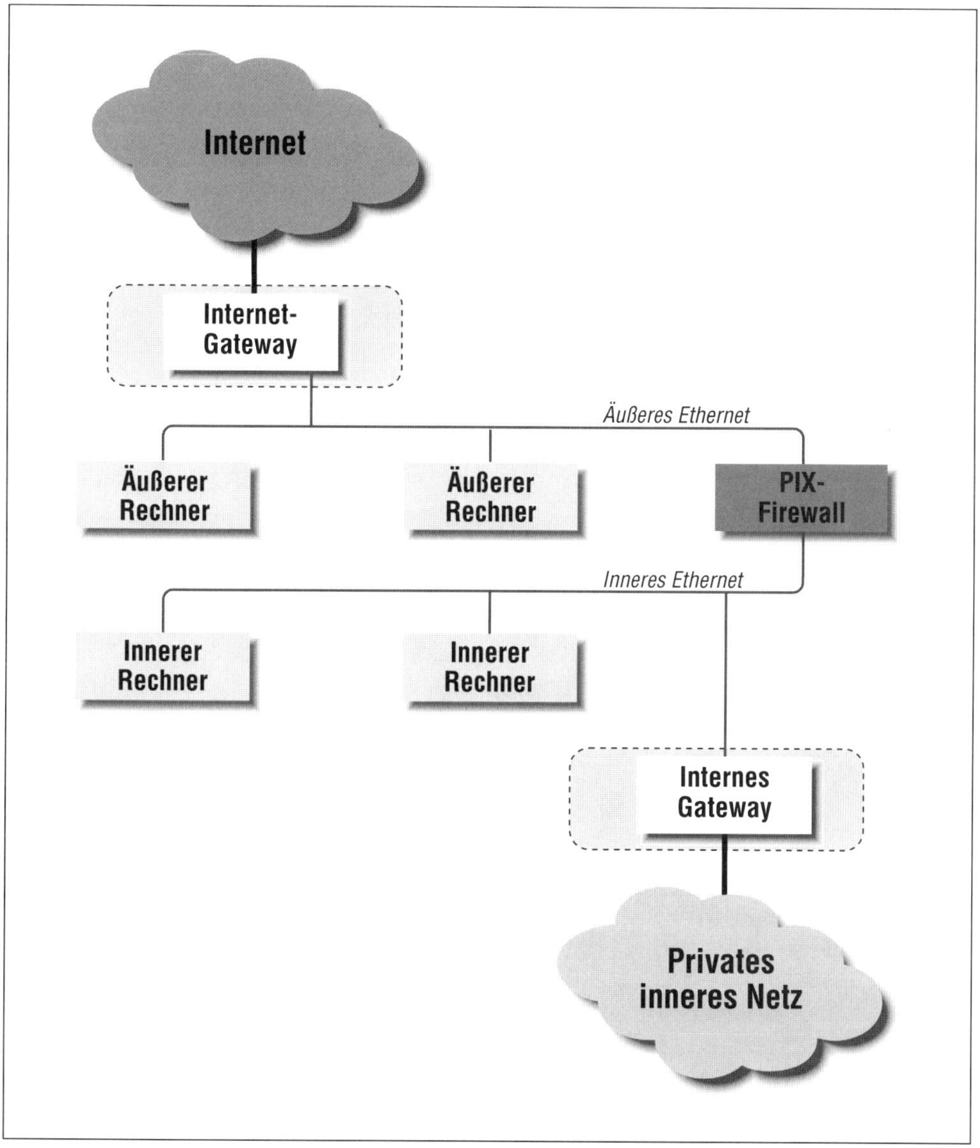

Abbildung 9-1: Typische Plazierung des PIX-Firewall

uns also ein Netz mit acht Rechnern zugeteilt. In unseren Beispielen arbeiten wir mit folgenden Bereichen:

- Äußeres Ethernet: 1.251.174.152/29
- Inneres Ethernet: 192.168.2.0/24
- Globaler Pool: 2.241.11.248/29

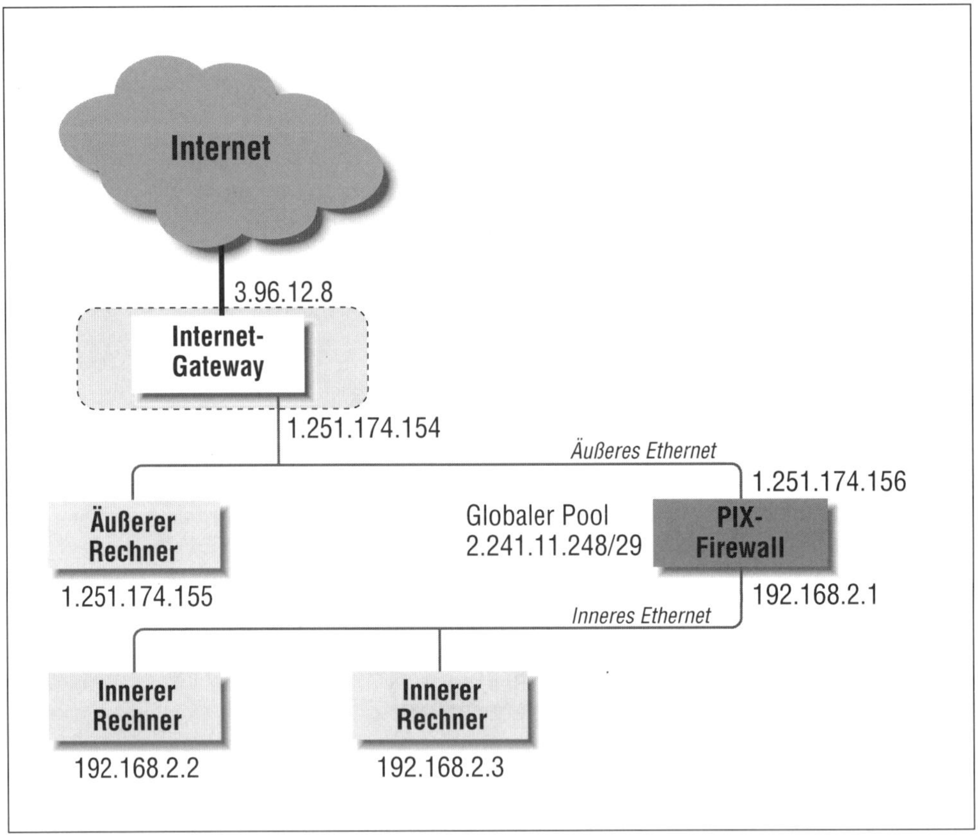

Abbildung 9-2: Testnetz für unsere Anfangskonfiguration

Mittels der sogenannten dynamischen Adreßumsetzung (dynamic address translation) werden interne Adressen (192.168.2.0/24) auf Adressen des globalen Pools (2.241.11.248/29) abgebildet, sobald Verbindungen geöffnet und Adressen benötigt werden. Wenn ein System abgeschaltet wird oder ein Benutzer sich abmeldet, werden deren globale Pool-Adressen nicht mehr benötigt und gelangen wieder in den Pool, wo sie zur erneuten Zuordnung verfügbar sind. Der globale Pool muß vom internen und externen Netz unabhängig sein.

Wie bereits erwähnt, hat die dynamische Zuteilung von Netzadressen über den globalen Pool zwei Vorteile. Sie liefert angemessenen Schutz, indem die internen Rechner mit Internet-Zugang vor der Außenwelt verborgen werden. Außerdem kommen Hunderte von Standorten mit einem Netz aus 32 oder weniger Adressen aus, sofern an einem Standort nicht viele Benutzer gleichzeitig auf das Internet zugreifen.

Für einen ordnungsgemäßen Betrieb muß Ihr Internet Service Provider einen Eintrag in der Routing-Tabelle auf dem Backbone vornehmen, damit Adressen aus dem globalen Pool zu Ihnen geroutet werden. In unserem Fall hat der ISP eine Route eingetragen, die das Netz 2.241.11.248/29 zur Schnittstelle 1.251.174.156 des PIX-Firewall lenkt. Der ISP könnte dieses Netz ebensogut zum Gateway-Router 3.96.12.8 lenken. Wir müßten dann aber eine weitere Route von 3.96.12.8 zur externen Schnittstelle des PIX eintragen.

Vorteile des PIX-Firewall

Eine der herausragenden Stärken des PIX-Firewall besteht darin, daß es sich um ein einziges Gerät handelt, das somit leicht zu konfigurieren und zu verwalten ist. Durch dynamische Adreßumsetzung kann selbst ein großes Netz mit nur einem kleinen gemeinsamen Adreßbereich versorgt werden. Für unsere Zwecke ist hier entscheidend, daß sich mit zwei oder mehr PIX-Firewalls ein verschlüsselter Tunnel über das Internet einrichten läßt.

Hardware-Lösung

Ein großer Vorteil beim Einsatz des PIX-Firewall besteht darin, daß dieses Hardware-Gerät von den Servern, die die unternehmensentscheidenden Dienste leisten, völlig unabhängig ist. Mit Hardware-Geräten lassen sich ausgezeichnete Lösungen für Firewalls und VPNs realisieren, sofern sie gut konzipiert und einfach zu konfigurieren und zu verwalten sind.

Netzkoordinatoren können in einem großen, heterogenen WAN problemlos viele PIX-Firewalls einrichten. Hardware-Implementierungen sind prinzipiell zuverlässiger. Meist haben sie intensivere Tests durchlaufen als Software-Lösungen; teilweise sind sie auch schneller, da ein Großteil des Mikrocodes in Chips integriert ist.

Vorteile gegenüber Unix- und anderen Router-Firewalls

Der PIX arbeitet mit einem Betriebssystem, das weder in üblichen Cisco-Routern noch auf herkömmlichen Unix-Systemen mit Routing- oder Gateway-Software verwendet wird. Cisco ist für seine stabile Software bekannt, die in der Regel aber recht komplex ist, da sie für verschiedenste Routing- und Vernetzungsaufgaben entwickelt wurde. Die meisten Versionen der IOS-Software von Cisco unterstützen ein breites Spektrum von Routing-Protokollen wie RIP, IGRP, BGP, AppleTalk und IPX. Eine derart breite Unterstützung eignet sich zwar gut für die Verwaltung großer Netze, ist aber übertrieben, wenn man lediglich Paketfilterung benötigt. Da beim PIX alle überflüssigen Funktionen entfernt wurden, eignet er sich ideal als Firewall.

Da der PIX allein zu dem Zweck entwickelt wurde, ein privates Netz durch Nachrichtenfilterung und geschützte Verbindungen über das unsichere Internet zu schützen, eignet er sich hervorragend für Protokollfunktionen im Netz. Außerdem stellt er ein ausgezeichnetes Verschlüsselungsgerät dar, das vertrauliche Kommunikation mit bewährten kryptographischen Verfahren schützt.

Zentraler Kontroll- und Ausfallpunkt

Bei Netzproblemen ist eine klare Abgrenzung der Außenwelt von den lokalen Systemen von immensem Vorteil. Wenn die gesamte Firewall-Funktionalität des Netzes in einem einzigen Gerät wie dem PIX zusammengefaßt ist, weiß der Netzkoordinator genau, wo er mit der Fehlersuche beginnen muß.

Der Ausfall des Geräts oder eine fehlerhafte Software-Konfiguration kann bei einer derart zentralen Verarbeitung aber auch auf einen Schlag verheerenden Schaden anrichten. Als Sicherheitsvorkehrung gegen Ausfälle bietet Cisco einen Hot-Standby-Modus, bei dem zwei Geräte parallel konfiguriert werden können. Beim Ausfall des ersten Geräts übernimmt dann das zweite die Firewall-Funktion und hält den Betrieb transparent aufrecht.

Dynamische Adreßumsetzung

Die dynamische Adreßumsetzung, die Benutzern freie Adressen aus dem Internet-Pool zuteilt, hat nicht nur den Zweck, daß viele Benutzer mit wenigen beim NIC registrierten Adressen auskommen. Daneben schützt sie auch die Adressen der internen Rechner. Der PIX besitzt zwei Schnittstellen, eine für das äußere und eine für das innere Netz. Der interne Adreßbereich wird verborgen, indem die internen Adressen zum Nachrichtenaustausch im Internet auf Adressen des dynamischen Pools abgebildet werden. Dies gewährleistet ein hohes Maß an Sicherheit, da ein Angriff wesentlich unwahrscheinlicher ist, wenn der Angreifer die Architektur, den Netzadreßbereich und die Konfiguration des internen Netzes nicht kennt.

PIX als Proxy-Server

Auf Unix basierende Proxy-Server sind inzwischen weit verbreitet, und die meisten erfüllen ihre Aufgabe gut. Sie leisten im Grunde genau das, wozu der PIX-Firewall entwickelt wurde. Sie verbergen einen Rechner oder ein Netz vor der Außenwelt, indem sie sich bei der Kommunikation mit unbekannten oder nicht verifizierbaren Parteien als Client ausgeben.

Der PIX ist stabiler als übliche Proxy-Server, da er eine Sitzung zügig umleitet, sobald die beteiligten Parteien einander authentifiziert haben. Proxy-Server halten sitzungsspezifische Statusinformationen und wickeln die Paketkontrolle im Protokollstack ganz oben ab. Da software-gesteuerte Proxy-Server selbst Paketfilterung durchführen, können sie mit fast keiner der derzeit erhältlichen VPN-Lösungen eingesetzt werden.

Einfache Konfiguration und Wartung

Im alltäglichen Gebrauch ist der PIX in der Regel sehr einfach zu handhaben. Nach abgeschlossener und getesteter Konfiguration verläuft der Betrieb des PIX im allgemeinen reibungslos. Cisco bietet Netzkoordinatoren zudem ein HTML-Frontend zur Gerätekonfiguration. Alternativ dazu gibt es noch die alte Kommandozeilenoberfläche für Benutzer, die mit der vorherrschenden IOS-Software von Cisco bereits vertraut sind.

Schneller Zugriff

Der PIX mit seinen beiden 100-Mbit-Ethernet-Karten kann problemlos auch bei Leitungen im 34-Mbit-Bereich eingesetzt werden. Obwohl wir davon abraten, diese Kapazität in einem System voll auszuschöpfen, stellt allein schon die Möglichkeit einen Vorteil dar.

Links

Durch eine Zusatzkarte, die getrennt erhältlich ist, kann ein verschlüsselter Kanal zwischen zwei oder mehreren PIX-Firewalls eingerichtet werden. Diese »verschlüsselten privaten Links« stellen das herausragende Merkmal des PIX-Firewall dar: Damit wird Organisationen bei äußerst einfacher Konfiguration ermöglicht, ihre privaten Netze sicher über öffentliche Netze zu verbinden. Genau das ist auch der Inhalt dieses Buches. Ein kleiner Nachteil besteht darin, daß der PIX-Firewall nur IP-Nachrichten unterstützt. (Das kann man allerdings auch als Vorteil sehen.)

Einschränkungen des PIX-Firewall

Der PIX stellt zwar fast eine Komplettlösung zur Entwicklung eines virtuellen privaten Netzes dar, weist aber auch einige Nachteile in bezug auf Wartung, Adreßumsetzung und Kosten auf.

Hardware-Lösung

Hardware ist bei falscher Verwaltung oder Konfiguration oft nur schwer in den Griff zu bekommen. Außerdem ist sie bei Ausfällen nicht unbedingt leicht zu ersetzen. Der PIX wird nur von einem einzigen Anbieter vertrieben, so daß man vollständig von dessen zukünftiger Entwicklung abhängig ist.

Einsatz dynamischer Adressen

Der PIX verfügt nur über einen begrenzten Adreßpool, aus dem er Rechnern im internen Netz zur Kommunikation mit der Außenwelt Adressen zuweisen kann. Cisco bietet das Produkt in unterschiedlichen Varianten mit 32, 256 oder 1024 gleichzeitigen Sitzungen an. Ein Benutzer kann aber auch gleichzeitig viele verschiedene Sitzungen unterhalten. Es gibt diesbezüglich also eine klare Beschränkung, die insbesondere dann zum Tragen kommt, wenn der PIX an ein sehr großes Netz angeschlossen ist.

Kosten

Es ist mit erheblichen Kosten verbunden, Cisco-PIX-Geräte großräumig in einem Netz zu verteilen. Der Preis des PIX-Firewall liegt im Bereich von einigen zehntausend Mark, die Verschlüsselungskarten für VPN-Tunnel gibt es ab einigen tausend Mark.

Wartung

Wie bei jeder Neuanschaffung müssen Sie auch hier die fortlaufende Wartung und Erweiterung berücksichtigen. Der PIX-Firewall mag in der Anfangskonfiguration problemlos sein, kann sich aber zu einer komplexen Konfiguration ausweiten, selbst wenn keine anderen Firewalls mit vergleichbarer Funktionalität vorhanden sind. Der Netzkoordinator muß eine Strategie ausarbeiten, die festlegt, in welcher Art der Netzverkehr einzuschränken ist und welche Netze davon betroffen sind. Selbst kleine Fehler in der Konfiguration können sich zu potentiell großen Sicherheitslücken ausweiten.

Konfiguration des PIX als Gateway

Der PIX umfaßt standardmäßig zwei 10/100-Switched-Ethernet-Karten, einen seriellen Port zum Terminalanschluß, eine Failover-Control-Karte, diverse Kabel und anderes Zubehör sowie eventuell eine Verschlüsselungskarte. Im nächsten Abschnitt installieren wir einen PIX, konfigurieren ihn für den Grundbetrieb und richten einen typischen Firewall ein. Darüber hinaus zeigen wir die Einrichtung mehrerer PIX-Firewalls, die dann über das Internet ein virtuelles privates Netz bilden.

In diesem Abschnitt zeigen wir, wie Sie zur Konfiguration eine Verbindung zum PIX herstellen, einen Firewall auf dem PIX einrichten und erste Tests durchführen. Die Konfiguration des PIX beeinflußt die Konfiguration von anderen Rechnern in den inneren und äußeren Netzen nicht. Diese können Sie wie üblich installieren. Die Konfigurationsbeispiele in diesem Kapitel wurden mit Version 4.1.6 des PIX-Betriebssystems durchgeführt.

Verbindung zum PIX

Das folgende Listing zeigt das Startbild des PIX, das beim Einschalten auf dem angeschlossenen Terminal erscheint. Bevor das System Eingaben empfangen kann, muß das mitgelieferte serielle Kabel an den PC angeschlossen und die Terminalsoftware wie folgt konfiguriert werden:

- 9600 Baud
- 8 Bit, keine Parität, 1 Stoppbit

Wenn die Verbindung ordnungsgemäß funktioniert und die Terminalsoftware korrekt installiert ist, zeigt der PIX beim Start folgende Ausgabe:

```
Copyright (c) 1996-1998 by Cisco Systems, Inc.

          Restricted Rights Legend


Use, duplication, or disclosure by the Government is
subject to restrictions as set forth in subparagraph
(c) of the Commercial Computer Software - Restricted
Rights clause at FAR sec. 52.227-19 and subparagraph
(c) (1) (ii) of the Rights in Technical Data and Computer
Software clause at DFARS sec. 252.227-7013.


          Cisco Systems, Inc.
          170 West Tasman Drive
          San Jose, California 95134-1706


Type ? for help
armadillo 0>
```

Beispielkonfiguration

Die PIX-Konfiguration ist sehr einfach. Ausgehend von unserer Testkonstellation in Abbildung 9-2, haben wir eine unseren Anforderungen entsprechende Konfiguration entworfen. Es folgt ein Ausdruck der Konfigurationsparameter, die wir dem PIX eingegeben haben:

```
nameif ethernet0 outside security0
nameif ethernet1 inside security100
enable password testing
password testing
hostname lab-test-1
no failover
names
pager lines 24
syslog output 20.3
no syslog console
syslog host 192.168.2.2
interface ethernet0 auto
interface ethernet1 auto
ip address outside 1.251.174.156 255.255.255.248
ip address inside 192.168.2.1 25.255.255.0

arp timeout 14400
global (outside) 1 2.241.11.249-2.241.11.251
global (outside) 2 2.241.11.252-2.241.11.254
nat (inside) 2 192.168.2.128 255.255.255.128
age 10
route outside 0.0.0.0 0.0.0.0 1.251.174.154 1

no rip outside passive
no rip outside default
no rip inside passive
no rip inside default
timeout xlate 24:00:00 conn 12:00:00 udp 00:02:00
timeout rpc 00:10:00 h323 00:05:00 uauth 00:05:00

no snmp-server location
no snmp-server contact
snmp-server community public
telnet 192.168.2.2 255.255.255.255
mtu outside 1500
mtu insde 1500
```

Die beiden *nameif*-Befehle weisen den beiden Schnittstellen die Kurznamen *outside* und *inside* zu. Die beiden *interface*-Befehle legen die Geschwindigkeit der Schnittstellen fest. Mit der Option *auto* wird automatisch die Geschwindigkeit des angeschlossenen Ethernet gewählt. Die Befehle *ip address* richten die Netzkonfiguration für das interne und externe Netz unter den vorher zugewiesenen Namen ein. Das von uns gewählte interne Netz gehört zum nicht routingfähigen (RFC 1918) Netz 192.168.0.0. Dieses wird normalerweise für Rechner verwendet, die Network Address Translation

(NAT) in einem internen Netz benötigen, das durch einen Firewall wie den PIX geschützt ist.

Wie Abbildung 9-1 zeigt, gibt es keinen internen Router. Unser Testnetz ist winzig und ein interner Router deshalb nicht erforderlich. Der *route*-Befehl lenkt die Standardroute 0.0.0.0 zu dem Gateway, durch das der PIX externe Nachrichten senden würde (1.251.174.154). Daß Sie einen äußeren Router angeben müssen, ist klar.

Der Befehl *rip* definiert, ob der PIX Standard-Routing-Informationen (mittels des RIP-Protokolls) an die innere oder äußere Schnittstelle weitergibt. In unserer Konfiguration ist die RIP-Routenweiterleitung deaktiviert, da es sich nur um ein kleines Beispiel handelt. Bei einem internen Router, der das Netz auf andere Standorte erweitert, müßten Sie die oben erwähnte interne Standardroute auf den Router setzen, der für den Zugang zum restlichen Netz zuständig ist. Unter Umständen müssen Sie auch RIP-Routen auf dem PIX einrichten, damit dieser alles sehen kann, was Zugriff auf das äußere Netz benötigt.

Die Befehle *timeout* legen fest, nach welcher Leerlaufzeit ein Adreßumsetzungs- oder Verbindungs-Slot zurückgesetzt wird. Dieses Zeitlimit wird im Format *stunden:minuten:sekunden* angegeben. Die Sicherheit, die der PIX gewährleistet, rührt daher, daß eine dynamische Adreßumsetzung von internen Rechnern in nicht routingfähigen Netzen und externen routingfähigen Rechnern durchgeführt und dieser Vorgang vor der Außenwelt verborgen wird. Durch eine Ausdehnung der Zeitlimits auf mehrere Stunden oder sogar Tage wird die Sicherheit um einiges reduziert, da Angreifern von außen mehr Zeit bleibt, um eine Verbindung zwischen zwei Endpunkten zu untersuchen und diese unter Umständen zu kompromittieren. Bei zu großen Zeitlimits könnte der Vorrat externer Adressen auch so gering werden, daß für interne Rechner zu wenig Adressen verfügbar sind und Verbindungen verzögert oder gar nicht aufgebaut werden. Es gehört zu den Aufgaben des Netzadministrators, die durchschnittliche Belastung des Netzes zu ermitteln und entsprechende Zeitlimits festzulegen.

Der Befehl *telnet* legt eine Rechneradresse für *telnet*-Verbindungen zum PIX fest, und *loghost* definiert eine Zieladresse für Protokollinformationen. Für PIX-Verbindungen können auch nur innere Netzadressen verwendet werden. In unserem Beispiel haben wir die Workstation des Administrators an IP-Adresse 192.168.2.2 als einzigen Zugangspunkt zum PIX eingerichtet. Nach der Adresse kann eine Netzmaske eingegeben werden, so daß einem ganzen Bereich *telnet*-Zugang erlaubt werden kann. In unserem Beispiel ist der PIX an ein DMZ-Netz im Adreßbereich 1.251.174.152/29 angeschlossen. Unser ISP hat uns den Adreßbereich 2.241.11.248/29 zugewiesen, der zu unserer PIX-Adresse 1.251.174.156 (über obigen Befehl *ip address*) geroutet wird.

Wir haben das Netz in zwei Bereiche unterteilt, einen für dynamische und einen für statische Adreßumsetzungs-Slots, die *conduits* genannt werden und in diesem Kapitel noch beschrieben werden. Wie aus unserer Konfiguration zu ersehen ist, werden die zwei Bereiche mit den beiden *global*-Befehlen definiert. Wir verwenden den ersten Bereich (2.241.11.249 - 2.241.11.251) für die *conduits* und den zweiten Bereich (2.241.11.252 - 2.241.11.254) für unsere Rechner mit dynamischer Adreßumsetzung.

Die Konfiguration der Adreßumsetzung erfolgt mit dem Befehl *nat*. Die internen Rechner im Bereich 192.168.2.128 - 192.168.2.254 können vom PIX dynamisch NAT-Adressen aus dem zweiten Bereich 2.241.11.252 - 2.241.11.254 erhalten.

Firewall-Konfiguration auf dem PIX

Der PIX arbeitet mit einer Zugangskontrolle, die vom Aufbau her den Zugriffslisten von IOS ähnlich ist. Er verwendet dazu aber eine Kombination der Schlüsselwörter *outbound*, *apply* und *show outbound*. Während bei Cisco-Router explizite Befehle zur Blockierung eingehender Nachrichten nötig sind, werden beim PIX eingehende Nachrichten zu Rechnern im internen Netz normalerweise standardmäßig blockiert. Grund hierfür ist die dynamische Adreßumsetzung des PIX. Der Paketfilterbefehl *inbound* ist deshalb nicht vorhanden. Es gibt jedoch Befehle für eingehende Nachrichten, die trotz des Firewalls Verbindungen zulassen. Wir werden darauf noch eingehen.

Wir haben das Standardverhalten des PIX anhand der obigen Konfiguration in mehreren Versuchen getestet. Die Ergebnisse werden im folgenden zusammgefaßt.

Wir haben uns bei einem Rechner im äußeren Netz (1.251.174.155) angemeldet und versucht, mit *ping* auf eine der Adressen der Umsetzungstabelle zuzugreifen: Diese NAT-Adresse (2.241.11.254) wurde einem der Testrechner im internen Netz dynamisch aus dem zweiten globalen Pool zugewiesen. Die Verbindung wurde abgelehnt. Der PIX hielt uns außerdem davon ab, eine Verbindung zu einem bestimmten Port auf dem internen Rechner zu öffnen. Dies war selbst unmittelbar nach dem Aufbau einer Verbindung nicht möglich, die von diesem Gerät ausging. Es gab auch einen Rechner im Internet, der genau dasselbe Verhalten zeigte. Der Cisco PIX-Firewall bietet also auch ohne komplexe Konfiguration, Tests und Fehlerbehebung bereits ein beträchtliches Maß an Sicherheit.

Mit den Befehlen *conduit* und/oder *static* (die in diesem Kapitel noch behandelt werden) können wir spezielle Konfigurationen vornehmen, die eingehende Verbindungen durch den Firewall erlauben. Unsere Mail-, Web- und FTP-Server können damit angesprochen werden und Informationen von oder zur Außenwelt übertragen.

Bevor wir uns genauer damit beschäftigen, den PIX-Firewall mit Schlupflöchern zu versehen, werden wir die internen Ethernet-Rechner in unserer Beispielkonfiguration weiter einschränken. Angenommen, wir haben in unserer Rolle als Netzadministrator beschlossen, ausgehenden Web-Zugang vom internen Rechner 192.168.2.100 und von allen Rechnern zwischen 192.168.2.128 und 192.168.2.254 zu untersagen. Außerdem erscheint uns *telnet* problematisch, so daß wir allen Rechnern im internen Netz außer unserer eigenen Workstation (192.168.2.2) den Telnet-Zugriff verbieten möchten. Folgende Konfiguration erfüllt diese Anforderungen:

```
outbound 11 deny 192.168.2.100 255.255.255.255 80
outbound 11 deny 192.168.2.128 255.255.255.128 80
outbound 11 permit 192.168.2.2 255.255.255.255 23
outbound 11 deny 192.168.2.0 255.255.255.0 23
apply (inside) 11 outgoing_src
```

Die Nummer 11 hinter dem *outbound*-Befehl bezeichnet die Zugriffsliste, die zur Gruppierung der Firewall-Anweisungen verwendet wird. Die Netzmasken hinter den IP-Adressen, zum Beispiel 255.255.255.128 hinter 192.168.2.128, bezeichnen einen ganzen Rechnerbereich statt eines einzelnen Knotens.

Beim Vergleich der obigen Zugriffslisten mit den Listen in einem herkömmlichen Cisco-Router mit IOS fallen sofort einige Unterschiede auf. Beim PIX-Firewall gibt es zur Zugriffssteuerung nur eine Rechner/Netz-Kombination, während bei IOS zwei Kombinationen erforderlich sind. Auf einem Cisco 7500 hätte die erste Zeile unseres PIX-Firewall beispielsweise in etwa folgendes Aussehen:

```
access-list 101 deny tcp 192.168.2.100 0.0.0.0 0.0.0.0 255.255.255.255 eq 80
```

Außerdem arbeitet der PIX mit dem Schlüsselwort *apply*, mit dem sich die Zugriffssteuerung in den *outbound*-Befehlen aktivieren oder deaktivieren läßt.

Neben der Überprüfung des Ursprungsorts von Paketen können wir zusätzlich den Zielort der eigenen Pakete steuern. Angenommen, am Internet-Standort 1.1.1.1 befinden sich Informationen fragwürdigen Inhalts, und Sie möchten den Zugriff auf diesen Standort vollständig blockieren. Dies wird durch folgende Konfiguration realisiert:

```
outbound 12 deny 1.1.1.1 255.255.255.255
apply (inside) 12 outgoing_dest
```

Dazu einige Anmerkungen: Erstens haben wir eine neue Zugriffsliste (Nummer 12) verwendet. Man sollte ausgehende Ziele und Quellen auf jeden Fall trennen. Es ist zwar nicht unbedingt erforderlich, aber wesentlich übersichtlicher, da die Zugriffslisten mit der Zeit zwangsläufig immer umfangreicher werden. Außerdem haben wir den Portparameter weggelassen. Damit schneiden wir alle Verbindungsversuche zu Rechner 1.1.1.1 an *jedem* Port ab.

Anhand der Elemente, die wir in den beiden Beispielen zur Firewall-Konfiguration gezeigt haben, lassen sich große und auch komplizierte Firewalls konstruieren, die in beliebig feiner Abstufung Zugriff gewähren oder verweigern. Beachten Sie dabei, daß Pakete vom System schneller bearbeitet und Probleme mit dem Firewall leichter behoben werden, wenn die Zugriffslisten relativ kurz sind. Verwenden Sie möglichst große Netze (indem Sie verwandte Rechner in einem Netz zusammenfassen), damit Sie nicht 32 getrennte Befehle benötigen, wo einer ausreichen würde.

Test und Fehlersuche

Der PIX-Firewall bietet eine Reihe von Tools, die beim Test und der Fehlersuche hilfreich sind. Die wichtigsten davon werden im folgenden kurz beschrieben.

debug

Mit dem Befehl *debug* kann die Konfiguration des PIX-Firewall getestet und bei Verbindungsproblemen der laufende Betrieb überprüft werden. Zur Aktivierung führen Sie den Befehl *debug trace on* auf dem PIX-Firewall aus. Beim Senden und Empfangen von ICMP-Paketen werden die Ergebnisse am Terminal angezeigt. Wenn Sie auf einem

Rechner im inneren Netz (192.168.2.2) mit *ping* auf einen Rechner im äußeren Netz (1.251.174.155) zugreifen, erscheint zum Beispiel folgende Ausgabe:

```
1.251.174.155 <- 2.241.11.254 (192.168.2.2)
1.251.174.155 -> 2.241.11.254 (192.168.2.2)
```

Zu jedem *ping*-Paket werden zwei Protokolleinträge erzeugt: jeweils einer für die einleitende ICMP-Anforderung und für die entsprechende Antwort.

HINWEIS Wenn Sie mit *ping* vom inneren Netz auf die Adresse der äußeren PIX-Schnittstelle zugreifen, erhalten Sie keine Antwort. Das gleiche gilt bei einem Ping von einem Rechner im äußeren Netz zur Adresse der inneren PIX-Schnittstelle. Dieses Verhalten ist nicht ungewöhnlich. Wenn wir in unseren Beispielnetzen mit *ping* von 192.168.2.2 auf 1.251.174.156 zugreifen würden, erhielten wir ebenfalls keine Antwort. Ebenso würde ein Ping-Versuch von 1.251.174.155 zu 192.168.2.2 oder 2.241.11.254 scheitern.

xlate

Der Befehl *xlate* steht für »translate« und zeigt die aktuelle Umsetzung der inneren Netzadressen auf Adressen des globalen Pools an. Da diese Zuordnungen nur temporär sind und mit dem Abbau einer Verbindung wieder aufgehoben werden, kann sich der von *xlate* gemeldete Status von Minute zu Minute unterscheiden. Dieser Befehl ist beim Auffinden von Netzfehlern im Zusammenhang mit dem PIX-Firewall eine große Hilfe. Er liefert eine umfassende Ausgabe einschließlich der Leerlaufzeit einer Verbindung, der übertragenen Bytes und der verwendeten Ports. Nachdem wir eine Telnet-Sitzung über den PIX hinweg gestartet und Netscape Navigator aufgerufen hatten, erschien zum Beispiel folgende Ausgabe:

```
$sh xlate
Global 2.241.11.254 Local 192.168.2.2 nconns 10 econns 0 flags pvA
   TCP out 3.96.12.2-80 in 192.168.2.2-1700 idle 0:00:17 Bytes 365 Flags E
   TCP out 3.96.12.2-80 in 192.168.2.2-1699 idle 0:00:18 Bytes 365 Flags E
   TCP out 3.96.12.2-80 in 192.168.2.2-1698 idle 0:00:19 Bytes 365 Flags E
   TCP out 3.96.12.2-80 in 192.168.2.2-1697 idle 0:00:19 Bytes 365 Flags E
   TCP out 3.96.12.2-80 in 192.168.2.2-1696 idle 0:00:22 Bytes 370 Flags E
   TCP out 3.96.12.2-80 in 192.168.2.2-1695 idle 0:00:22 Bytes 371 Flags E
   TCP out 3.96.12.2-80 in 192.168.2.2-1694 idle 0:00:22 Bytes 367 Flags E
   TCP out 3.96.12.2-80 in 192.168.2.2-1693 idle 0:00:22 Bytes 371 Flags E
   TCP out 3.96.12.2-80 in 192.168.2.2-1692 idle 0:00:30 Bytes 323 Flags E
   TCP out 3.96.12.2-23 in 192.168.2.2-2049 idle 0:00:03 Bytes 1086 Flags
UFHIO
```

Wie man sieht, gab es zahlreiche Verbindungen zu Port 80. Bei den meisten ging es nur um einfache Graphikdateien, die sich auf der Home-Page des Web-Servers (3.96.12.2) befanden. Wie auch bei anderen verbreiteten Browsern werden bei Netscape nach dem Herunterladen der ersten HTML-Seite viele Graphiken einzeln vom Web-Server angefordert. Die letzte Zeile der Ausgabe bezieht sich auf die Telnet-Sitzung, was sich an Port 23 am Ende der Adresse zeigt.

arp

Bei der Fehlersuche in Netzkonfigurationen mit dem PIX-Firewall müssen Sie unter Umständen wissen, was »der PIX sehen kann«. Mit dem Protokoll zur Adreßauflösung, das für die Umsetzung der Ethernet-Adressen in IP-Adressen zuständig ist, bietet der PIX ein gutes Werkzeug, um zu den physischen Geräten vorzustoßen, mit denen der PIX-Firewall kommuniziert. Der Befehl *arp* liefert eine Liste der Ethernet- und IP-Adressen der beiden PIX-Schnittstellen. Er ist hilfreich, wenn es darum geht zu ermitteln, welcher Rechner im Netz wofür zuständig ist und welche Zugriffsrechte er durch den PIX auf das Internet haben sollte.

In unserer kleinen Beispielumgebung liefert *arp* zum Beispiel folgende Ausgabe:

```
# sh arp

outside 4.96.12.9 00:34:08:93:1b:76
outside 4.241.10.209 00:77:70:62:5b:ee
outside 4.96.12.100 00:05:02:65:27:fb
outside 2.96.12.1 00:00:0c:65:de:10
outside 2.96.12.2 00:20:af:67:8c:77
outside 2.96.12.62 00:e0:1e:33:33
outside 2.96.12.43 00:32:9a:00:33:9f
outside 2.96.12.23 00:32:97:0e:23:56
outside 3.96.12.33 08:00:07:4f:23:c5
inside 192.168.128.1 00:10:4b:45:1b:12
inside 192.168.129.2 00:40:22:33:3a:3d
inside 192.168.129.3 00:a0:22:4c:c6:23
inside 192.168.128.4 00:05:f2:28:23:7b
inside 192.168.129.5 00:40:32:31:33:1c
inside 192.168.129.6 00:de:08:bf:ec:05
inside 192.168.129.7 00:60:8c:dd:c0:89
```

show interface

Um die physischen Ethernet-Schnittstellen auf dem PIX zu überprüfen, können Sie mit dem Befehl *show interface* eine Übersicht ausgeben, die etwa folgendes Aussehen hat:

```
# sh interface

interface ethernet0 "outside" is up, line protocol is up
  Hardware is i82557 ethernet, address is 00:a0:c9:48:33:23
  IP address 1.251.174.154, subnet mask 255.255.255.248
  MTU 1500 bytes, BW 100000 Kbit half duplex
        2053034 packets input, 486927215 bytes, 0 no buffer
        Received 1068648 broadcasts, 0 runts, 0 giants
        269 input errors, 124 CRC, 145 frame, 0 overrun, 124 ignored, 0 abort
        1014642 packets output, 98109936 bytes, 26 underruns
interface ethernet1 "inside" is up, line protocol is up
  Hardware is i82557 ethernet, address is 00:a0:c9:34:23:23
  IP address 192.168.128.1, subnet mask 255.255.252.0
  MTU 1500 bytes, BW 10000 Kbit half duplex
        1095847 packets input, 103598967 bytes, 0 no buffer
        Received 95886 broadcasts, 0 runts, 0 giants
        22 input errors, 22 CRC, 0 frame, 0 overrun, 22 ignored, 0 abort
        975558 packets output, 387229999 bytes, 0 underruns
```

Konfiguration der anderen VPN-Funktionen

Wir haben bislang besprochen, wie der PIX als Paketfilter-Firewall mit dynamischen Überwachungs- und Umsetzungsverfahren eingesetzt und konfiguriert wird, die die Identität interner Rechner verbergen. In diesem Abschnitt gehen wir kurz darauf ein, wie sich ein virtuelles privates Netz zwischen zwei PIX-Geräten aufbauen läßt, so daß private Netze über das Internet verbunden werden können.

Dienste zum Internet mit den Befehlen conduit und static

Der Befehl *conduit* bietet die Möglichkeit, daß sich Rechner im äußeren Netz unter Umgehung der Sicherheitsmechanismen des PIX mit Rechnern im inneren Netz verbinden. Das klingt gefährlicher, als es tatsächlich ist. Es ist oft notwendig und völlig normal, im Firewall Lücken für bestimmte Dienste zu öffnen, deren Sicherheit davor überwacht und getestet wurde.

Ausnahmeregelungen im Sicherheitssystem des PIX lassen sich entweder mit dem Befehl *conduit* oder mit dem letzten Parameter des Befehls *static* festlegen (siehe Beispiel unten). Cisco empfiehlt jedoch den Befehl *conduit*.

Angenommen, in unserem äußeren Netz (1.251.174.155) befindet sich ein Unix-Rechner zum Mail-Austausch und in unserem inneren Netz (192.168.2.3) ein SMTP/POP-Rechner. Wir möchten zweierlei erreichen:

1. Die Adresse des internen SMTP-Servers statisch auf die Adresse 1.241.11.254 (die vom PIX als erstes gewählt wird) der Umsetzungstabelle abbilden.
2. Einen Kanal erzeugen, über den SMTP-Nachrichten von dieser statischen Adresse zum äußeren Mail-Exchange-Rechner laufen können.

Dazu sind folgende Befehle erforderlich:

```
$ static 2.241.11.254 192.168.2.3
$ mailhost (inside, outside) 2.241.11.254 192.168.2.3 32 24
```

Mit dem Befehl *static* wird eine feste Adresse zugewiesen, so daß der Mail-Server nicht ständig eine NAT-Adresse aus dem Pool erhält. Es wäre schwierig, Mail an einen Rechner zu senden, dessen Adresse sich permanent ändert. Der Befehl *mailhost* stellt eine Variante des Befehls *conduit* dar. Er läßt an Port 25 eingehende Nachrichten zum statischen Adreßumsetzungs-Slot zu, der dem Mail-Server unter 192.168.2.3 zugewiesen wurde. Er unterscheidet sich vom Befehl *conduit* insofern, als er sich die Anweisungen und Parameter an den Mail-Server tatsächlich ansieht (HELO, MAIL, RCPT, DATA, RSET, NOOP und QUIT). Er läßt nur die elementarsten Befehle zu und reduziert somit die Gefahr, daß von außen unerwünschte Befehle gesendet werden, die zu einer Kompromittierung des Rechners führen könnten.

Angenommen, wir verfügen über einen Web-Server, dem wir eine feste Adresse zuweisen möchten und für den ein *conduit* erzeugt werden soll, ähnlich wie im vorigen Beispiel für den Mail-Rechner. Um nur Nachrichten an Port 80 zuzulassen, sind im Grunde dieselben Maßnahmen wie oben erforderlich:

```
$ static 2.241.11.257 192.168.2.99
$ conduit (inside, outside) 2.241.11.257 80 tcp 0 0
```

Die beiden Nullen am Ende bezeichnen ein beliebiges Netz. Diese beiden Nummern erlauben es jedem Rechner, von einem beliebigen Ort an der äußeren Schnittstelle über TCP-Port 80 durch den PIX zu gelangen, aber nur zur Adresse 2.241.11.257, die dem internen Rechner 192.168.2.99 statisch zugewiesen wurde.

Tunneling mit dem Befehl link

Die herausragende Anwendung des PIX-Firewall besteht im Aufbau eines fertigen Tunnels. Um ein virtuelles privates Netz gemäß den Richtlinien in diesem Buch aufzubauen, muß zwischen zwei Standorten ein privater verschlüsselter Tunnel eingerichtet werden. Außer als Paketfilter-Firewall und dynamischer Adreßumsetzungsmechanismus kann der PIX mit dem Befehl *link* als Tunnel verwendet werden. An einem Link sind natürlich immer zwei PIX-Geräte beteiligt.

Der Befehl *link* richtet einen verschlüsselten Link zwischen zwei PIX-Geräten ein, so daß die beteiligten Standorte sicher über externe Netze kommunizieren können. Derzeit lassen sich maximal 256 PIX-Firewalls verbinden. Um dieses von Cisco »privater Link« genannte Sicherheitsverfahren einzusetzen, muß im PIX eigens eine Verschlüsselungskarte und entsprechende PIX-Software installiert werden. Alle PIX-Firewalls, die an Tunneln beteiligt sind, benötigen diese Komponenten.

Ist ein privater Link eingerichtet, wird jedes an der inneren Schnittstelle eintreffende Paket dahingehend analysiert, ob es einer der »route link«-Konfigurationen entspricht. Ist das der Fall, wird es verschlüsselt und in UDP gekapselt, bevor es durch die äußere Schnittstelle gesendet wird. Der private Link wird über Port 1123 abgewickelt. Beim Empfänger wird das Paket ausgepackt, entschlüsselt und zur inneren Schnittstelle weitergeleitet.

Angenommen, wir installieren im Rahmen unserer Netze einen PIX-Firewall in der Niederlassung in Hamburg. Vom Service Provider wurden die Netze 5.182.95.248/29 für die äußere Schnittstelle und 6.242.188.0/24 für den globalen Pool zugeteilt. Unser Administrator in Hamburg ordnete der äußeren PIX-Schnittstelle die Adresse 5.182.95.250 zu. Das übrige System wird im wesentlichen wie der erste von uns beschriebene Standort konfiguriert. Im Beispiel unten verbinden wir die äußeren Ethernet-Schnittstellen der PIX-Firewalls und richten einen gemeinsamen geheimen Schlüssel ein.

Den ersten unserer PIX-Firewalls konfigurieren wir wie folgt:

```
$ link 5.182.95.250 1 A6B5C02
$ link path 6.242.188.0 255.255.255.0 5.182.95.250
```

Der neue PIX in Hamburg erhält folgende Konfiguration:

```
$ link 1.251.174.156 1 A6B5C02
$ link path 192.168.2.0 255.255.255.0 1.251.174.156
```

Mit dem Befehl *link* wird ein PIX mit dem anderen verbunden und der Schlüssel festgelegt, den die beiden Geräte zur Ver- und Entschlüsselung von Paketen verwenden. Mit dem Befehl *link path* wird dem PIX explizit mitgeteilt, daß Pakete für ein anderes internes Netz *nicht* wie andere Pakete weitergeleitet oder umgesetzt, sondern statt dessen verschlüsselt und im Tunnel übertragen werden. Wie Sie sehen, ist es nicht weiter schwierig, mehrere PIX-Geräte in einem größeren Arrangement zu installieren. Für jeden neuen privaten Link des PIX wird einfach das obige Befehlspaar eingerichtet, so daß ein Administrator problemlos ganze Tunnelstandorte hinzufügen, ändern oder entfernen kann.

Bislang war die auf spezieller Zusatzhardware beruhende Verschlüsselung des PIX auf eine Schlüssellänge von 56 Bit beschränkt. Wenngleich es von offizieller Seite keine diesbezüglichen Ankündigungen gibt, ist doch damit zu rechnen, daß Cisco demnächst eine Verschlüsselungskarte mit stärkerer Verschlüsselung auf den Markt bringt, die auch extrem hohen Sicherheitsanforderungen genügt.

In diesem Kapitel:
- *Auswahl eines ISP*
- *Behebung von VPN-Problemen*
- *Quality of Service*
- *Sicherheitsempfehlungen*
- *Wie Sie sich auf dem laufenden halten*

10

Verwaltung und Wartung Ihres VPNs

Ihr VPN ist eingerichtet, ferne Benutzer und Standorte kommunizieren mit Ihnen über das Internet. Das bedeutet aber nicht, daß Sie jetzt aus allem heraus sind, das Buch ins Regal stellen und VPNs abhaken können. Jetzt erst beginnt der Kampf, das VPN aktuell zu halten und die Sicherheitsmaßnahmen zu überwachen. Natürlich müssen Sie auch mit ganz alltäglichen Schwierigkeiten klarkommen, etwa Benutzern, die keine Verbindung zu Ihnen herstellen können. Derartige Probleme können Sie zum Teil weiterreichen, indem Sie die Verwaltung des VPNs dem ISP überlassen. Aber auch dann sollten Sie in etwa wissen, wo die möglichen Fehlerquellen in einem VPN liegen.

Im Gegensatz zum Firewall oder Proxy-Server, den Sie einmal einrichten und dann monatelang nicht mehr anzufassen brauchen, stellt Ihr VPN eine eher dynamische Sicherungsmaßnahme dar. Hauptursache dafür ist, daß Benutzer die Existenz des Firewall oder Proxy meist gar nicht wahrnehmen, beim Einloggen in einen VPN-Server dagegen oft spezielle Aktionen erforderlich sind. Schließlich können Benutzer mit verschiedenster Hard- und Software zu beliebigen Zeiten von jedem Punkt des Internet auf das VPN zugreifen. Jeder, der schon einmal einen Remote-Access-Server betrieben hat, kennt die potentiellen Schwierigkeiten bei der Einwahl. Viele der Probleme mit fernen Benutzern können auch bei VPN-Benutzern mit Fernzugriff auftreten. Ferne Standorte, die sich mit einem Firmen-LAN verbinden, benötigen oft weniger Wartung, da sie sich nach der Einrichtung einfach nur einzuwählen brauchen und fertig. In diesem Kapitel streifen wir mögliche Schwierigkeiten und zeigen auf, welche Informatio nen bei der Fehlersuche behilflich sind und welche Lösungswege offenstehen. Außerdem erfahren Sie, welches Rüstzeug Sie benötigen, um mit einem ISP über das VPN zu debattieren.

Wir können in diesem Kapitel zwar nicht auf die speziellen Eigenheiten Ihres Netzes eingehen, geben Ihnen aber ein paar generelle Ratschläge zur Sicherheit. Jede Authentifizierung oder Verschlüsselung scheitert, wenn Sie über keine vernünftige Sicherheitsstrategie verfügen. Wir haben diesen Aspekt in Kapitel 1, *Wozu dient ein virtuelles privates Netz?*, und Kapitel 2, *Grundlegende Verfahren im VPN*, bereits angeschnitten.

Damit Ihr VPN immer auf dem neuesten Stand ist, sollte Ihnen daran gelegen sein, die aktuellen Entwicklungen, Standards und Sicherheitslücken bei den VPN-Techniken mitzuverfolgen. Am Ende dieses Kapitels und in Anhang B, *Ressourcen*, finden Sie eine Liste hilfreicher Informationsquellen.

Auswahl eines ISP

Zu den wichtigsten Punkten überhaupt gehört die Auswahl eines geeigneten ISP für die VPN-Verbindung. Um maximale Stabilität zu gewährleisten, sollte für beide Verbindungsenden möglichst derselbe ISP verwendet werden. Dabei sind zunächst die geographischen Gegebenheiten zu betrachten. Am besten wäre ein ISP, der an allen erforderlichen Orten über Einwahlknoten verfügt. Lokale und regionale ISPs eignen sich oft ideal für Verbindungen innerhalb einer Stadt oder Region, bei einer landesweiten Vernetzung sollte aber ein größerer, bundesweit erreichbarer Provider gewählt werden.

Außerdem sollte eine »Quality of Service«-Garantie erwogen werden, in der sich der ISP zu bestimmten Leistungen bezüglich Verfügbarkeit und Bandbreite verpflichtet. In der Regel wird dabei die maximale Nachrichtenverzögerung im Netz des ISP festgelegt, die üblicherweise im Zehntel-Millisekunden-Bereich liegt. Die meisten nationalen ISPs gewährleisten in ihren Netzen eine Verfügbarkeit von 99,5 %. Die »Quality of Service«-Garantien werden in der Service-Vereinbarung mit dem ISP vertraglich festgelegt.

Manche ISPs, z.B. GTE und UUNET, bieten VPN-Dienste an. Diese Dienste sind empfehlenswert, da der ISP den Betrieb und die Verwaltung des VPN für Sie übernimmt. Die Preise für solche Dienste variieren und sind in der Regel von der Anzahl der Standorte und der insgesamt belegten Bandbreite abhängig.

Behebung von VPN-Problemen

Bei VPNs gibt es zahlreiche mögliche Fehlerquellen. Die Ursache für einen Ausfall zu ermitteln ist deshalb oft schwieriger als bei einer normalen Verbindung über WAN oder Fernzugriff. So können Fehler zum Beispiel in der Vernetzung, bei der Authentifizierung oder beim Routing auftreten.

Probleme bei der Vernetzung

Wer mit der Wartung oder Einwahl in Remote-Access-Server – oder auch in einen ISP – vertraut ist, weiß, wie frustrierend es sein kann, die Ursache für eine fehlerhafte Verbindung zu finden. Das größte Problem bei Vernetzungsproblemen besteht darin, daß die Ursachen so vielfältig sind. Hier einige Möglichkeiten:

1. Probleme bei der Telekommunikation:
    - Leitungen fehlerhaft
    - Vermittlungsstelle überlastet

2. Probleme beim ISP:
   - Leitungen besetzt (vermutlich wegen zu vieler Benutzer pro Modem)
   - Modem oder Router fehlerhaft
3. Probleme beim Benutzer:
   - Modem oder Router fehlerhaft
   - Modem oder Router sind nicht kompatibel zu den Geräten des ISP
   - Schwierigkeiten bei der Konfiguration

Neben diesen allgemeinen Kommunikationsproblemen können Schwierigkeiten mit der Port-Benutzung bei Firewalls auftreten. Wie Sie bereits gesehen haben, kommunizieren einige VPN-Produkte über bestimmte TCP- oder UDP-Ports (PPTP zum Beispiel über TCP-Port 1723). Solche Ports müssen geöffnet sein, damit eine VPN-Verbindung hergestellt oder Daten im VPN übertragen werden können. Es besteht die Möglichkeit, daß diese Ports bei Ihrem ISP oder an den eigenen Routern blockiert sind.

Probleme bei der Authentifizierung

Bei Wählverbindungen gibt es auch dann häufig Probleme mit der Authentifizierung, wenn keine VPNs involviert sind. Meist treten folgende Schwierigkeiten auf:

- Der Benutzername oder das Paßwort stimmen nicht. Dieser Fehler tritt auf, wenn auf dem die Verbindung einleitenden Rechner oder dem System am anderen Ende davon ausgegangen wird, daß der Benutzername oder das Paßwort anders lauten, als es tatsächlich der Fall ist. Ursache dafür ist manchmal ein einfacher Tippfehler. In einem Public-Key-System könnten die Schlüssel nicht zusammenpassen.
- Das die Verbindung einleitende System und das Zielsystem arbeiten mit unterschiedlichen Authentifizierungsverfahren. Das verbindende System könnte zum Beispiel PAP-Authentifizierung anwenden, während das Zielsystem CHAP erwartet.

In einer Public-Key-Infrastruktur können weitere Probleme auftreten, wenn auf beiden Seiten nicht dasselbe Protokoll zum Schlüsselaustausch eingesetzt wird. Manche IPSec-Produkte bieten zum Beispiel mehrere Optionen an, der Schlüsselaustausch kann manuell, via SKIP oder IPSec vorgenommen werden. Zudem kann es Schwierigkeiten mit Zertifizierungsstellen und Zertifikaten geben.

Probleme beim Routing

Routing-Probleme sind im Spiel, wenn Sie zwar eine Verbindung zu Ihrem ISP herstellen, aber nicht auf die gewünschten Internet-Rechner zugreifen können oder überhaupt nicht ins Internet gelangen. Ursache dafür sind in der Regel Konfigurationsfehler, zum Beispiel, daß die IP-Adresse, die Netzmaske oder das Gateway auf Ihrem System falsch eingestellt sind oder Ihr ISP für Sie keine Route eingerichtet hat.

Die Wahrscheinlichkeit ist hoch, daß Fehler bei der Authentifizierung, Vernetzung oder beim Routing durch inkonsistente Konfiguration in Ihren Geräten, den Geräten des ISPs oder den Geräten am anderen Ende der Verbindung herrühren. Für Probleme beim Routing kann jedoch auch einer der zahlreichen Verbindungspunkte auf dem Internet-Backbone zwischen Ihnen und dem Zielsystem verantwortlich sein. Weder Sie noch Ihr ISP haben darauf irgendeinen Einfluß. Es ist jedoch gut zu wissen, wo das Problem liegt, so daß man es an die richtigen Leute weiterleiten kann.

In Kapitel 5, *Konfiguration und Test von Verbindungen in Schicht 2*, haben wir im Abschnitt »Fehlerbehebung« zwei nützliche Tools zum Testen von Routen erwähnt, und zwar *ping* und *traceroute*. Beide Tools können auch in andersartigen VPNs eingesetzt werden. *ping* gibt es unter Unix, Windows 95/98 und Windows NT. Es sendet Pakete an die gewünschte IP-Adresse und wartet auf Antwort. Es liefert keine Informationen über die Route, die die Pakete nehmen, zeigt jedoch an, ob der Empfänger erreicht wurde oder Pakete verlorengegangen sind. *traceroute* ist ein Unix-Programm; auf Windows 95/98 und Windows NT gibt es ein entsprechendes Tool namens TRACERT. *traceroute* zeigt den Pfad, auf dem Pakete zu ihrer Zieladresse übertragen werden. Anhand dieser Information läßt sich ein Problem unter Umständen genau lokalisieren.

Manchmal sind die Informationen von *traceroute* leicht verwirrend. Sie sollten die Bedeutung der Sternchen, Ausrufezeichen und all der anderen Symbole kennen. Wie man die Ausgabe von *traceroute* zu lesen hat, wird in jedem guten Buch über TCP/IP-Netze beschrieben; auf einem Unix-System können Sie die Manualpage von *traceroute* zu Rate ziehen. Bedenken Sie außerdem, daß die UDP-Pakete von *traceroute* aus Sicherheitsgründen am Firewall des Unternehmens oder ISPs blockiert werden können. Wenden Sie sich gegebenenfalls an die entsprechenden Stellen. Wenn das Problem aller Wahrscheinlichkeit nach bei einem Backbone-Provider liegt, wenden Sie sich am besten erst einmal an Ihren ISP. Dieser kann sich dann mit dem Backbone-Provider in Verbindung setzen und herausfinden, wo das Problem liegt.

Umgang mit einem ISP

Die Zusammenarbeit mit einem ISP zur Lösung eines VPN-Problems kann sich als schwierig erweisen, insbesondere dann, wenn der ISP keine VPNs unterstützt. Als Netzadministrator sollten Sie Ihr VPN-Produkt deshalb in- und auswendig kennen. Wesentlich bei der Kommunikation mit dem ISP zur Fehlersuche- und -behebung ist, daß Sie möglichst viele Informationen bereitstellen können. Mindestens erforderlich sind folgende Daten:

- Welches VPN-Produkt Sie verwenden
- Welche IP-Adresse Ihr System besitzen sollte
- Welche IP-Adresse der VPN-Zielserver oder -Router besitzen sollte (d.h. die Adresse Ihres PPTP-Servers)
- Die TCP- oder UDP-Ports, die Ihr VPN-Produkt verwendet (für den Fall, daß diese Ports an einem Firewall des ISPs blockiert werden)

- Ggf. Ausgaben von *ping* oder *traceroute*, an denen sich das Problem zeigt

Vergewissern Sie sich, daß Ihr ISP vertrauenswürdig ist. Im Verlauf der Fehlersuche stellen Sie ihm möglicherweise sicherheitsrelevante Informationen über Ihr Netz zur Verfügung oder richten ihm eine Testkennung für Einwählversuche ein. Um die Zuverlässigkeit eines ISPs sicherzustellen, sollten Sie folgende Punkte berücksichtigen:

- Verwenden Sie einen etablierten ISP, d.h. einen bekannten bundesweit erreichbaren Provider oder einen lokalen Provider mit gutem Ruf und bislang einwandfreiem Betrieb.
- Kommunizieren Sie, sofern möglich, immer mit demselben Support-Mitarbeiter. Dadurch erhalten Sie nicht nur einen besseren Service – da Ihre bisherigen Probleme bereits bekannt sind –, sondern schränken auch den Personenkreis, dem Sie ggf. sensitive Netzdaten übermitteln müssen, auf ein Mindestmaß ein.

Kompatibilität zu anderen Produkten

Die Leistung Ihres VPNs kann durch andere Netzprodukte beeinträchtigt werden. Bevor Sie Zeit und Geld in den Aufbau eines VPNs investieren, sollten Sie untersuchen, ob Ihre System- und Netzkonfiguration daran angepaßt werden kann. Dies ist besonders dann wichtig, wenn Sie bereits komplexe Sicherheitsmaßnahmen implementiert haben. Es folgen einige Punkte, die Sie beim Einrichten eines VPNs oder Hinzufügen neuer Netzprodukte beachten sollten:

- Manche Router blockieren aus Sicherheitsgründen standardmäßig bestimmte TCP-Ports. Finden Sie heraus, um welche Ports es sich handelt, und stellen Sie sicher, daß diese vom VPN nicht verwendet werden. Sie können diese Filter in der Regel deaktivieren.
- Wie bereits erwähnt, sind manche VPN-Produkte nicht in Kombination mit einem Proxy-Server einsetzbar. Der Microsoft Proxy Server funktioniert zum Beispiel erst ab Version 2.0 mit PPTP. Wenn Sie bereits über einen Proxy-Server verfügen und ein VPN einrichten möchten, können Sie den VPN-Server zwischen das Internet und Ihr LAN plazieren, so wie es bereits beim Proxy-Server der Fall ist (siehe Abbildung 10-1). Für das VPN bestimmte Nachrichten werden dann durch den VPN-Server, alle anderen Daten durch den Proxy-Server geleitet.
- Network Address Translation (NAT) ist ein von vielen Routern unterstütztes Protokoll, mit dem Rechner auch auf das Internet zugreifen können, wenn sie nur über interne IP-Adressen verfügen (die in RFC 1918 reserviert wurden), die im allgemeinen Internet nicht einsetzbar sind. Dabei wird jedem Rechner eine Adresse zugewiesen, für die kein Routing möglich ist. Nur der Router selbst besitzt eine zu routende IP-Adresse. Wenn einer der Rechner hinter dem Router auf das Internet zugreifen möchte, tut er so, als gehöre ihm die IP-Adresse des Routers.

  Wenn Sie NAT verwenden möchten, sollten Sie eine Konstellation mit zwei Routern einsetzen. Abbildung 10-2 zeigt einen Gateway-Router zum Internet und ein Perimeternetz mit IP-Adressen, für die Internet-Routing möglich ist. Im Perimeternetz befindet sich ein NAT-fähiger Router mit Schnittstellen zum Perimeternetz und zum internen Netz. Die Rechner im internen Netz haben ausschließlich IP-Adressen, für die kein Routing möglich ist. Auch der VPN-Server ist an das Perimeternetz sowie das interne Netz angeschlossen und routet nur VPN-Nachrichten von und zu diesen Netzen.

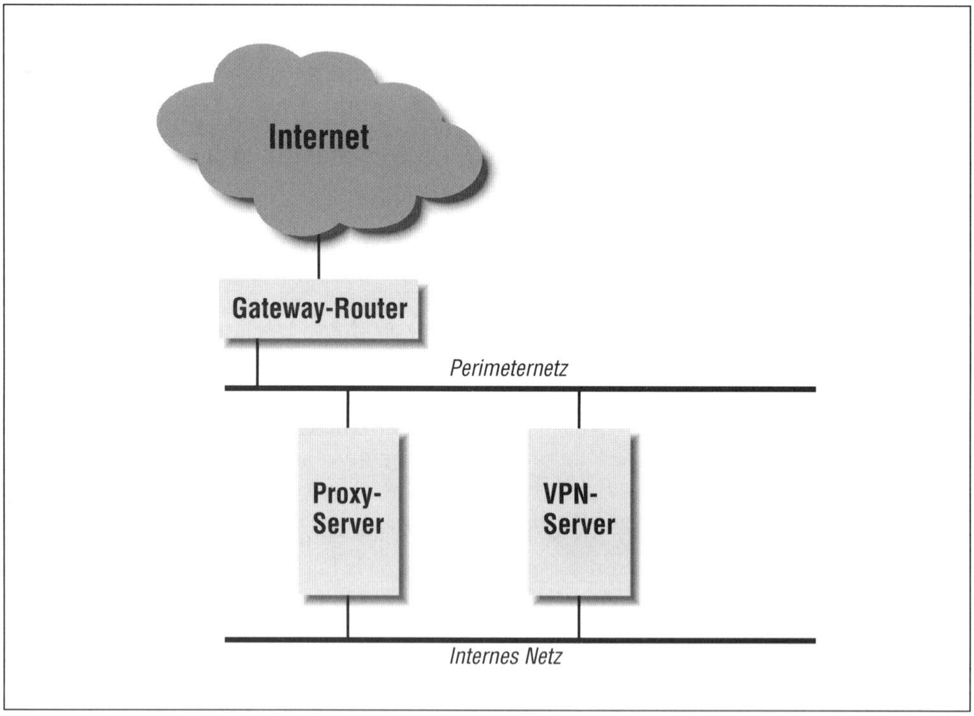

Abbildung 10-1: Proxy-Server in Kombination mit einem VPN-Server

Quality of Service

Wir haben das Thema »Quality of Service« (QoS) bereits bei der Auswahl eines geeigneten ISP angesprochen. In diesem Abschnitt geht es darum, QoS in der eigenen Vernetzung zu gewährleisten. QoS gibt Ihnen die Möglichkeit, Ihre Bandbreite selbst zu verwalten, indem Sie verschiedene Arten von Netznachrichten auf Basis von Merkmalen wie Benutzer, Anwendung, Rechner, Netz und Protokoll mit bestimmten Prioritäten versehen. Dies wäre zum Beispiel sinnvoll, wenn Sie die Internet-Verbindung Ihres VPNs auch für normale E-Mail, Web-Kommunikation, Dateiübertragung usw. verwenden. Da die VPN-Verbindung geschäftlich relevant ist, sollten die Latenzzeiten für VPN-Benutzer deutlich geringer als für andere Dienste ausfallen. Sie könnten die Priorität der VPN-Nachrichten also entsprechend hoch ansetzen und Nachrichten, die nicht unbedingt geschäftsrelevant sind, mit vergleichsweise niedriger Priorität ausstatten, so z.B. PointCast, NNTP und den Zugang zu bestimmten URLs.

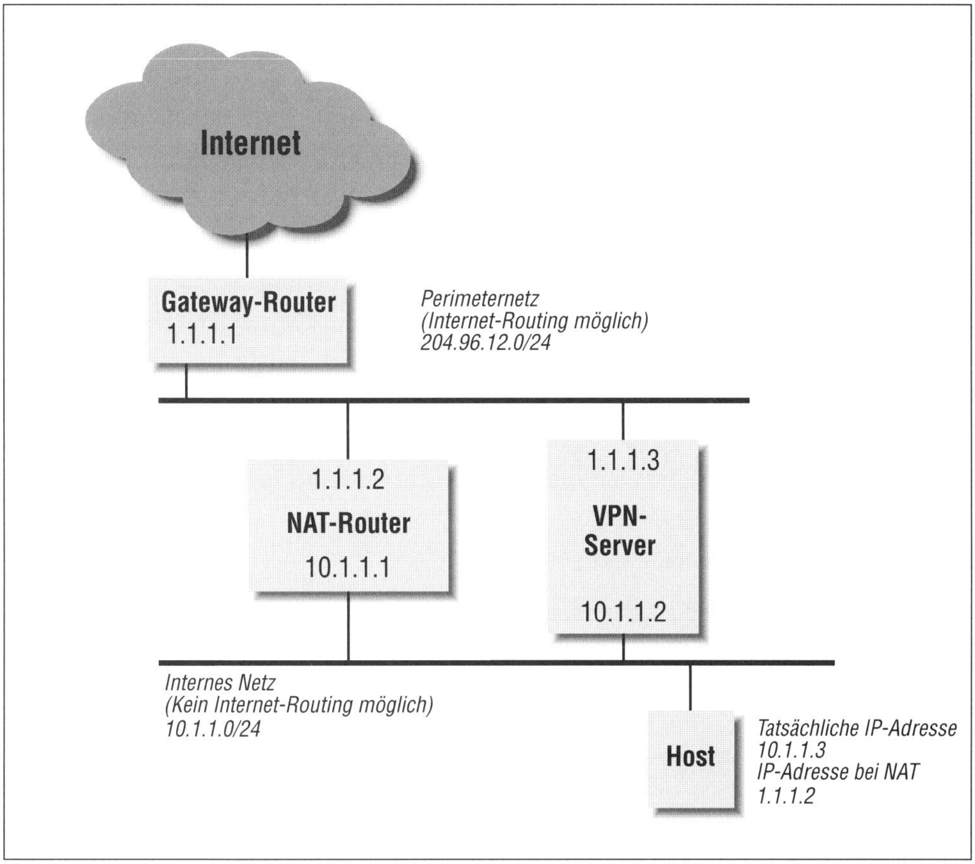

Abbildung 10-2: Konstellation mit NAT-Router und VPN-Server

Das Resource Reservation Protocol (RSVP) zur Verwaltung von IP-Verkehr wurde als QoS-Standard im Internet vorgeschlagen. Es ist bereits in einigen Routing- und VPN-Produkten sowie Betriebssystemen implementiert. Außerdem werden von Herstellern wie Packeteer und CheckPoint zahlreiche Produkte zur Bandbreitenzuteilung angeboten.

Sicherheitsempfehlungen

Der wichtigste Punkt in bezug auf Sicherheit besteht darin zu gewährleisten, daß Ihr Netz nur durch das VPN vom Internet aus erreichbar ist. Externe Benutzer sollten eine Verbindung zu Ihren Systemen also nur über ein VPN herstellen können. In Kapitel 2, *Grundlegende Verfahren im VPN*, wird beschrieben, wie man Firewalls zu diesem Zweck einsetzen kann. Die daran anschließenden Kapitel enthalten eine detailliertere Beschreibung.

Begrenzung der VPN-Benutzer

Das VPN sollte nicht allgemein zugänglich sein. Dies ist unter Umständen nicht ganz einfach, wenn sich Ihre Organisation in ständigem Wandel befindet oder ein virtuelles Unternehmen darstellt, in dem die Beteiligten zu Hause arbeiten. Erlauben Sie den Fernzugriff nur Personen, die tatsächlich auch darauf angewiesen sind. Es folgen einige Beispiele für Personen, die Fernzugriff auf das VPN benötigen könnten:

- Außendienstmitarbeiter, die Zugang zu E-Mail und Dateien brauchen.
- Angestellte, die zu Hause arbeiten oder nach Dienstschluß Zugriff auf Netzserver benötigen; dazu gehören zum Beispiel Software-Entwickler, Software-Tester, Handbuch-Autoren oder Manager. Wenn jemand nicht ständig zu Hause arbeitet oder nicht permanent auf den Zugang angewiesen ist, ist es unter Umständen sinnvoll, die Zugangsberechtigung nur temporär zu erteilen. Hat sich eine Angestellte das Bein gebrochen und muß lange zu Hause bleiben, kann man ihr zum Beispiel in dieser Zeit die Möglichkeit verschaffen, sich von zu Hause aus einzuwählen und zu arbeiten.
- Netz- oder Systemadministratoren.

Sie sollten außerdem einige Richtlinien über den angemessenen Gebrauch des VPN-Zugangs aufstellen und an alle Personen verbreiten, die über VPN-Kennungen verfügen. Sinnvoll ist unter Umständen folgendes:

- Die VPN-Kennung stellt *keinen* generellen Internet-Zugang dar, der beliebig verwendet werden darf. Es handelt sich vielmehr um die virtuelle Erweiterung des firmeneigenen Netzes und der diesbezüglichen Benutzerkennungen, selbst wenn der Zugang jetzt über einen ISP stattfindet. Benutzer sollten die Zugangsdaten deshalb weder an ihre Kinder, Verwandte oder Freunde noch an Kollegen weitergeben.
- Benutzer sollten bei aktiviertem Routing nicht gleichzeitig Schnittstellen zum VPN sowie zu einem anderen ISP besitzen (siehe Kasten).
- Benutzer sollten VPN-Probleme nicht direkt an den entsprechenden ISP, sondern erst einmal an den Netzadministrator weiterleiten. Dieser kann sich bei Bedarf dann mit dem ISP in Verbindung setzen. Benutzer dürfen ihre Paßwörter oder internen Netzadressen nicht grundlos an den ISP weitergeben.
- VPN-Benutzer sollten ihre Paßwörter häufiger wechseln als die Benutzer der internen Netzdomäne. Sie sollten Paßwörter ohne besondere Bedeutung wählen, die nach Möglichkeit auch schwer zu erratende Symbole enthalten, die keine Zahlen oder Buchstaben sind. Zum Beispiel: »xf3Kr!« oder »bat*CORE«.
- Wenn Angestellte die Organisation verlassen, dürfen Sie nicht vergessen, neben deren Kennungen auf dem lokalen System auch den VPN-Zugang zu löschen. Selbst wenn sich leicht feststellen läßt, ob der Zugang weiterhin benutzt wird, können sie genug Chaos und Verwirrung stiften, um den übrigen Angestellten das

Leben schwer zu machen. Außerdem wäre es dann leichter, Firmengeheimnisse oder auf das Unternehmen lizenzierte Software mitzunehmen.

Warum Sie kein Routing zwischen dem VPN und einem anderen ISP zulassen sollten

Die zweite Richtlinie zum Gebrauch eines VPNs besagt, daß Benutzer nicht Schnittstellen sowohl zum Firmen-VPN als auch zu einem anderen ISP besitzen dürfen. Warum das verboten werden sollte, zeigt folgendes Beispiel: Der Software-Entwickler Bob besitzt in seinem Windows NT System zwei ISDN-Karten. Über die eine wählt er seinen bevorzugten ISP an, während er sich über die andere mit dem VPN seiner Filiale verbindet. Jede Karte besitzt eine eigene IP-Adresse: die eine vom ISP, die andere für das Firmennetz. Außerdem hat Bob in seiner NT-Box das Routing (IP-Forwarding) aktiviert. Bei dieser Konfiguration kann jemand aus dem Internet Bobs Rechner als Gateway-Router zum firmeneigenen LAN verwenden. Damit läßt sich jede Art von Firewall oder Proxy umgehen, den das Unternehmen möglicherweise eingerichtet hat, um den Internet-Zugriff auf das interne Netz zu unterbinden. Wir kennen Geschichten von Software-Entwicklern, die ihr System so eingerichtet hatten, daß sie zu Hause arbeiten, sich in das Firmen-LAN einwählen und über ihren eigenen ISP im Internet surfen konnten. Als das herauskam, wurde ihr Vertrag gekündigt.

Begrenzung der zugänglichen VPN-Inhalte

In großen Firmen-LANs legen Netzadministratoren oft mehrere Netzsegmente an, die durch Router getrennt sind, die den Netzverkehr auf bestimmte Segmente beschränken und Firewall-Funktionen übernehmen können. Aus der Produktion muß kaum jemand auf den Server der Lohnbuchhaltung zugreifen, unabhängig davon, ob er dazu berechtigt ist oder nicht.

Ebenso können Sie den Zugangsbereich von VPN-Benutzern durch interne Router und Firewalls einschränken. Wenn Ihnen entsprechende Ressourcen zur Verfügung stehen, sollten Sie diese Möglichkeit unbedingt wahrnehmen. Da VPN-Router oder -Server der Außenwelt oft offenstehen, stellen sie das schwächste Glied in Ihrem Netz dar. Es ist daher sinnvoll, den Zugang möglichst weitgehend zu beschränken. Sie können damit beginnen, generell nur den Zugriff auf Server zuzulassen, die VPN-Benutzer am häufigsten benötigen, zum Beispiel Mail-Server oder Server mit bestimmten Anwendungen. Es folgen einige Beispiele für Informationen, die Sie VPN-Benutzern oder Benutzern mit Fernzugriff unter *keinen* Umständen zur Verfügung stellen sollten:

- Informationen zu Sicherheitsvorkehrungen und Verschlüsselung, zum Beispiel private RSA-Schlüssel und SSL-Zertifikate

- Informationen zu Benutzernamen und Paßwörtern
- Streng vertrauliche Informationen aus Forschung und Entwicklung
- Informationen über Löhne und Gehälter
- Persönliche Informationen über Angestellte
- Informationen, die Sie von Ihren Kunden unter Schweigepflicht erhalten haben (in einem Krankenhaus müssen Patientendaten zum Beispiel sehr sicher verwahrt werden)

Sie können dann bei Bedarf fallweise weitergehende Zugriffsrechte erteilen. Software-Entwickler müssen zum Beispiel auf die Server mit dem Programmcode zugreifen. Im Idealfall richten Sie mehrere VPN-Server – und zwar einen für jede Abteilung – ein und begrenzen den Benutzerkreis entsprechend.

Keine öffentlichen DNS-Informationen für VPN-Server und -Router

Da der VPN-Server einen zugänglichen Einstiegspunkt in Ihr Netz darstellt, sollten Sie einem Angreifer besser keine genaueren Informationen dazu überlassen. Am einfachsten ist das zu bewerkstelligen, indem Sie Ihrem VPN-Server überhaupt keinen DNS-Rechnernamen geben. Ist eine Zuweisung dennoch erforderlich (zum Beispiel zum internen Gebrauch), sollten Sie die Einrichtung eines »falschen« DNS-Servers mit bedeutungslosen Informationen erwägen, der dem größeren Internet zugänglich ist, während Sie gleichzeitig einen Server mit speziellen Informationen unterhalten, der innerhalb des LANs verwendet wird.[1] Auf keinen Fall sollten Sie einen Namen für Ihren VPN-Server nach außen geben, der irgendwelche Informationen enthält, zum Beispiel *avtunnel.caffeine.net*, *pptp-gw.caffeine.net* oder sogar *win-nt.caffeine.net*. Jeder dieser Namen gibt dem Angreifer Hinweise auf die Art des eingesetzten Systems und damit auf die Schwächen, die sich ausnutzen lassen. Aus diesem Grund benennen Netzadministratoren die Rechner häufig nach einem bestimmten Schema; hilfreich dafür sind zum Beispiel Namen aus der Serie Star Trek, den Perry-Rhodan-Heften oder dem Buch *Herr der Ringe* von Tolkien. Damit können Systeme mit Bezeichnungen versehen werden, die nicht im Wörterbuch stehen, aber trotzdem leicht zu merken sind. Wir empfehlen, zum internen Gebrauch einen weiteren DNS-Server einzurichten. Auf diese Art haben Sie die Möglichkeit, Intranet-Benutzern aussagekräftigere Namen für die Server zur Verfügung zu stellen.

1 Wie Sie einen »falschen« DNS-Rechner einrichten, erfahren Sie zum Beispiel in *Einrichten von Internet-Firewalls* von D. Brent Chapman und Elizabeth D. Zwicky (O'Reilly-Verlag).

Wie Sie sich auf dem laufenden halten

Sie sollten Ihr VPN zwar immer auf dem neuesten Stand halten, Aktualisierungen aber nicht überstürzen, bloß weil ein oder zwei neue Features auf den Markt gekommen sind. Mit neuer Software ergeben sich meist genauso viele neue Probleme, wie alte Mängel behoben sind. Es folgt eine Liste der wichtigsten Gründe für die Aktualisierung der VPN-Software:

- Das von Ihnen gegenwärtig eingesetzte Produkt enthält eine Sicherheitslücke.
- Das Produkt enthält einen Fehler, der das System beeinträchtigt (und zum Beispiel Abstürze, Speicherverluste oder Netzprobleme verursacht).
- Die aktuelle Version ist zu einem anderen Produkt in Ihrem Netz oder zu einem von fernen Benutzern verwendeten Produkt nicht kompatibel, und die neue Version beseitigt Kompatibilitätsprobleme.
- Die neue Version besitzt Features, die für den Betrieb Ihres VPNs von wesentlicher Bedeutung sind.

Sich Informationen über VPNs zu beschaffen ist im Moment vergleichbar mit dem Versuch, mitten in Las Vegas den Sternenhimmel zu betrachten – man findet jede Menge Reklame, sieht aber nur selten, was sich tatsächlich abspielt. Nichtsdestoweniger haben wir in Anhang B, *Ressourcen*, eine kurze Liste zusammengestellt, die Ihnen dabei behilflich sein soll, das aktuelle Geschehen in der VPN-Welt zu verfolgen.

In diesem Kapitel:
- *Topologie*
- *Zentrale*
- *Große Filiale*
- *Kleine Filialen*
- *Ferne Benutzer*
- *Graphische Darstellung des Netzes*

11

Ein Beispiel-VPN

Wenn Sie von virtuellen privaten Netzen noch nicht genug haben, können Sie sich in diesem Kapitel nun ein realistisches Beispiel für ein funktionsfähiges VPN ansehen. Nachdem wir uns mit theoretischen Aspekten und einer allgemeinen Kosten/Nutzen-Analyse befaßt haben, wenden wir uns nun konkreten Produkten zu, die auch tatsächlich im Einsatz sind. Wir nennen hier zwar bestimmte Produkte, zum Beispiel von Ascend oder Cisco, es mag sich aber durchaus herausstellen, daß andere Lösungen für Ihr Unternehmen besser geeignet sind. Dieses Kapitel zeigt also nicht, wie ein VPN aussehen *muß*, sondern lediglich, wie es aussehen *könnte*.

Topologie

Das Unternehmen in unserem Fallbeispiel heißt *PC Sofort*. Es produziert und vertreibt Computerkomponenten und -peripherie.

Vor etwa einem Jahr begann PC Sofort mit der Vereinheitlichung der Netzkommunikation zwischen seinen diversen Standorten über das Internet. Die wichtigsten Aspekte dabei waren Sicherheit, Kosten und Zuverlässigkeit.

PC Sofort stellt dieselben Anforderungen an die Kommunikation wie die meisten anderen Unternehmen auch. Außendienstmitarbeiter müssen mit Produktionsleitern kommunizieren, um Ware zu bestellen und für die Produktion benötigter Ware zu sorgen. Der Verkauf kommuniziert täglich mit dem Versand, der Produktion und diversen anderen Abteilungen. Verschiedene Produktionsstätten und andere im Land verstreute Unternehmensbereiche sind für einen reibungslosen Betrieb auf das Senden und Empfangen von Daten angewiesen.

In verschiedenen Ebenen des Unternehmens werden unterschiedliche Plattformen und Netzprotokolle eingesetzt. Das wichtigste Unternehmensnetz besteht aus Windows NT Servern und Workstations mit Windows 95/98 oder Windows NT. Außerdem gibt es mehrere Unix-Server mit unterschiedlichen Unix-Varianten. Zum Fernzugriff verwenden die Benutzer verschiedene Betriebssysteme; einige Abteilungen innerhalb des wichtigsten Unternehmensnetzes arbeiten mit Macintosh-Systemen.

Ohne das Internet war die Datenübertragung ein aussichtsloses Unterfangen und die Kosten für private Verbindungen und Wählzugang von zweifelhaftem Nutzen. Nachdem man den Beschluß gefaßt hatte, die Situation durch fortschrittliche Technologie zu verbessern, wechselte PC Sofort schrittweise von privaten Verbindungen und Fernzugriff zu einer kontrollierten Nutzung des Internet. Nach entsprechenden Untersuchungen, Schulungen und verschiedenen Probephasen wurde schließlich ein virtuelles privates Netz eingeführt.

Mit der Einführung von VPN-Technologie konnte das Unternehmen die Ausgaben für die Netzkommunikation senken und einige Kommunikationsprobleme lösen. Das Ergebnis war das virtuelle private Netz, das in der Abbildung am Kapitelende dargestellt wird. Die gewählte Architektur verbindet die Firmenzentrale mit verschiedenen großen und kleinen fernen Filialen und einem Pulk von fernen Benutzern.

In den folgenden Abschnitten wird im einzelnen beschrieben, welche Verbindungen zum Internet, welche Hard- und Software und welche VPN-Lösungen dazu notwendig waren.

Zentrale

Die Zentrale ist die wichtigste Informationsquelle für Produkte und Arbeitsabläufe. Sicherheit spielt eine entscheidende Rolle. Neben dem VPN sind hier mehrere andere Internet-Dienste zentralisiert, einschließlich der unternehmenseigenen Web-, Mail- und FTP-Server. Das auf dem Web basierende Intranet hat seinen Fokus ebenfalls in der Zentrale.

Netzverbindungen

Die Zentrale verfügt über zwei 2-Mbit-Verbindungen und zwei unabhängige bundesweit erreichbare Internet Provider. Damit ist Redundanz gewährleistet, so daß andere Standorte die Zentrale über verschiedene Wege im Netz erreichen können. Diese Verbindungen bieten genug Bandbreite, daß sich alle Standorte bei angemessener Antwortzeit über das VPN mit der Zentrale verbinden können und auch die anderen Dienste unterstützt werden.

Hardware und Betriebssystem

Zum Routing des Netzverkehrs auf der 2-Mbit-Leitung verfügt das Unternehmen über einen Cisco 4500 Internet-Router, der sehr stabil und erweiterbar ist und vier 2-Mbit-Verbindungen für ein großes Netz verwalten kann. Außerdem übernimmt er die Kapselung und das Routing zahlreicher Protokolle von IP bis AppleTalk. Um ein möglichst breites Spektrum an VPN-Lösungen abzudecken, gibt es in der Zentrale Windows NT Server mit PPTP. Daneben existiert ein Unix-Server und ein Ascend MAX Remote-Access-Hub, die beide mit PPTP arbeiten.

VPN-Software

Die Zentrale muß drei VPN-Server betreiben, um den angeschlossenen Netzen alle gewünschten Lösungen bieten zu können. Die großen Filialen benötigen ein schnelles VPN zwischen den Netzen. Für diese High-Speed-Aufgabe wurde der Cisco PIX Firewall gewählt. Der PIX ist nicht nur sehr robust, sondern bietet auch die Möglichkeit, Daten bei der Übertragung zwischen den Netzen zu verschlüsseln. Dazu kommt die Routing-Power der Cisco-Router, so daß bei verschiedensten Protokollen eine sichere Verbindung gehalten werden kann. Produkte wie der AltaVista Tunnel bieten nicht die stabile und schnelle VPN-Lösung für solche großen fernen Netze. Andere ferne Benutzer, die sich ins Internet oder bei einer der Geschäftsstellen einwählen, arbeiten mit PPTP.

Große Filiale

Manche großen Filialen unterhalten weitere Internet-Dienste, zum Beispiel Web- oder FTP-Server.

Verbindung

Große Geschäftsstellen sind, abhängig vom Umfang ihrer Netze und Netzaktivitäten, über Datendirektverbindungen (n x 64 Kbit/s) oder 2-Mbit-Leitungen an das Internet angeschlossen. Ihre Netzverbindungen laufen über einen der beiden bundesweit erreichbaren Provider, über die die Zentrale mit dem Internet verbunden ist. Damit ist eine schnellere Verbindung zur Zentrale gewährleistet, da weniger Router bis zur Internet-Anbindung der Zentrale erforderlich sind.

Hardware und Betriebssystem

Für die Datendirektverbindungen oder 2-Mbit-Verbindungen der Netze ist ein Cisco 2500 Router erforderlich. Standorte arbeiten mit PPTP und Windows NT- oder Unix-Servern für kleinere Netze oder Benutzer, die sich einwählen.

VPN-Software

Der Cisco PIX Firewall wird hier für Verbindungen zur Zentrale und zum Schutz gegen Angriffe aus dem Internet eingerichtet. Außerdem wird für ferne Benutzer und eingehende Verbindungen von kleinen Geschäftsstellen PPTP verwendet. Auf den Windows 95, Windows NT oder Macintosh Workstations der Benutzer wird der PPTP-Client ausgeführt.

Kleine Filialen

Kleine Filialen bieten in der Regel kaum interessante Ressourcen – jedenfalls bestimmt keine großen Web-Seiten, die zahlreiche Treffer erhalten –, sie benötigen aber kontinuierlichen und zuverlässigen Zugang zu den größeren Filialen.

Verbindung

Die kleineren Filialen verfügen über Wähl- oder Standleitungen zu ihrem Internet Service Provider. Manche arbeiten mit demselben bundesweit erreichbaren Service Provider wie die Zentrale, andere verwenden Provider, die zumindest dieselben Backbones benutzen. Dies hat zwar keine Auswirkungen auf die grundlegende Funktionalität des VPNs, erhöht jedoch die Geschwindigkeit und Zuverlässigkeit der Verbindung zwischen den Standorten.

Hardware und Betriebssystem

Kleine Filialen verwenden zum Beispiel den Ascend Pipeline 50 ISDN-Router für ihre Internet-Verbindungen. Der Ascend unterstützt PPTP und routet Internet-Nachrichten für maximal 255 IP-Adressen. Mit einem Windows NT- oder Unix-Server werden eingehende PPTP-Benutzer validiert und die Verbindung zum VPN hergestellt.

VPN-Software

Zum Zugriff auf das VPN werden an allen Standorten PPTP-Server und -Client verwendet.

Ferne Benutzer

Benutzer benötigen Fernzugriff, wenn sie im Außendienst oder nicht am Standort arbeiten.

Verbindung

Es können unterschiedliche Verbindungsverfahren von ISDN bis zu analogen Telefonleitungen und Modems verwendet werden. Auch in diesem Fall sollten alle fernen Benutzer über denselben bundesweit erreichbaren Provider wie das übrige Unternehmensnetz ans Internet angeschlossen sein oder zumindest über einen Provider, der an denselben Backbone angeschlossen ist. In Deutschland sollten beim Einsatz unterschiedlicher Provider alle Provider Zugang zum DE-CIX haben.

Hardware und Betriebssystem

Einzelbenutzer können auf verschiedensten Plattformen arbeiten. Das Spektrum reicht von Windows 95 oder Windows NT über Unix bis zu MacOS. Es können ISDN-Router, ISDN-Karten oder Modems im Einsatz sein.

VPN-Software

Zum Zugriff auf das VPN wird von Endbenutzern der PPTP-Client verwendet.

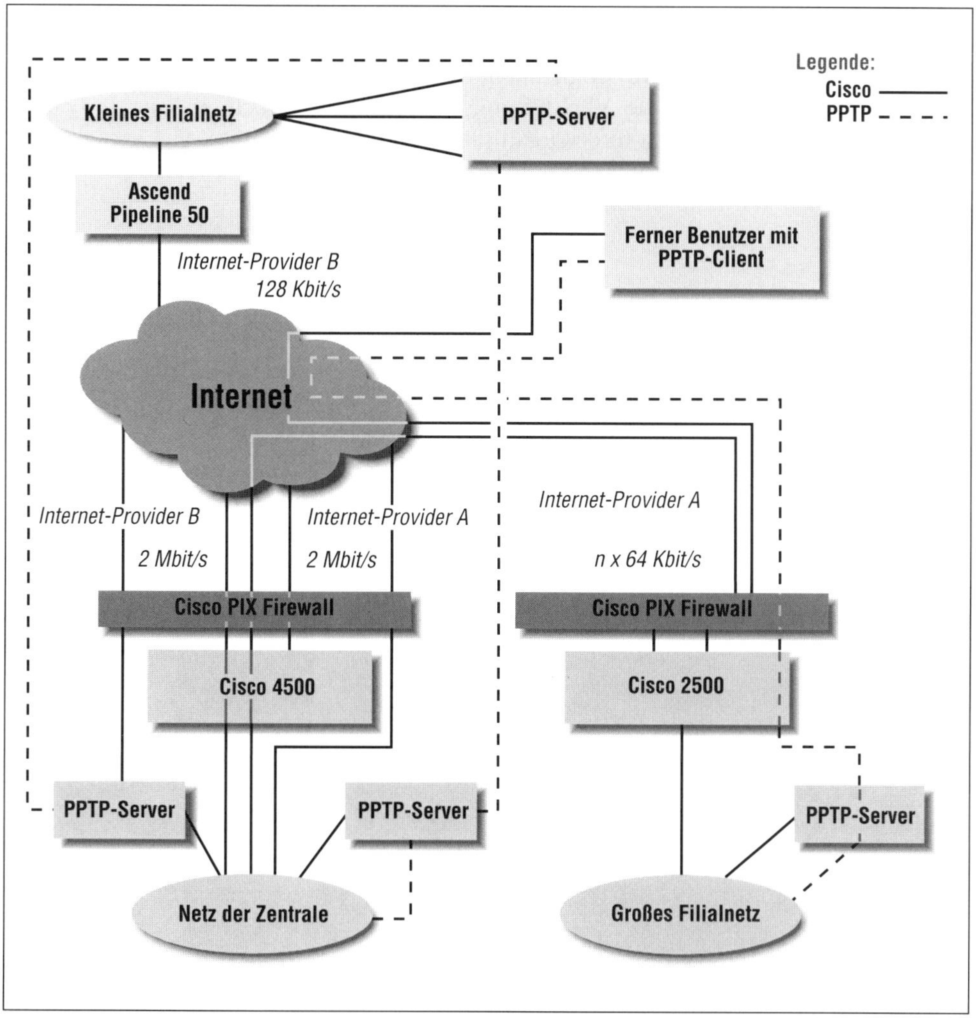

Abbildung 11-1: Hardware, Software und Protokolle für das VPN

Graphische Darstellung des Netzes

Abbildung 11-1 zeigt die Verbindungen vom Internet zur Zentrale, zu einer großen Filiale, einer kleinen Filiale und einem fernen Benutzer. Dabei ist wichtig zu beschreiben, wie die Daten das VPN durchlaufen. Eingehende Nachrichten werden von PPTP validiert. Dieser verschlüsselte Nachrichtenverkehr passiert zwischengeschaltete Firewalls und wird direkt zum PPTP-Server geleitet. Dann wird er zum gewünschten internen Netzknoten geroutet. Der Cisco PIX Firewall dagegen lenkt zulässige Nachrichten direkt ins Netz und bietet damit einen schnelleren Backbone für das VPN.

Wenn Ihr Unternehmen eine sichere Netzkommunikation über das Internet benötigt, gibt es dafür, unabhängig von den Anforderungen oder verfügbaren Ressourcen, in jedem Fall eine Lösung. Andere Möglichkeiten wie IPSec, L2F, SSH oder L2TP arbeiten genauso effizient. Für welche VPN-Lösung Sie sich letztendlich entscheiden, hängt ganz von den Anforderungen Ihrer Organisation ab.

A

Zukünftige Internet-Standards

IPv6

Da VPNs das Internet als Transportmedium nutzen, beinhalten sie auch alle Vor- und Nachteile, die mit dem Einsatz des Internet Protocol (IP) verbunden sind. Wie Sie wahrscheinlich wissen, werden im Internet (d.h. in den TCP/IP-Protokollen) die uns geläufigen URL-Namen wie *www.ibm.com* und *ftp.uu.net* nicht direkt ausgewertet. Das Internet arbeitet eigentlich mit einem Adressierungsschema, das IP-Adressen aus vier durch Punkte getrennte Bytes verwendet. Durch eine IP-Adresse wie 207.25.97.8 ist ein Rechner eindeutig festgelegt. Diese Art der Adressierung stellt den kleinsten gemeinsamen Nenner zur Abgrenzung von Rechnern dar.

Ein brandaktuelles Thema unter Netzexperten ist die drohende Verknappung der IP-Adressen. Eine IP-Adresse besteht aus vier Byte mit jeweils 256 (2^8) Kombinationen. Es gibt also nur eine begrenzte Anzahl (genauer gesagt 4294967296 oder 2^{32}) IP-Adressen. Man sollte meinen, daß 4 Milliarden Adressen völlig ausreichen; das weltweite explosive Wachstum des Internet hat das System jedoch stark strapaziert. Große Blöcke sind bereits vergeben, und das System zur Neuzuteilung ist veraltet und schwer zu verwalten.

Momentan liegt das IP-Protokoll in der Version 4 vor. Version 5 verschwand bereits von der Bildfläche, als sie noch zur Debatte stand. Die Entwicklung von IP Version 6 (IPv6) wird von Vernetzungsunternehmen, Technologieexperten und Organisationen wie der Internet Engineering Task Force (IETF) vorangetrieben. Der IP-Adreßbereich soll so stark erweitert werden, daß er mit dem in den nächsten Jahrzehnten zu erwartenden enormen Wachstum des Internet auch Schritt halten kann. Bei der Konzeption der Adressen von IPv6 geht es aber nicht nur um eine Ausdehnung des IP-Adreßbereichs, sondern auch um zahlreiche andere Aspekte.

Zur Entwicklung und Implementierung von IPv6 gibt es eine Flut von Requests for Comments (RFCs). In RFC 1887 wird ein kleiner Ausschnitt der untersuchten Themen angesprochen:

- Aufnahme topologischer Informationen, um die Zusatzdaten für das Routing-Protokoll erheblich zu reduzieren
- Weitere Hierarchieebenen mit integrierten Ankern, um eine Erweiterung zu erleichtern
- Standards zur Zuordnung von Service-Providern und Abonnenten zu Komponenten einer IPv6-Adresse
- Adreßzuteilung für alle Netzeinheiten basierend auf Wachstum und Bedarf
- Zuteilung der IPv6-Adressen durch die Internet Registry
- Mehrfachadressierung und größere Wahlmöglichkeiten beim Routing
- Abbildung des IPv4-Adreßraums auf IPv6
- Multicast-Adressierung
- Adressierung mobiler Rechner
- Administrative Adressierung
- Mechanismus zur Veröffentlichung von Routing-Informationen an Dritte
- Unterteilung der Routing-Verfahren in Rechner zu Router, Router zu Router innerhalb einer Domäne sowie Domäne zu Domäne.

Eigentlich wird von IPv6 dasselbe verlangt wie von der Telefongesellschaft bei Ferngesprächen. Wenn der Benutzer eine Ortskennzahl vor die Nummer stellt, leitet die Telefonvermittlung das Gespräch zum entsprechenden Ortsnetz weiter, indem sie zunächst anhand der ersten Ziffern die gewünschte Stadt oder das Gebiet ermittelt. Ein Anruf von Hamburg mit der Ortskennzahl 089 wird also auf jeden Fall nach München vermittelt, unabhängig davon, wo in München sich die Gegenstelle befindet. Die IPv6-Initiative verfolgt eine vergleichbare Strategie.

Da die Entwicklung von IPv6 (wie die von VPNs) noch nicht abgeschlossen ist, gibt es immer wieder Neuigkeiten. Mittels der üblichen Suchmaschinen oder Newsgruppen sollten Sie sich über die neuesten Entwicklungen informieren.

IPSec

Ein weiteres wichtiges Thema für VPN-Administratoren ist das IPSec-Projekt der IETF, das die Anforderungen für ein sicheres IP-Protokoll erarbeitet. IPSec bietet kryptographische Sicherungsverfahren für Authentifizierung, Datenintegrität, Zugangskontrolle und Vertraulichkeit. Dabei soll sowohl IPv4 als auch das neuere IPv6 berücksichtigt werden. Um möglichst flexibel zu sein, sind die Protokollformate von den kryptographischen Algorithmen für die Datensicherheit unabhängig.

Die meisten VPN-Implementierungen, die wir in diesem Buch beschreiben, arbeiten ausschließlich mit rechnerorientierter Softwareverschlüsselung, bei der der Datenschutz größtenteils auf dem Benutzerrechner abgewickelt wird. Die Zielsetzung von IPSec entspricht der Intention zukünftiger VPNs: Die Sicherungsverfahren zum Datenschutz werden elegant auf die Routing-Mechanismen abgestimmt und können problemlos auch für eine Klasse von Rechnern oder Netzen bereitgestellt werden. Mittels Authentifizierung und Zugriffssteuerung ist es außerdem möglich, ein VPN zwischen nahezu beliebigen Geräten oder Teilnetzen zu errichten, ohne daß dazu besondere Software, Konfiguration oder Firewalls erforderlich sind.

Ausführliche Informationen über die fortlaufenden Arbeiten zu IPSec finden Sie auf den Web-Seiten der IETF unter *http://www.ietf.org/html.charters/ipsec-charter.html.*

S/WAN

Unter den jüngsten Technologien birgt die S/WAN-Initiative (*Secure Wide Area Network*) die größten Neuerungen. In enger Zusammenarbeit mit den führenden TCP/IP-Netzanbietern ist RSA Data Security dabei, aufbauend auf den Grundlagen von IPSec eine umfassende Palette kompatibler VPN- und Sicherheitsprodukte zu entwickeln. Die S/WAN-Initiative hat sich zum Ziel gesetzt, auf Basis der IPSec-Protokollsuite Kunden zu ermöglichen, beliebige Firewall-, Stack- und Router-Produkte in verschiedenste VPN-Konfigurationen zu integrieren. Die von uns gezeigten Produkte wie der AltaVista Tunnel und der Cisco PIX Firewall sind Lösungen einzelner Hersteller. Bei S/WAN hätten Benutzer und Administratoren die Möglichkeit, eine netzweite VPN-Lösung einzurichten, ohne daß das gesamte Netz mit neuen Tools versehen werden müßte und erhebliche Kosten für neue Ausstattung anfielen.

Wie bei IPSec ist die Verschlüsselung bei S/WAN auf IP-Ebene angesiedelt; damit ist sie prinzipiell sicherer als vergleichbare Protokolle der TCP/IP-Protokollsuite in höheren Schichten wie SSL (Secure Sockets Layer). Zur Gewährleistung der Kompatibilität, dem vorrangigen Ziel von S/WAN, müssen die Hersteller ihre Ressourcen, den Softwarecode und die Implementierung aufeinander abstimmen.

Der S/WAN-Vorschlag arbeitet mit dem modernsten Blockchiffrieralgorithmus von RSA, der symmetrischen Blockchiffrierung RC5. Die Schlüssellänge variiert zwischen 40 und 128 Bit und bietet ein immenses Maß an Sicherheit, gemessen an der Anzahl der MIPS-Jahre, die für einen erfolgreichen Brute-Force-Angriff auf ein Datagramm erforderlich wären. Der S/WAN-Code kann effektiv aber auch mit fast jedem anderen Verschlüsselungsalgorithmus (Triple-DES, DES, RC2 bis RC5, RSA usw.) eingesetzt werden. Damit ist Rückwärtskompatibilität gewährleistet, und auch die US-Exportbeschränkungen werden angemessen berücksichtigt.

Es ist davon auszugehen, daß in den nächsten Jahren zahlreiche neue S/WAN-Produkte angeboten werden, die von Herstellern stammen, von denen Sie bereits Ihre Vernetzungsprodukte beziehen. Für neue VPN-Produkte und -Dienste ist es zweifellos eine aufregende Zeit.

B

Ressourcen

Aktuelle Software

Unabhängig vom verwendeten VPN-Produkt sollten Sie sich regelmäßig über Software-Updates informieren. Alle neuen Produkte enthalten gewisse Fehler und Sicherheitslücken, die erst mit der Zeit behoben werden. Meist gibt es in Updates auch neue Funktionen und Kompatibilitätseigenschaften, die in früheren Versionen fehlen. Viele VPN-Produkte enthalten inzwischen beispielsweise IPSec oder den IKE-Standard zum Schlüsselaustausch.

Updates finden Sie in der Regel auf den Web-Seiten zum jeweiligen Produkt. Sie können manchmal kostenlos direkt von dort heruntergeladen werden. Informationen über neue und aktualisierte Produkte gibt es auch auf der Web-Seite der Autoren, die unter *http://www.vpn.outer.net* erreichbar ist.

US-Unternehmen, die VPN-Produkte entwickeln, unterliegen Exportbeschränkungen für die Verschlüsselung. Mit wachsender Konkurrenz und Rechenleistung sowie einer Neudefinition von »kommerziell« und »militärisch« werden die US-Unternehmen wohl auch stärkere Kryptographie exportieren dürfen. Man sollte diesen Prozeß deshalb außerhalb der USA aufmerksam verfolgen und die Sicherheit des VPNs gegebenenfalls durch genehmigte Erweiterungen verbessern.

Die IETF

Über die Aktivitäten der IETF (Internet Engineering Task Force) erhält man eine gute Übersicht über die aktuelle Entwicklung von Standards, die für VPNs relevant sind. IPSec ist beispielsweise eine IETF-Arbeitsgruppe, die an einem auch in VPNs nutzbaren Standard für sichere IP-Kommunikation arbeitet. Einen Index der Entwürfe finden Sie unter *http://www.ietf.org/1id-abstracts.html.* Da die meisten dieser Entwürfe noch in der Experimentierphase sind, ist dies eine gute Quelle für aufstrebende Internet-

Techniken. RFCs sind informelle Dokumente über Technologien, die unter Umständen bereits etabliert sind. Einen Index der aktuellen RFCs finden Sie unter *http://ds.internic.net/ds/rfc-index.html.*

CERT-Advisories

Das Computer Emergency Response Team Coordination Center (CERT-CC) ist ein zentraler Sammelpunkt für Informationen über die Sicherheit von Internet-Rechnern. Es unterstützt Internet-Benutzer nach einer Kompromittierung ihrer Systeme oder Netze und stellt darüber hinaus eine zentrale Informationsstelle für bekanntgewordene Sicherheitslücken dar. Die gesammelten Erkenntnisse werden als sogenannte CERT-CC-Advisories veröffentlicht. Wenn Sie neue Advisories per E-Mail beziehen möchten, können Sie sich bei *cert-advisory-request@cert.org* als Abonnent einschreiben. Neue Advisories werden zudem in der Newsgruppe *comp.security.announce* veröffentlicht. Ein Archiv aller Advisories finden Sie unter *ftp://info.cert.org/pub/cert_advisories/.*

Die meisten Advisories beziehen sich zwar auf Unix-Systeme, es gibt jedoch auch zahlreiche Informationen über allgemeine Themen der Internet-Sicherheit wie zum Beispiel *IP spoofing* (Übernahme einer bestehenden Verbindung). Neuere Ankündigungen befassen sich auch mit Problemen bei Web-Browsern, Java und JavaScript.

Die Fachpresse

Da VPNs eine so neue Technologie darstellen, informiert man sich über den aktuellen Stand am besten in einschlägigen Zeitschriften zu Vernetzung und Internet. Artikel über VPNs finden Sie zum Beispiel in Zeitschriften wie *iX*, *LANline*, *c't*, *Gateway*, *Communications Week*, *Info World*, *CIO* und *LAN Times*.

Web-Server zu Vernetzung und Intranet

Die neuesten Informationen über VPNs finden Sie auf Web-Servern mit Informationen über Intranets und Vernetzung. Online-Ausgaben der oben genannten Zeitschriften stellen einen guten Ausgangspunkt dar, ebenso die Web-Seiten von Unternehmen, die VPN-Produkte herstellen. Im folgenden haben wir eine kleine Liste mit Web-Adressen zusammengestellt, auf denen Informationen über VPNs zu finden sind:

The Internet Week VPN Source Page
http://techweb.cmp.com/internetwk/VPN

Virtual Private Networks Resource Page
http://www.vpn.outer.net

IPsec Working Group Page
http://www.ietf.org/html.charters/ipsec-charter.html

Microsoft PPTP Information
http://www.microsoft.com/communications/PPTP.htm

Microsoft Security Updates
http://www.microsoft.com/security

Cisco L2TP Information
http://www.cisco.com/warp/public/779/servpro/solutions/vpn/l2tun_ds.htm

Cisco L2F Information
http://www.cisco.com/warp/public/728/General/vpdn_wp.htm

Aventail's VPN Guide
http://www.vpnguide.com

RSA Data Security, Inc.
http://www.rsa.com

Counterpane Systems
http://www.counterpane.com

RSVP Charter
http://www.ietf.org/proceedings/96mar/charters/rsvp-charter.html

Usenet-Newsgruppen

Artikel über VPNs und VPN-Produkte sind in vielen Usenet-Newsgruppen zu finden. Beiträge über VPNs gibt es in folgenden Gruppen:

comp.dcom.sys.cisco
In dieser Newsgruppe werden oft Beiträge über L2F, L2TP und den PIX-Firewall veröffentlicht.

comp.security.firewalls
Eine Gruppe, in der zahlreiche VPN-Ankündigungen und -Artikel veröffentlicht werden; außerdem eine Fundgrube für Informationen über Firewalls.

de.comp.security
Die deutschsprachige Newsgruppe zum Thema Sicherheit.

comp.os.ms-windows.networking.ras
microsoft.public.windowsnt.protocol.ras
microsoft.public.windowsnt.steelhead
Diese Newsgruppen enthalten regelmäßig Beiträge über VPN-Produkte von Microsoft.

comp.protocols.tcp-ip
Diese Newsgruppe enthält gelegentlich Beiträge zu VPNs, Tunneling und IPSec.

sci.crypt
Eine Newsgruppe, die sich speziell mit kryptographischen Themen befaßt.

Mailing-Listen

Mailing-Liste *Firewalls*

Eine Liste zu Firewalls, die von Brent Chapman ins Leben gerufen wurde. Sie können sich eintragen unter: *http://lists.gnac.net/firewalls/*

Mailing-Liste *Firewall Wizards*

Eine weitere Liste zu Firewalls mit Diskussionen über Firewalls und VPNs: *http://www.nfr.net/firewall-wizards*

Die VPN-Mailing-Liste

Eine relativ neue Liste, die sich speziell mit VPN-Themen befaßt. Senden Sie eine Mail an *majordomo@listserv.iegroup.com* mit »subscribe vpn« im Nachrichtentext.

Index

A

B

C

D

E

F

G

H

I

P

R

S

T

Über die Autoren

Charlie Scott ist Senior Vice President von OuterNet Connection Strategies, Inc., einem Internet Service Provider und Outsourcing-Unternehmen in Austin, Texas, das auf innovative Technologien spezialisiert ist. Charlies Aufgabe bei OuterNet besteht in der Entwicklung und Implementierung neuer Produkte für das Netzwerk-Center und benachbarte Standorte. Während seines Studiums an der Universität von Texas in Austin war Charlie als Assistent an einem Forschungsprojekt im Bereich Wahrnehmungspsychologie beschäftigt, in dem er auch seinen Abschluß machen wollte. Er absolvierte seinen BA schließlich in Psychologie. Er arbeitete schon immer gerne mit Computern, und seine Affinität zum Internet brachte ihn so weit vom Kurs ab, daß er alle Pläne für den MA über den Haufen warf und im Bereich Computernetze zu arbeiten begann. Die Jahre darauf arbeitete er bei Texas Instruments, IBM und Wayne-Dresser, bevor er sich an der Gründung von OuterNet beteiligte.

Charlie ist Mitautor zahlreicher Bücher über das Internet (viele davon mit Mike Erwin und Paul Wolfe), die sich mit Themen von elektronischen Geschäften bis zur CGI-Programmierung befassen. In seiner Freizeit schreibt Charlie (bislang nicht veröffentlichte) Erzählungen, liest und treibt Sport. Außerdem genießt er die Zeit mit seiner Frau Mary und den vier wundervollen Katzen.

Paul Wolfe hat schon so ziemlich alles gemacht, vom M1A1-Panzerführer in der Operation Wüstensturm bis zu Computer-Chips für Motorola. Inzwischen teilt er seine Zeit zwischen Familie und Outernet auf, nebenbei schreibt er. Über Web-Server unter Windows NT, Geschäfte im Internet, VRML und virtuelle private Netze verfaßte er in den letzten beiden Jahren vier Bücher. Noch dazu will er seinen 1986er Toyota Tercel wieder so weit fit machen, daß er in der Stock-Car-Liga dabei sein kann.

Mike Erwin ist seit vier Jahren President and Chief Executive Officer von OuterNet Connection Strategies, Inc. Außerdem hat er bei Apple Computer, Inc., für deren weltweites Support-Center an der Konzeption und Implementierung von Support für Vernetzung, Anwendungen, Skripten und Entwicklung gearbeitet. Mike Erwin ist Mitautor mehrerer anderer Werke einschließlich *CGI Bible*, *Building Web Commerce Sites* und *60 Minute Guide to VRML*. Was die Technik betrifft, interessiert er sich insbesondere für Verschlüsselungsalgorithmen, Superrechner, verteilte Betriebssysteme und den Aufbau von Wertpapiergeschäften im Internet.

Bevor er anfing, völlig in seiner Arbeit zu versinken, vertrieb er sich die Zeit damit, Hearts zu spielen, bis zum Morgengrauen billigen Wodka zu trinken und nebenbei Ölbilder zu malen. Im Moment sind Mikes Lieblingsbeschäftigungen theoretische Physik und Quantenphysik, Kampfsportarten, Glücksspiel, Wertpapiergeschäfte und natürlich Schlafen.

Über die Übersetzer

Thomas Merz ist Software-Entwickler, Radler, Fachübersetzer, Taucher, Autor und außerdem Inhaber eines Kleinverlags. Von ihm erschienen sind unter anderem die »PostScript & Acrobat-Bibel« und »Mit Acrobat ins World Wide Web«. Neben seiner Schulungs- und Beratungstätigkeit in den Bereichen Publishing, Internet und Kryptographie ist Thomas Lehrbeauftragter der Universitäten Augsburg und Jena zum Thema »Sicherheit im Internet« und »Kryptographie«. Wenn er ausnahmsweise mal Zeit hat, kocht er seiner Freundin Susanne Entenbrust in Rotwein oder versinkt mit einem Schiff beim Tauchtrip in Ägypten.

Katja Karsunke ist Künstlerin zwischen Kindern und Computern. Nach langjähriger Tätigkeit als Software-Entwicklerin engagiert sie sich seit geraumer Zeit aktiv für den Schutz der deutschen Sprache in der Software-Literatur. Außerdem bringt sie Leuten, die sich nicht dagegen wehren können, die Benutzung von FrameMaker bei.

Während der Übersetzung dieses Buches nutzten beide die Gunst der Stunde und richteten sich ein kleines VPN ein. Katja kann nun endlich den schnellen Duplex-Drucker verwenden, der bei Thomas steht. Außerdem besteht Thomas schon lange darauf, daß Katja regelmäßig ihren Datenmüll in Form von Backups, Buchdateien, Graphiken usw. von seinen Festplatten räumt. Über das VPN kann sie dieser Aufgabe endlich gewissenhaft und kryptographisch sicher nachkommen.

Kolophon

Die auf dem Umschlag von *Virtuelle Private Netze* gezeigten Tiere sind Papageitaucher. Diese kleinen Vögel stellen mit ihren großen dreieckigen Schnäbeln, kurzen Hälsen und stämmigen Körpern einen sonderbaren Anblick dar. Sie leben in Kolonien von manchmal zehntausenden Vögeln entlang der eisigen Küste der nördlichen Breiten. Obwohl man sie außerhalb dieser Region selten zu Gesicht bekommt, gibt es heute weltweit schätzungsweise 15 Millionen Papageitaucher. Trotz ihrer kurzen Flügel können Papageitaucher fliegen. Die meiste Zeit verbringen sie jedoch schwimmend oder aufrecht gehend. Im Flug geben Papageitaucher ein schnurrendes Geräusch von sich.

Die Hauptnahrungsquelle von Papageitauchern sind kleine Fische und andere Meerestiere. Papageitaucher benutzen ihre Flügel nicht nur zum Fliegen, sondern auch zur Fortbewegung unter Wasser beim Tauchen nach Fischen. In einem Tauchgang können sie bis zu 30 Fische in ihrem Schnabel zum Ufer transportieren, um ihre Jungen damit zu füttern. Papageitaucherpaare bleiben oft ein ganzes Leben lang zusammen. Normalerweise legt das Paar nur ein Ei, das dann von beiden Eltern bebrütet wird. Auch die Fütterung des Kükens wird von beiden Eltern gemeinsam übernommen.

Der Entwurf des Buchumschlags stammt von Edie Freedman. Als Vorlage diente ein Stich des Dover Pictorial Archive, der aus dem 19. Jahrhundert stammt. Das Umschlaglayout wurde von Hanna Dyer mit Quark XPress 3.3 erstellt, wobei Schriften der Familie ITC Garamond zum Einsatz kamen.

Kontaktieren Sie uns

1. Besuchen Sie uns auf unserer Homepage

http://www.oreilly.de/

- Ankündigungen von Neuerscheinungen
- Gesamtkatalog der englischen und deutschen Titel
- Probekapitel und Inhaltsverzeichnisse unserer Bücher

2. Tragen Sie sich in unsere Mailingliste ein

Neuerscheinungen

Wenn Sie automatisch per E-Mail über Neuerscheinungen informiert werden möchten, schicken Sie eine E-Mail an:
majordomo@oreilly.de
Setzen Sie die folgende Information in die erste Zeile Ihrer Nachricht (nicht in die Subject-Zeile):

- für Informationen über neue englische Titel:
  subscribe ora-news + Ihre E-Mail-Adresse
- für Informationen über neue deutsche Titel:
  subscribe oreilly-aktuell + Ihre E-Mail-Adresse

Oder füllen Sie einfach das entsprechende Formular auf unserem Web-Server aus:

- http://www.oreilly.de/oreilly/majordomo.form.html

3. Bestellen Sie unseren gedruckten Katalog

- über unseren Web-Server:
  http://www.oreilly.de/oreilly/katalog.html
- oder per Post, telefonisch oder per Fax

4. Beziehen Sie die Beispiele aus unseren Büchern (per FTP)

- ftp an:
  ftp.oreilly.de
  (login: *anonymous*
  password: Ihre E-Mail-Adresse)

- oder mit Ihrem Web-Browser über:
  ftp://ftp.oreilly.de/

5. Treten Sie mit uns per E-Mail in Kontakt

- *anfragen@oreilly.de*
  für generelle Anfragen und Informationen

- *order@oreilly.de*
  für Bestellungen

- *kommentar@oreilly.de*
  für Anmerkungen zu unseren Büchern

- *proposals@oreilly.de*
  um Manuskripte und Buchvorschläge an uns zu senden

- *presse@oreilly.de*
  für Journalisten, die mehr über uns oder unsere Bücher erfahren möchten

O'Reilly Verlag GmbH & Co. KG
Balthasarstraße 81, 50670 Köln
Tel. 49 (0)221/973160-0 • (9 bis 18 Uhr)
Fax 49(0)221/973160-8

O'REILLY

Windows NT

Windows NT in a Nutshell

Deutsche Ausgabe
Eric Pearce
378 Seiten, 1998, 49,- DM
ISBN 3-89721-103-3

Dieses nützliche Nachschlagewerk hilft Systemverwaltern, alle täglich anfallenden Aufgaben mit Windows NT zu bewältigen. Es enthält zahlreiche realitätsnahe Beispiele zum Einsatz von Befehlen sowie ausgeklügelte Strategien zu Problemlösungen (mit dem Schwerpunkt auf Netzwerkfragen).

Windows NT Benutzer-Administration

Ashley J. Meggitt & Timothy D. Ritchey
228 Seiten, 1998, 59,- DM
ISBN 3-89721-111-4

Windows NT Benutzer-Administration behandelt eingehend die wichtigsten Aspekte der Benutzer-Administration wie Benutzer-Sicherheit, Benutzer-Anpassung und Überwachung von System-Ressourcen. Anfänger können sich einen Überblick über die Aufgaben und die Notwendigkeit der Benutzerverwaltung verschaffen, für erfahrene NT-Administratoren werden anhand von realitätsnahen Beispielen Werkzeuge und Techniken zur Lösung tagtäglicher Probleme der Benutzer-Administration besprochen.

Windows NT-Registrierung

Paul Robichaux
ca. 420 Seiten, ca. 79,- DM
ca. Oktober 1998
ISBN 3-89721-119-X

Originalausgabe:
Managing the Windows NT Registry
300 Seiten, ca. 74,- DM
ca. April 1998
ISBN 1-56592-378-2

Die Windows NT-Registrierung ist die zentrale Datenbank für alle Konfigurationseinstellungen von Hardware, Software und Anwendungen. Dieses Buch ist ein unentbehrliches Nachschlagewerk für Systemadministratoren zur Wartung und Pflege sowie Überwachung und Aktualisierung der Registrierungsdatenbank.

Windows NT System-Administration

Æleen Frisch
ca. 534 Seiten, ca. 79,- DM
ca. September 1998
ISBN 3-89721-118-1

Windows NT System-Administration vermittelt praktische Erfahrungswerte gekoppelt mit technischem Expertenwissen, um eine möglichst effektive Nutzung des Windows NT-Systems zu erreichen. Die Autorin des Bestsellers Unix System-Administration behandelt dabei die mit dem Windows NT-Betriebssystem und dem Resource Kit mitgelieferten Standard-Hilfsprogramme genauso wie die wichtigsten kommerziellen und frei erhältlichen Werkzeuge.

Windows NT Backup & Restore

Jody Leber
336 Seiten, 1998, ca. 64,- DM
ISBN 1-56592-272-7

Beginning with the need for a workable recovery policy and ways to translate that policy into requirements, *Windows NT Backup & Restore* presents the reader with practical guidelines for setting up an effective backup system in both small and large environments. It covers the native NT utilities as well as major third-party hardware and software.

Windows NT Server 4.0 for NetWare Administrators

Robert Bruce Thompson
756 Seiten, 1997, ca. 85,- DM
ISBN 1-56592-280-8

This book provides a fast-track means for experienced NetWare administrators to build on their knowledge and master the fundamentals of using the Microsoft Windows NT Server. The broad coverage of many aspects of Windows NT Server is balanced by a tightly focused approach of comparison, contrast, and differentiation between NetWare and NT features and methodologies.

Linux

Linux in a Nutshell

Deutsche Ausgabe
Jessica P. Hekman
& die Mitarbeiter von O'Reilly
480 Seiten, 1997, 49,- DM
ISBN 3-930673-57-6

Linux in a Nutshell ist das Nachschlagewerk für die tägliche Arbeit mit Linux. Es beschreibt alle wichtigen Befehle für Benutzer, Programmierer und Systemadministratoren und behandelt u.a. folgende Themen: Benutzer-Befehle und deren Optionen, die Syntax der Shells bash und csh/tcsh, Mustervergleiche, die Editoren Emacs, vi und ex, die Skriptsprachen sed, gawk und Perl, Programmierbefehle und Befehle zur System- und Netzwerkadministration.

Linux – Wegweiser für Netzwerker

Olaf Kirch
394 Seiten, 1996, 59,- DM
ISBN 3-930673-18-5

Linux – Wegweiser für Netzwerker behandelt alle für die Vernetzung grundlegenden Softwarepakete unter Linux, aber auch Hardware-Überlegungen werden angesprochen. Die Themen umfassen: Einführung in TCP/IP, Konfiguration der Hardware, Domain Name Service, Kommunikation über serielle Leitungen mit SLIP und PP, NIS und NFS, Taylor-UUCP, Administration elektronischer Post (einschließlich smail und Sendmail + IDA) und Administration von Netnews (einschließlich C-News, NNTP und verschiedenen Newsreadern).

Linux-Gerätetreiber

Alessandro Rubini
ca. 500 Seiten, ca. 69,- DM, ca. Okt. 1998
ISBN 3-89721-122-X

Originalausgabe:
Linux Device Drivers
442 Seiten, 1998, ca. 64,- DM
ISBN 1-56592-292-1

Dieses Buch richtet sich an alle, die unter Linux periphere Geräte unterstützen oder neue Hardware entwickeln wollen. Es erklärt Schritt für Schritt, wie man Treiber für eine große Bandbreite an Geräten schreibt, und liefert viele Beispiele, die man sofort anpassen und einsetzen kann. Für ein genaueres Verständnis werden außerdem Einblicke in die Interna des Linux-Kernels vermittelt.

Linux – Wegweiser zur Installation & Konfiguration, 2. Auflage

Matt Welsh & Lar Kaufman
704 Seiten, 1998, 59,- DM
ISBN 3-930673-58-4

Linux - Wegweiser zur Installation & Konfiguration erklärt Ihnen alles, was Sie wissen müssen, um Linux zu verstehen, es zu installieren und um damit arbeiten zu können. Neben einer umfassenden Installationsanleitung enthält das Buch u.a. eine Einführung in Unix, Hinweise zur System- und Netzwerkverwaltung, einen Überblick über X Windows sowie Informationen über Druckerkonfiguration, Kernel-Updates, Editoren und Werkzeuge für die Programmierung.

Linux – Wegweiser zur Programmierung & Entwickung

Matthias Kalle Dalheimer
484 Seiten, 1997, 59,- DM
ISBN 3-930673-77-0

Dieses Buch richtet sich an Programmierer und Software-Entwickler, die sich einen Überblick über die Vielfalt der Programmierwerkzeuge unter Linux verschaffen wollen: Programmiersprachen, Editoren mit spezieller Unterstützung für Programmierer, Funktions- und Klassenbibliotheken, Debugger und deren grafische Frontends und Tools zum Projekt-, Release- und Konfigurationsmanagement. Es ist keine Anleitung zum Programmieren, sondern soll helfen, die interessantesten Sprachen und Tools kennenzulernen und die geeignetsten auszuwählen.

Linux Multimedia Guide

Jeff Tranter
386 Seiten, 1996, ca. 66,- DM
ISBN 1-56592-219-0

Linux is increasingly popular among computer enthusiasts of all types, and one of the applications where it is flourishing is multimedia. This book tells you how to program such popular devices as sound cards, CD-ROMs, and joysticks. It also describes the best free software packages that support manipulation of graphics, audio, and video and offers guidance on fitting the pieces together.

O'REILLY™

anfragen@oreilly.de • http://www.oreilly.de • +49 (0)221-97 31 60-0

In a Nutshell

Java in a Nutshell, 2. Auflage

Deutsche Ausgabe für Java 1.1

David Flanagan
656 Seiten, 1998, 49,- DM
ISBN 3-89721-100-9

Die erweiterte und aktualisierte 2. Auflage des Bestsellers ist eine unverzichtbare Kurzreferenz für jeden Java-Programmierer und behandelt alle Leistungsmerkmale von Java 1.1. *Java in a Nutshell* enthält praktische, realitätsnahe Programmbeispiele, die die Features von Java 1.1 demonstrieren (u.a. das neue AWT-Modell zur Ereignisbehandlung, die Java-Beans-API, die Internationalisierung und die Objektserialisierung) und eine komplette Schnellreferenz aller Klassen, Methoden und Variablen von Java 1.1.

Java Examples in a Nutshell

Der Beispielband zu Java in a Nutshell

David Flanagan
482 Seiten, 1998, 49,- DM
ISBN 3-89721-112-2

Java Examples in a Nutshell ist ein Buch voller praktischer, realitätsnaher Beispiele zur Java-Programmierung. Der Autor des Bestsellers *Java in a Nutshell* hat diese Sammlung von Programmierbeispielen geschaffen, die der Leser auf seinen individuellen Gebrauch übertragen und anpassen kann.

Linux in a Nutshell

Deutsche Ausgabe
Jessica P. Hekman
& die Mitarbeiter von O'Reilly
480 Seiten, 1997, 49,- DM
ISBN 3-930673-57-6

Linux in a Nutshell beschreibt alle wichtigen Befehle für Benutzer, Programmierer und Systemadministratoren, die in den verbreitetsten Linux-Distributionen enthalten sind.
Es behandelt u.a. folgende Themen: Benutzer-Befehle und deren Optionen, die Syntax der Shells bash und csh/tcsh, Mustervergleiche, die Editoren Emacs, vi und ex, die Skriptsprachen sed, gawk und Perl, Programmierbefehle und Befehle zur System- und Netzwerkadministration

Windows NT in a Nutshell

Deutsche Augabe
Eric Pearce
378 Seiten, 1997, 49,- DM
ISBN 3-89721-103-3

Windows NT in a Nutshell ist ein umfassendes Nachschlagewerk für alle, die ein NT-System benutzen oder verwalten. Es dokumentiert systematisch NTs komplexe Benutzerschnittstelle (GUI) und alle Dialogfelder, Menüs und Optionen sowie die Vielzahl der Kommandozeilenbefehle und enthält außerdem zahlreiche realitätsnahe Beispiele zum Einsatz von Befehlen sowie ausgeklügelte Strategien zu Problemlösungen.

WebMaster in a Nutshell

Deutsche Ausgabe
Stephen Spainhour & Valerie Quercia
408 Seiten, 1997, 49,- DM
ISBN 3-930673-55-X

WebMaster in a Nutshell vereinigt alles, was man über Web-Publishing und Web-Administration wissen muß in einem übersichtlichen Handbuch. Es behandelt u.a. HTML 3.2 und die Erweiterungen für Netscape Navigator 3.0 und Microsoft Internet Explorer 3.0, CGI-Programmierung, JavaScript, Perl, HTTP 1.1 sowie die Konfiguration der Web-Server Apache, NCSA, CERN, Netscape und WebSite.

Unix in a Nutshell

Deutsche Ausgabe für System V bis Release 4 und Solaris 2.0

Daniel Gilly & die Mitarbeiter von O'Reilly
464 Seiten, 1995, 49,- DM
ISBN 3-89721-114-9

Unix in a Nutshell bietet eine komplette Referenz aller Befehle und Optionen, die jeweils ausführlich beschrieben und durch viele Beispiele in ihrer Anwendung illustriert werden. Es behandelt u.a. alle Benutzer- und Programmierbefehle, die Shell-Syntax (sh und csh), Unix-Textverarbeitung (inkl. GNU Emacs und nawk), Befehle von vi, sed, awk, troff sowie make, SCCS und RCS.

SCO Unix in a Nutshell

Deutsche Ausgabe für SCO UNIX und Open Desktop

Ellie Cutler, Daniel Gilly und die Mitarbeiter von O'Reilly
606 Seiten, 1995, 39,- DM
ISBN 3-930673-15-0

O'REILLY™

anfragen@oreilly.de • http://www.oreilly.de • +49 (0)221-97 31 60-0